“조선은 우리 집이올시다”

한국을 사랑한 파란 눈의 어머니, 캠벨

권지영 지음

이덕주·전병식 감수

신앙과지성사

간행사

캠벨의 뒤를 잇는 거룩한 사역

최이우(종교교회 원로목사)

"내가 진실로, 진실로 너희에게 이르노니 한 알 밀이 땅에 떨어져 죽지 아니하면 한 알 그대로 있고 죽으면 많은 열매를 맺느니라"(요 12:24).

2023년, 나의 목회 46년은 네팔에 학교를 세우고 봉헌하는 일로 마무리되었다. 이 일은 2018년 1월, 네팔 단기선교를 갔던 유치원 선생님이었던 한 자매가 현장에서 순직하는 큰 아픔에서 시작되었다. '내 마음이 네팔에 있는 아이들에게 머물기'를 소원했던 자매의 기도대로 순직 5주년인 지난 1월 '진아학교'를 봉헌하게 된 것이다. 이 학원선교를 통해 '한 알의 밀 속에 있는 수많은 밀의 열매'를 우리의 지속적인 기도와 헌신 속에서 보게 되기를 기대한다.

하나님 나라는 심고 거두는 농사와 같다. '천국은 좋은 씨를 제 밭에 뿌린 사람과 같다'(마 13:24) 처음 에덴에서 추방된 아담과 하와에게 "여호와 하나님이 에덴동산에서 그를 내보내어 그의 근원이 된 땅을 갈게 하심"(창 3:23)으로 인류의 삶이 시작되었다. '심은 대로 거둔다'(갈 6:7)는 보편적인 진리는 누구나 아는 진리이지만, 농사는 누구나

할 수 있는 쉬운 일이 아니다. 풍성한 수확을 위해서 반드시 지켜 행해야 하는 중요한 원칙들이 많이 있다. 좋은 씨를 준비해야 하고 땅을 갈고 준비해서 제때에 씨를 뿌려야 하고, 거름과 물을 주며 곁가지와 잡초는 제거해 주어야 한다. 그러나 풍성한 수확은 최선을 다한 농부의 수고에 때를 따라 베푸시는 하나님의 은혜가 결정한다. "나는 심었고 아볼로는 물을 주었으되 오직 하나님께서 자라게 하셨나니 그런즉 심는 이나 물 주는 이는 아무것도 아니로되 오직 자라게 하시는 이는 하나님뿐이니라"(고전 3:6-7). 농부가 겸손히 기도하며 결과에 감사해야 하는지를 깨닫게 한다.

그러나 하나님은 농부의 지혜로운 헌신 없이는 자라게 하거나 열매를 거두게 하지 않으신다. '심지 않은 데서 거두고 헤치지 않은 데서 모은다'(마 25:24)며 게으름을 합리화하면 심판을 받는다. '행한 대로 심판을 받고, 행한 대로 상급을 받는다'(계 20:12, 22:12). '수고하는 농부가 곡식을 먼저 받는 것이 마땅하다'(딤후 2:6).

캠벨 선교사 헌신의 기초 위에 세워진 학교와 교회들이 기념사업회를 구성하고 학술대회와 평전을 출판하게 된 중요한 이유가 여기에 있다. 오늘 배화학원을 비롯한 여러 교회가 이만한 성장과 결실을 보게 된 것은 대한민국의 영혼을 사랑함으로 한 알의 밀이 되어 이 땅에 묻힌 희생을 통해 이루어내신 하나님의 은혜였음을 잊어서는 안 된다. 그뿐만 아니라 오고 오는 모든 세대에 캠벨의 뒤를 잇는 수많은 헌신자가 나타나기를 기도한다.

추천사

우리를 향한 익숙하고도 낯선 초청

이현식(배화학원 이사장, 진관교회 담임목사)

캠벨을 만나고 싶은 오랜 그리움이 한 권의 책이 되었다. 조각조각 흩어져 있던 그에 대한 기억과 사료들을 모으고 연결하여 아름다운 이야기로 들려주는 저자의 노고에 감사를 전한다. 놀라운 건 치밀하고 학문적인 고민의 결과물이 매우 포근하고 아름다운 문체로 우리의 눈과 마음을 사로잡는다는 거다. 캠벨의 어린 시절부터 그의 마지막 순간까지 조선을 위해 살았던 숭고한 인생 여정을 봄날의 노을빛처럼 따뜻하게 담아냈다.

왜 캠벨은 안전한 고향을 떠나 바다 건너 낯선 나라를 찾아왔을까? 그가 학교를 세우고, 예배를 드리며 진심으로 바랐던 것은 무엇일까? 조선이 나의 집이라고 말하며 다시 돌아와 이 땅에 묻힌 이유는 무엇일까? 이 책은 그의 삶을 들여다보며 가졌던 우리의 많은 질문에 대해 건조한 설명이 아니라 꼼꼼하고 성실하게 찾아낸 캠벨의 목소리로 대답해 준다. 이 얼마나 고마운 일인가? 이 책을 읽는 이라면 누구나 위대한 삶의 흔적을 만나고 그의 목소리를 듣고 그의 마음을 보게 될 것이다.

책장을 덮었을 때 캠벨은 그야말로 '꽃을 피우는' 사람이라는 생각이 들었다. 자신이 드러나기를 바라지 않고 오직 자신에게 맡겨주신 사역들이 열매 맺기를, 자신의 이름이 높여지기보다 자신이 사랑하는 이들의 삶이 아름다운 작품이 되기를 바랐다. 그의 마음에 그리스도의 정신이 있었기 때문이다. 그 높은 뜻이 삶의 이정표가 되었기 때문이다. 오늘을 살아가는 우리가 배워야 할 부분이다. 캠벨의 이야기가 오늘에 던져주는 익숙하고도 낯선 초청이다.

이 책은 한 뿌리를 가진 이들이 모여 잊혀지지 말아야 할 오래된 이야기를 기록으로 남기고자 했던 알뜰한 노력의 결과물이다. 캠벨이 바라던 그 빛나는 내일을 살아가고 있는 것이 우리의 마땅한 도리다. 그의 삶이 씨앗이 되어 오늘의 우리가 되었듯, 오늘 누군가에게 새로운 씨앗이 심겨지기를 바란다.

차례

어쩌면 우리는 어느 날 갑자기 태어나 세상에 내던져진 존재가 아닐 수도 있다. 지금 내가 서 있는 이곳은 당연하게 있었던 그 어떤 것이 아니라, 누군가의 사랑과 누군가의 땀과 누군가의 눈물이 뒤얽혀 다져지고 쌓인 터이자 유산이다. 역사를 가만히 들여다보면, 지금 내가 치열하게 끌어안고 있는 그 물음표와 느낌표를, 앞서 온 누군가도 고스란히 겪으며 살아갔다는 것을 발견하게 될 때가 있다. 그 순간 우리는 깊은 동질감과 함께, 그들이 내미는 공감에 가슴 깊이 파고드는 따스함마저 느낀다. 그리고 그들이 앞서갔던 오래된 미래를 되짚어 보며 우리에게 허락된 새로운 배움에 발을 내닫는다.

"수년 전, '캠벨홀'이라고 이름 붙여진 공간에서 소소한 모임을 마친 뒤에 문득 그 공간의 주인공이 궁금해졌다. 조세핀 캠벨(Josephine Eaton Peel Campbell, 강모인-姜慕仁-, 강부인-姜婦人, 姜夫人, 康夫人-), 그는 여성 선교 개척자였고 남감리회 여성 선교 '개척자'였으며, 자교교회와 종교교회의 모체가 되는 자골교회, 그리고 배화학당을 설립한 '설립자'라고 했다. 많이 알려지지는 않았으나, 이후에는 광희문교회와 수표교교회의 여성 선교 사역을 책임지기도 했다."[1]

무엇보다 눈길을 사로잡은 것은 그 삶의 기록이었다. 그녀의 선교사로서 새로운 인생이 시작된 시점은 '남편과 두 아이를 잃은 뒤' 였다. 사랑하는 가족을 모두 잃은 슬픔을 어찌 다른 이들이 헤아릴 수 있겠는가. 어쩌면 기록은 그곳에서 멈춰서는 게 당연해 보였다. 그러나 캠벨은 용기를 내어 한 걸음씩 성큼성큼 나아갔다. 가족을 잃은 빈손을 한탄하며 자책하거나 주저앉지 않고, 그 빈손으로 넘어진 다른 사람들의 손을 잡아 일으켜주기 시작했다.

그 후로 완전히 매료되어, '캠벨' 이라는 사람의 삶의 자취를 따라다녔다. 모든 것을 이해할 수는 없었지만, 그녀의 생애를 정리하면서 그 마음을 헤아려보려 노력했다. 혈혈단신에 슬픔을 딛고 이역만리 떨어진 동양으로 떠나오게 된 걸음과 10년간 지냈던 중국을 떠나 미지의 나라 한국의 개척자로 오겠다는 결심과 선교지 한국이 '우리 집' 이라는 표현과 "죽어도 한국에 가서 죽는 것이 마땅하다"라는 고백은 어떤 마음에서 나온 것인지 말이다.

서툴고 설익은 여정이었지만, 한국을 사랑한 파란 눈의 어머니, 캠벨이라는 고귀한 유산을 발견하는 과정은 놀라움과 기쁨, 경이로움의 연속이었다. 누구나 읽을 수 있는 글을 쓰고자 하여 누군가를 영웅화하기보다는 객관적으로 조명하고자 했기에, 감정적인 부분들은 최대한 절제하며 기술하려 하였으나, 캠벨의 삶이 들려주는 날것의 이야기들에 감동이 밀려와 때론 고개가 숙여졌다. 이 유산을 함께 나누는 기회를 허락해주신 캠벨기념사업회와 부족한 글을 이끌어주시고 지도해주신 이덕주 교수님, 전병식 목사님께 지면을 빌어 감사의 인사를 전한다.

캠벨의 그리스도적 삶은 어두운 시대 속에서도 많은 이에게 소망을 품게 했고, 다시 일어날 힘을 실어주었다. 역사는 결국 우리를 현재로 다시 이끈다. 캠벨이 걸어갔던 그 길을 오늘의 우리도 걷고 있다. 때론 미지의 인생에서 길을 잃기도 하고, 수없이 얽힌 고민에 괴로워하기도 하며 한 발짝을 뗄 힘조차 남지 않았을 때도 있다. 그때 문득, 오래된 길이 우리에게 말을 건다. 그리고 앞서 그 길로 걸어간 이들의 흔들렸지만 분명한 걸음의 이야기들을 들려준다. 그래, 우리는 홀로 이 길 위에 있는 것이 아니다. 캠벨의 삶이 주는 위로와 격려가 오늘을 살아가는 우리에게 전해지기를 바란다.

Ⅰ. 선교사가 되기까지

1853~1887

Ⅰ. 선교사가 되기까지(1853~1887)

1. 개척자들

▲ 조세핀의 외조부 마틴 루터

미지의 나라 한국에 와서 선교의 개척자로 살아갔던 조세핀[2]은 개척의 시대, 개척자들의 가문에서 태어났다. 조세핀의 가족은 미국의 역사 속에서 '아메리칸 프런티어'로 불리는 개척의 시대에 살았다. 이 시기에는 미국 사회 전반에 새로운 땅, 변화에 대한 기대를 품고 황무지를 개척해 나아가는 기회들이 주어졌다.[3] 조세핀의 외할아버지 마틴 루터(Martin Ruter)와 아버지 브라이언트 필(Bryant Lorenzo Peel)은 이 시대를 대변하는 개척자들이었다.

조세핀은 1853년 4월 1일,[4] 텍사스의 작은 마을 샤펠힐(Chappell Hill)[5]에서 태어났다. 조세핀의 외할아버지 루터는 미국 본토 출신이었지만 선교를 위하여 당시 공화국이었던 텍사스로 이주해온 사람이었다. 루터는 감리교 목사이자 선교사이며, 텍사스 감리교 초기 선교를 이끌어간 선교의 아버지로 불린다. 그는 미국 내에서 교육적 능력을 인정받아, 뉴마켓 웨슬리언 아카데미의 교장이 되었고, 이후 켄터키의 오거스타대학의 총장, 펜실베니아의 엘러게니대학의 총장으로 선출되었다. 그리고 그는 50여 년 동안 감리교 목사들의 필독서였던 『기독교의 역사(*The History of the Christian Church*)』, 『히브리어 문법(*Hebrew Grammar*)』, 『순교자의 역사(*History of Martyrs*)』[6]를 집필한 바 있으며, 미국 감리교 목사로서는 최초로 신학박사 학위를 받았다. 이렇듯 저명한 목사이자 학자, 교육자였던 루터는 텍사스가 멕시코로부터 독립한 1836년 감리교 연회에서 "현장에 들어가기에 적절한 시기가 되면 언제든지" 텍사스로 가겠다고 자원했다. 루터는 대학 총장으로, 유명한 저술가로 누릴 수 있었던 안락하고 화려한 삶을 기꺼이 버리고 개척자로서의 궁핍과 고난을 받아들였다. 이는 거센 북풍을 맞으며 개울을 헤엄쳐 건너고, 부족한 식량과 야영 생활을 감당하는 동시에 원주민들의 지속적인 위협을 받는 일이었다.[7]

루터는 1837년 11월 텍사스에 도착하였다. 기록에 따르면 "2천 마일 이상 말을 타고 이동하거나 걸어서 또는 수영으로 강을 건넜고, 매일 설교하였으며 하루에 세 번 설교할 때도 있었다. 아무리 피곤해도 움츠러들지 않았으며 어려움과 위험을 피하지 않았다. 그는 굳건하여 흔들리지 않는 인내와 한결같은 쾌활함으로 사명의 길을 추구했다." 그는 텍사스 곳곳을 돌아다니며 설교하면서 교회 연합을 형성하고, 교회 건축을 추진했다. 또 그는 휴스턴 대통령과 장군을 만나 이 지역에 대학을 세우는 데 필요한 기부를 약속받고, 바스트롭과 샤펠힐에 단과대학 설립을 구상하기도 했다. 지금도 '텍사스 사이즈'라는 말이 크다는 것을 강조할 때 쓰이듯이, 텍사스는 광활하고 평평한 지대가 끝없이 넓게 펼쳐져 있다. 그래서 그가 선교 개척을 위해 다닌 거리는 처음 60일 동안 1,200마일 이상, 다음 90일 동안 1,500마일 이상으로, 환산하면 처음 6개월간 4,345㎞ 이상 다닌 셈이다. 루터는 이 과정에서 건강이 극도로 악화하여, 1838년 텍사스주 워싱턴에서 죽음을 맞이했다.[8]

조세핀은 브라이언트 필과 안나벨(Annabel Ruter Peel)의 1남 3녀 중 둘째 딸로 태어났다. 조세핀의 아버지인 브라이언트 필은 1848년에 미국 남감리회 목사가 되었으며, 1850년 안나벨과 결혼했다. 조세핀이 태어날 당시 그는 루터가 생전에 구상했던 단과대학 중 하나인 샤펠힐 대학의 사무관이었다. 그리고 그는 캘리포니아로 이주하기 전까지 텍사스의 루터스빌, 빅토리아, 갤버스턴, 샤펠힐에서 교회를 담임했다. 텍사스 주지사였던 샘 휴스턴(Sam Houston)은 1850년 필이 설교하는 천막집회에 참석한 뒤 그곳에 모여있던 많은 인파와 교회의 분위기를 칭찬한 바 있다.[9] 목회자였던 아버지를 따라 조세핀은 캘리포니아 고등학교의 2년을 제외한 모든 교육을 텍사스의 샤펠힐과 갤버스턴에서 받았

▲ 캠벨 출생 당시 필이 근무했던 샤펠힐 대학교

다. 조세핀의 가족들은 남북전쟁이 종결된 1865년 이후 '캘리포니아 드림'을 안고 미국 서부로 향하는 먼 이사를 준비했으며, 아직 대륙횡단철도가 완공되기 전이었기에 남쪽의 파나마를 통과하는 바닷길을 선택해 이동했다. 그리고 조세핀이 15세가 되었을 때 가족들은 캘리포니아주 로스앤젤레스에 정착했다.[10] 남부 캘리포니아의 따뜻한 태양 아래, 온화한 지중해성 기후로 이주민들이 증가하기 시작한 때였다. 게다가 1883년 로스앤젤레스에서 출발하는 대륙횡단철도인 남태평양 철도의 완공을 앞두고 도시의 개발이 가속화되고 있었다.[11]

필은 기회와 도전의 땅 서부로 건너오면서 새로운 삶을 개척했다. 그곳에서 광산 산업, 경영 등 미지의 분야에 뛰어들었고,[12] 지역사회 임원으로 활발한 활동을 하였다. 그리고 그는 법조인의 자격을 얻어 지역사회 판사로도 활동했다. 로스앤젤레스 일간지에 실린 기사에는, "필이 열정과 능력을 발휘하여 로스앤젤레스시의 판사로 근무했다"라고 실려 있다. 그는 1881년 아내의 죽음 이후, 1882년 애리조나주 툼스톤으로 이주하여 또다시 개척자가 되었다. 그곳에서도 지역 사회의 판사로, 지역 학교를 돕는 변호사로 활동했다.[13] 텍사스에서의 삶이 목회에 집중되어 있었다면, 서부로 이주한 후의 삶은 사회의 영향력 있는 인사로 사회 참여적인 활동에 집중되어 있었다.

서부에 펼쳐진 광활한 땅을 향해 나아갔던 서부개척시대는 '무법천지 서부(Wild West)'이기도 했다. 필이 새롭게 정착한 툼스톤은 영화 〈오케이 목장의 결투〉로 알려진 보안관 와이어트 어프(Wyatt Earp)가 활동하던 곳이자 무법자들의 무대였다. 안타깝게도 조세핀과 1년 터울인 남동생 마틴은 1882년 괴한들의 총에 의해 갑작스러운 죽음을 맞았다.[14] 이때 필은 신문 지면을 통해 무법자들의 잔악함을 반드시 소탕해야 하며 이를 위해 시민들이 연합해야 한다는 취지의 글을 적어 지역사회에 호소했다.[15] 그는 무법자들의 위해를 두려워하지 않고 지역사회에 소신을 전달하는 행동파였다.

의심의 여지없이 외할아버지 루터와 아버지 필은 조세핀의 삶에 큰 영향을 준 개척자들이다. 루터는 편안하고 안정된 삶에 안주하지 않고, 당시 전쟁 소식과 불안이 넘쳐나던 텍사스로 선교를 떠났다. 고된 여정 속에서도 움츠러들지 않고 한결같은 신실함으로 끝까지 자신의 길을 걸어갔다. 불안정했던 먼 지역들을 다니며 복음을 전하고, 교육적인 기초를 다지는 개척자의 모습은 이후 조세핀의 삶 속에서도 유사하게 반복된다. 조세핀은 루터처럼 격동의 시기를 지나고 있던 중국과 조선에 들어와, 교육에 중심을 둔 선교를 펼쳤다.

조세핀은 아버지 필에 대하여 "유일하게 내 정체성에 대하여 충고해주실 수 있는 분"이라고 표현한 적이 있다.[16] 아버지는 선교를 준비하며 큰 변화를 꿈꾸던 조세핀에게 어쩌면 가장 적절한 조언을 해줄 수 있는 인물이었을 것이다. 필은 넓은 대륙을 가로지르며 새로운 일들을 맞이하는 것에 두려움이 없었다. 또 다양한 도전으로 맡게 된 일들을 충실하게 일구어냈으며, 사회적인 영향력을 발휘하여 소신있게 행동했다. 선교지에서 만나게 된 수없이 많고 다양한, 때론 당혹스럽기까지 한 역할들을 주저함이 없이 받아들이고 사회와의 연계 속에서 성실하게 활동했던 조세핀의 모습은 두말할 것 없이 아버지와 닮아있다. 피는 물보다 진하다고 했던가.

2. 낭만의 시절

삶 속에는 때로 사랑이라는 이름의 낭만적인 시절이 찾아온다. 조세핀에게도 그랬다. 그는 조지아주 출신의 알론조 캠벨(Alonzo M. Campbell)이었다. 조세핀보다 11살이 많았고, 당시 로스앤젤레스에서 활발하게 활동했던 남감리회 목사이자 교육자였다.

알론조는 조지아주 버츠카운티에서 태어나, 미국 내 남북전쟁이 한창이던 1862년에 입대하여 전쟁이 끝난 1865년까지 남부 연합군으로 복무했다. 전쟁 후에는 고향으로 돌아와 법학을 공부하여 변호사 자격을 얻었다. 이 시기에 에모리대학으로부터 장학금을 받게 되어, 3년간 신학을 공부하였으며 줄곧 우수한 성적을 받았다. 졸업 하고 2년간의 교직 생활 후, 남감리회 목사가 되어 로스앤젤레스로 옮겨갔다. 혹자의 말에 따르면, 그가 병으로 인하여 서쪽의 온화한 기후를 찾아간 것이라 한다.[17]

▲ 알론조 캠벨이 건축한 로스앤젤레스 감리교회 전경(1880년)

두 사람은 로스앤젤레스에서 만났다. 당시 알론조는 로스앤젤레스에서 저명한 인사였다. 로스앤젤레스의 처음 일간지였던 「Star」의 편집자였고, 작가이자 기독교 사상가로 명성을 얻으며 많은 강연을 다녔다. 그뿐 아니라 윌슨대학의 학장을 지내기도 했으며, 그 도시에서 첫 번째로 세워진 감리교회를 담임했다.[18] 교회의 경우 그가 담임한 4년 동안 성도의 숫자가 8명에서 170명 이상이 되는 큰 성장을 이루었고, 그 기간에 새로운 예배 처소도 건축했다. 건강이 악화하여 한동안 설교를 할 수 없었던 1876년까지 그는 목회에 전념했다.[19] 그리고 이후 로스앤젤레스 연회 소속 순회 설교자로 활동하였고, 1877년에 일시적으로 애리조나주의 프레스컷에서 담임목회를 하기도 했다.[20] 그의 활동에 관하여 1874년 일간지 기사는 다음과 같이 전한다.

> "이곳 윌슨대학의 학장인 알론조 캠벨 목사는 열성적으로 일하는 사람입니다. 그는 여전히 매주 일요일 로스앤젤레스의 남감리회 교회에서 사명을 다하고, 주중에 이곳에서 가르칩니다. 그의 치리 아래 대학은 꾸준히 입지를 다지고 있습니다. 그리고 그가 어떤 사례도 요구하지 않고 학교를 위해 기꺼이 봉사하는 것을 보면, 그가 얼마나 철저하게 이곳에 대학을 세우려는 대의에 그의 마음을 쏟고 있는지를 알 수 있습니다."[21]

알론조는 근면한 목회자이며 동시에 교육자였다. 담임 목회자로서도 성실하였으며, 대학의 학장으로도 많은 능력을 발휘했다. 보수를 받지 않고 오로지 학교의 발전에 매진할 정도로 교육에 관심이 높았음을 알 수 있다. 이는 이후 결혼한 조세핀의 삶에도 크게 영향을 끼쳤을 것으로 보인다. 조세핀 역시 선교사로 지원한 후, 복음 전파와 교육에 몰두하여 남편의 길을 그대로 따랐다.

알론조의 설교와 강의는 로스앤젤레스 시민들에게 인기가 높았다.

그는 로스앤젤레스의 저명한 목회자 중 한 명이었으므로, 그가 강연하면 준비된 장소는 늘 만석이었다. 특히 과학과 신앙을 접목하여 주로 강연하였는데, 과학의 도전에 대하여 맹목적인 반대나 비난보다는 과학과 신앙의 조화에 대하여 강조했다. 그는 "모든 진리가 하나의 공통된 기원에서 나왔으며, 제대로 이해된다면 완벽한 조화를 이룰 것"이라고 확신했다. 또 "지식을 함양함에 신앙을 소홀히 해서는 안" 되며, 모든 지혜의 기초가 되는 더 높은 선을 향하여 나아가야 함을 연설하기도 했다.[22] 당시 그의 모습이 어떠했는지 다음 기록을 통하여 살펴볼 수 있다.

> "그의 지적인 능력은 탁월했고, 건강이 뒷받침되었다면 그는 그가 할 수 있었던 것보다 더 많은 일을 이루었을 것입니다. 그는 쾌활한 기질, 빠른 통찰력과 시적인 상상력을 가지고 있었습니다. 그러한 은사들과 함께, 은혜로운 행동들과 아름다운 목소리는 그를 인기 있는 설교자로 만들었습니다."[23]

쾌활한 성품과 지성, 성숙한 인격을 갖춘 그의 모습은 조세핀의 마음을 매료시켰다. 그리고 시기를 특정하기는 어렵지만, 조세핀은 3년 반 동안 학교에서 교사로 가르친 전력이 있다. 결혼 이후 상황을 고려해 볼 때, 결혼 전 로스앤젤레스에서 교편을 잡았을 것으로 추정된다. 교사 출신이자 윌슨대학의 학장이었던 알론조와는 교육적인 측면에서 깊은 공감대가 형성되었을 것이다.[24]

또 조세핀은 교회의 구성원으로 활동하고 있었다. 자료에 따르면 독실한 기독교 가정에서 자라난 그녀가 회심한 것은 로스앤젤레스에서였다고 한다. 그리고 선교사 지원서에 "교회 안팎에서 그리스도의 복음을 전하기 위해 노력해왔고, 선한 일을 하는 데 도구가 되어왔다고 느낀다"라고 기록한 바 있다. 세상을 같은 눈으로 바라보는 이들이 사랑에 빠지는 것만큼 자연스러운 현상이 있을까? 1878년 1월 18일 저녁, 조세핀은 알론조 캠벨과 결혼식을 올렸다. 그리고 조세핀은 '캠벨 부인(Mrs. Campbell)'으로 불리게 되었다. 로스앤젤레스 일간지는 이들의 결혼을 축하하며 다음과 같이 기사를 적었다.

> "「Star」의 편집자인 알론조 캠벨은 어젯밤 필 판사의 딸인 조세핀과 결혼했습니다. 이 신혼부부가 오랜 시간 행복한 나날을 보내기를 바랍니다. 알론조 캠벨의 프레스캇 친구들은 그에게 축하의 인사를 보냅니다. 그리고 로스앤젤레스 신문이 '캠벨 2세들이 오고 있다, 만세!'라고 발표할 때 더욱 기뻐할 것입니다."[25]

그들의 결혼생활은 친구들의 바람대로 "행복"했다고 기록되었다. 두 사람 사이에 딸과 아들, 사랑스러운 두 자녀가 태어났다. 그러나 한 시편 기자가 "우리에게 우리의 날을 세는 법을 가르쳐주셔서 지혜의 마음을 얻게 해주십시오"[26]라고 기록하였듯이, 우리의 날들은 영원히 계속되지 않는다. 행복한 시간도, 고통스러운 시간도 언젠가는 끝을 마주한다.

3. 빈손

알론조는 건강상의 이유로 목회를 더 이어갈 수 없었다. 그리고 결혼 후 이듬해 겨울, 그의 감기가 폐결핵으로 악화했다. 어쩌면 찾아오게 될 마지막을 예감하며, 1881년 알론조의 고향, 조지아주 애틀랜타로 돌아왔다. 그의 유년 시절 친구들과 시간을 보내기 위해서였다.

로스앤젤레스에서 애틀랜타로 돌아오는 길은 그리 순탄하지 않았다. 지도의 직선거리만도 3,000km가 넘는 긴 여정이었다. 당시 기차의 평균속도가 시속 20~30km로[27] 미국 전역에 철로가 다 연결되지 않았던 것을 고려한다면, 매우 길고 어려운 여행이었음을 짐작할 수 있다. 그 여정 속에서 알론조의 건강은 더욱 악화했다. 게다가 태어난 지 얼마 되지 않은 둘째 아들이 가족의 품을 떠났다. 그리고 남편이 몇 년간의 투병 끝에 아들의 뒤를 따라 죽음을 맞이한 건 1885년 8월 7일이었다.[28] 조지아주 지역신문 부고란에도 다음과 같이 실렸다.

> "감리교 성직자인 알론조 캠벨 목사가 오늘 오후 이곳에서 사망했습니다. 그는 35세[43세]였습니다. 생애의 몇 년 동안 그는 캘리포니아에서 선교사로 봉사했습니다. (후략)"[29]

남편과 아들을 여읜 캠벨은 유일하게 남은 딸 루이스와 함께 로스앤젤레스로 돌아왔다. 그곳에서 캠벨은 교육 분야에서 좀 더 철저한 교사로 준비하기 위해 캘리포니아 주립 사범학교에 입학했다. 그러나 캠벨에게 찾아온 슬픔은 여기서 멈추지 않았다. 1년이 채 되지 않아 어린

딸 루이스는 성홍열에 걸려 생을 마감했다.[30]

부모를 먼저 떠나보낸 자식은 고아, 아내를 잃은 남편은 홀아비, 남편을 여읜 아내는 과부라고 하지만, 자식을 잃은 부모를 지칭하는 단어는 없다. 그저 참혹하다는 뜻의 '참(慘)'과 슬퍼한다는 뜻의 '척(慽)'을 써서 '참척(慘慽)'이라는 단어로 표현할 뿐이다. 말로 형용할 수 없이 혹독하고 비통한 상황이기에 단어조차 만들지 못하고, 그저 감정 자체를 단어로 실어둔 것이다. 몇 년 사이에 남편과 두 아이를 떠나보낸 한 여인의 참혹한 슬픔을 어떻게 헤아릴 수 있을까? 죽음은 일상을 파고들어와 모든 것을 빼앗아 갔다. 떠들썩하던 집안도 고요해지고, 분주하던 손에 아무것도 남지 않았다.

캠벨의 생애를 기록한 글 "Entering Korea"에서는 다음과 같이 서술하고 있다.

> "비통함 속에서 반응할 수도 있는 일이었지만, 캠벨은 오히려 온 인류의 슬픔과 기쁨을 더 깊이 이해하고 공감하게 되었습니다. 그녀는 이러한 경험을 통하여 하나님과 더욱 친밀한 관계로 나아가기를 결심했습니다. 그래서 그녀의 마음은 고통 가운데 있었지만, 하나님께서 그 영혼에 말씀하실 수 있었습니다. 슬픔을 곱씹기보다는, 슬픔과 고난의 한복판에서 세상이 이길 수 없는 기쁨을 구하였고, 그녀의 빈손을 주님의 일로 채워주시도록 기도했습니다."[31]

한 동료 선교사는 캠벨이 "병들고 고통받는 이들의 마음속으로 들어가는" 깊은 공감력의 사람이라고 표현했다.[32] 공감할 수 있다는 건 그녀 역시 몸서리치도록 아파하고 슬퍼했다는 의미일 것이다. 다른 이들이 감히 측량할 수 없는 참혹한 슬픔의 계절이었지만, 그 시간은 캠벨이 다른 사람의 고난과 아픔을 더 깊이 이해하고 공감할 수 있는 길이 되었다. 그리고 고통은 신앙의 또 다른 차원을 여는 문이 되어 캠벨을 더 풍성하고 깊은 영성으로 인도하였다.

작가 박완서의 책『한 말씀만 하소서』에는 과부와 참척을 다음과 같이 표현했다. "우리 시골에선 일찍 과부가 되거나 참척을 본 팔자 사나운 여자를 가리켜 남편 잡아먹은 ×, 혹은 새끼 잡아먹은 ×라는 심한 말로 손가락질했었다." 예전에는 남편도 잃고 자식도 잃은 여인을 '팔자 사나운' 사람이라고 부르기 십상이었다. 가족을 잃은 이에겐 죄책의 짐까지 지워주는 가혹한 말이다. 넉 달 상간으로 연이어 남편과 아들을 잃은 박완서는 그 충격과 슬픔을 토해내며 "자식을 앞세우고도 살겠다고 꾸역꾸역 음식을 처넣는 에미를 생각하니 징그러워서 토할 것 같았다", "온몸의 살갗이 다 까진 것처럼 그저 닿는 데마다 쓰리고 아프다"[33]라고 표현하기도 했다. 과부로, 참척으로 지나는 모든 시간은 쓰라림으로 가득하다. 스스로에게도 끝없이 찾아오는 죄책과 죽음의 그림자, 끝없는 무의미함의 위기가 그 앞에 있었다. 캠벨이 씨름하며 마주했던 고통도 그와 다르지 않았으리라.

가족들의 죽음, 다음 문장으로 이어지는 이 짧은 행간의 시간에는 이를 끌어안고 괴로워하며 잠들지 못하는 밤이 이어졌을지도 모른다. 그리고 이 시간의 끝에 캠벨은 이 모든 위협과 고통에 무너지지 않고, 오히려 그것을 받아들였다. 누군가는 이를 '존재의 용기(the courage to be)'라고 표현했다. 믿음은 절망적임에도 불구하고 용납됨을 받은 존재로서 자신을 인정하는 것이다. 그래서 신앙은 존재하고자 하는 힘, 용기에 사로잡힌 상태다.[34] 캠벨은 깊은 고난 속에서도 자신의 존재가 사랑 안에서 용납되었음을 믿었다. 캠벨의 역사는 절망 속에서 소망을 품고, 여기서 다시 새롭게 시작된다. 캠벨은 이 시기에 대하여 다음과 같이 말했다.

> "저는 천국이 더 가까워진 것을 발견했고, 하나님을 위한 일로 나의 빈손을 채워달라고 그분께 간구했습니다."[35]

캠벨의 생애를 다룬 글 속에 반복되는 '빈손'이라는 단어는 캠벨 스스로가 자신의 삶에 대해 회고했던 표현이다. 가족들이 떠난 삶에는 빈손이 남겨졌다. 그러나 그 빈손은 슬픔과 비탄의 상징이 아니라, 다른 이들을 위한 희망의 씨앗이 되었다. 캠벨은 자신의 빈손을 바라보며, 하나님의 일로 채워주시기를 기도했다. 그리고 그 기도는 곧 응답되었다.

4. 부르심

1886년 여름은 캠벨의 삶에 있어 큰 전환이 이루어지는 시간이었다. 캠벨이 1886년 7월 14일에 중국 선교사였던 로치 랭킨(Rochie Rankin)[36]에게 보낸 편지에는 선교사가 될 것을 결정한 처음 마음이 적혀있다.

> "최근에 로라 헤이굿과 알렌 박사로부터 중국에서의 선교에 전념하지

않겠냐는 편지를 받았습니다.

로라는 확신에 차서, 제가 그 일에 적합한 사람이라고 말했고, 저는 처음에 그것이 하늘 아버지로부터 온 부르심 같았습니다. 제 어린 딸이 죽은 후에 저는 제 삶을 다시 새롭게 주님께 드렸습니다. 외국이나 국내 사역지에서 쓰임 받는 데 어떤 어려움도 없도록, 담대하게 나아가기를 결심했지요. 그 모든 것이 주님의 인도하심이라 느꼈습니다.

그들의 편지를 읽으면서, 저는 즉시 가기로 마음먹었습니다."[37]

▲ 로라 헤이굿

캠벨이 선교사가 되는 과정에 있어 가장 큰 영향을 끼친 사람은 당시 중국 상하이에 있던 선교사 로라 헤이굿(Laura Askew Haygood)이다. 헤이굿은 캠벨에게 중국 선교를 처음 제안했고, 같은 상하이 선교본부에 있던 알렌(林樂知, Young J. Allen)에게도 캠벨을 소개하여, 함께 편지로 권면했다. 헤이굿은 캠벨에 대하여 '적합한 사람', 또 '그 이상으로 사역에 재능 있는 사람이 없을 것' 이라고 표현하며 남감리회 선교본부에 캠벨을 추천했다. 그리고 캠벨은 그 부르심이 하나님께로부터 온 것으로 여겼다.[38] 캠벨은 딸 루이스를 여읜 뒤, 다시 한번 자신의 삶을 헌신하기로 했다. 그러나 정확한 분야를 정하지 않았고, 국내나 국외 어느 곳이든 도움이 필요한 곳에 갈 결심이었다. 그러던 중 헤이굿이 중국 선교를 제안한 것이다.

헤이굿과는 캠벨의 남편 알론조가 죽기 전, 조지아주 애틀랜타에 있을 때 '트리니티교회'에서 함께 활동한 바 있다. 캠벨은 헤이굿과 깊은 우정을 나누었으며 많은 영향을 받았다. '닮은 영혼'이라고 표현될 정도로 두 사람에게는 공통점이 많았다.[39] 헤이굿은 뛰어난 지도력과 열정으로 여성들의 교육을 위하여 헌신한 독신 사역자였다. 캠벨이 만났을 당시 애틀랜타여자고등학교의 교장이었고, 도시 빈민들에게 음식과 거처 및 교육을 제공하는 트리니티 가정선교회의 설립자였다. 헤이굿은 이후 1884년 미국 남감리회 해외여선교부에서 중국 상하이로 파송한 선교사가 되었다. 39세의 나이였지만, 새로운 언어를 배우며 동양의 문화권으로 나아갔다. 그리고 16년을 중국에서 지내면서 클럽튼학교(Clopton School)를 맡아 운영하고, 맥타이어 선교본부와 학교(McTyeire Home and School)를 세우기도 했다.[40]

캠벨의 삶을 통해 살펴보게 되겠지만 사역의 방향과 대상, 지도력에서 두 사람은 비슷한 모습을 보인다. 캠벨도 중국 상하이와 쑤저우에서 교편을 잡으며 다양한 종류의 학교를 운영하였고, 한국에서는 헤이굿이 세웠던 것처럼 선교본부와 학교를 세웠다. 이들의 선교본부는 새로운 선교사들이 현지에 적응해가며 언어를 배우고 사역을 위한 훈련을 받을 수 있는 곳이었다. 그리고 선교의 대상은 주로 여성이었으며, 교육과 전도에 중점을 두었다. 1889년 헤이굿이 상하이 여선교부의 대표가 되었던 것과 같이, 캠벨 역시 중국 쑤저우와 한국에서 여선교부의 대표가 되었다.

캠벨이 중국 선교를 결심하고 미국 남감리회 해외여선교부로부터 파송된 것은 1887년 3월이었다. 캠벨의 결정은 헤이굿에게도 간절한 기도의 응답과 같았다. 중국은 선교지가 넓은 데 비하여 선교사의 수가 적은 데다, 당시 질병이나 죽음 등의 이유로 규모가 줄어들었기 때문이다. 캠벨의 파송이 결정된 후 1887년 2월에 헤이굿이 본국으로 보낸 편지에는 다음과 같이 쓰여있다.[41]

> "맥개복[미국 남감리회 해외여선교부 총무]은 캠벨과 또 다른 한 여성이 3월에 중국으로 떠날 것이며, 그전에 선교본부에는 여덟 명의 지원자가 있었다고 했습니다. 하나님께서 기도를 듣고 응답하신다는 이 새로운 증거로 인해 얼마나 기쁘고 감사한지요! …… 우리의 기도는 돕는 이들을 보내시는 하나님의 선하심을 찬양하는 것으로 바뀌었습니다."[42]

헤이굿의 권면이 캠벨에게는 하나님의 부르심으로 여겨졌던 것처럼, 캠벨의 선교사 지원은 헤이굿에게 기도의 응답이었다. 헤이굿과 캠벨이 선교사로서 재회하였을 때는 헤이굿이 파송된 지 3년이 지난 1887년 4월이었다. 당시 헤이굿은 휴식차 떠난 일본 고베에서, 마침 하루 정박 중이던 캠벨 일행을 만났다. 3년여 만에 다시 마주한 '트리니티 동지'들은 그동안의 이야기를 나누었다.

> "캠벨은 '평안과 위로'가 어떻게 그녀를 도왔는지 제게 말해주었어요. 그녀가 이곳에 있어서 참 좋습니다. 그녀는 우리 은혜의 주님과 함께 어둠 속을 걸어왔고, 주님은 그녀를 그 너머의 빛으로 인도하셨지요. 천국의 햇살이 그녀의 얼굴과 마음에 있었습니다."[43]

우리 말에 '얼의 꼴'이 나타난 형상을 '얼꼴'이라고 하였고, 이것이 변하여 지금은 '얼굴'이라고 부른다.[44] 얼굴에는 자연스럽게 그 사람의 영혼의 모양새가 드러나기 마련이다. 고난의 시간을 통과해 나온 캠벨의 얼굴은 그야말로 '천국의 빛'이 깃들어 있는 것처럼 밝게 보였다. 헤이굿은 가족들을 모두 떠나보내고 홀로 남은 캠벨의 소식을 들었지만, 다시 마주했을 때 그 얼굴이 하늘의 위로 안에서 평안한 것을 보았다.

5. 적합한 사람

캠벨은 중국 선교사가 되기를 결정한 뒤에도, '내가 선교사로 적합한 사람인가?'라는 질문을 끊임없이 던졌다. 캠벨의 편지들 속에는 선교사 지원 심사 규정에 적힌 자격 요건들을 보고, 스스로가 적합한지 고민하는 대목이 종종 등장한다.

1900년 미국 남감리회 선교부에서 발간한 『선교사 규정』에 따르면 당시 목회자, 의료인, 교사 이 세 부류의 선교사를 파송했음을 알 수 있다. 목회자의 경우, 기본적으로 3~4년의 목회 연한을 바탕으로 언어 습득에 대한 자질을 갖추고, 교회 재정과 운영에 대한 실질적인 경험을 쌓아야 했다. 의료인의 경우 미국 내에서 의료 실무에 필요한 정규 교육과 학위를 소지해야 하며, 직업적으로뿐 아니라 개인적으로 복음의 전파에 헌신할 준비가 되어있어야 했다.[45] 캠벨의 경우 세 번째 부류인 교육 선교사에 해당하며, 그 내용은 다음과 같다.

교사들은 정규 교육과 교수 경험뿐 아니라, 그 일에 특별히 적합한 성품이 있어야 합니다. 물론 우리의 선교활동은 복음의 유일한 가르침에 기초해 있습니다. 모든 교육은 "예수 안에 있는 그대로의 진리"에 속해 있습니다. 그러므로 우리의 선교 사역 중 교사에 지원하는 모든 사람은 개인적으로 그리스도께 헌신하고, 그의 말씀과 친밀한 학생이어야 합니다.[46]

교사들의 경우 교육 여부와 실무경험의 자격도 중요하였지만, 좋은 성품과 깊은 신앙이 뒷받침되어야 했다. 1925년 미국 남감리회 여선교부에서 발간한 『해외 선교사 규정』에는 "선교의 가장 큰 목적은 우리 주 예수 그리스도를 통해 개개인이 하나님과 친교를 맺게 하고, 따라서 그의 나라가 이 땅에 임하며 그의 뜻이 하늘에서 이루어진 것처럼 이 땅에서도 이루어질 수 있도록 기독교 사회 질서를 확립하기 위한 기반을 마련하는 것이다"라고 쓰여있다.[47] 교육은 선교 현장에서 사람을 기르는 일이기에, 기독교에 기반을 둔 사회 질서를 세워가는 데 있어 중추적인 역할을 했다. 그래서 교육 선교사가 되는 이들의 능력뿐 아니라 그 성품과 신앙의 검증 과정을 거쳤다.

선교사들의 지원서는 자필로 작성하였는데, 선교부에서 지원자의 적합성을 판단하는 데 필요한 모든 항목에 대하여 명확하고 간결한 설명을 기술했다. 교사의 경우, 자격증이나 졸업장을 언제, 어떤 기관에서 받았는지, 그리고 얼마나 많은 경험을 했는지 기록하고, 자격 및 자격에 대한 추천서 또한 첨부했다.[48] 캠벨 역시 자필로 교육 선교사 지원서를 작성하였으며, 다음과 같은 질문에 대한 답이 들어있었다.

① 해외 선교 사역을 맡는 데 있어 성령께서 당신의 마음을 움직였다고

느낍니까?

② 이 일을 당신의 주업(life-work)으로 삼을 것입니까?

③ 당신은 어떤 곳으로든 갈 의향이 있습니까?

④ 기독교 사역 경험이 있습니까?

⑤ 철저한 영어 교육을 받았습니까?

⑥ 고대나 현대 언어를 공부한 적이 있습니까? 그리고 그 자격을 획득하였습니까?

⑦ 당신은 학교에서 가르친 적이 있습니까? 그리고 어떤 성과가 있었습니까?

⑧ 당신은 음악-가창 또는 기악-을 가르칠 수 있습니까?

⑨ 당신의 건강 상태는 어떻습니까? 그리고 유전병이나 유전적인 정신질환이 있습니까?

⑩ 당신의 나이는?[49]

캠벨은 ①~③번 문항에 대하여 짧고 명확하게 긍정했다. ④번 문항의 '기독교 사역 경험'에 대해서 앞서 언급하였듯, 교회 안팎에서 복음을 전하였다고 대답하였다. ⑦번 문항의 '학교에서 가르친 경험'에 대해서, "3년 반 동안 학교에서 가르쳤고, 선교사로 지원하지 않았다면 평생의 일이 될 정도로 성공적이었습니다"라고 답했다. 그리고 ⑧번 문항의 음악 수업에 대한 답으로, "성악과 기악을 모두 공부했습니다. 학교 외에서 가르쳐본 적은 없습니다"라고 적었다. 캠벨이 학교에서 가르치던 당시, 때때로 음악과 관련된 수업도 진행했던 것으로 보인다. 미국 남감리회 여선교부에서 운영하던 대다수 학교는 영어와 음악을 강조하였는데, 특히 캠벨의 음악에 대한 재능은 선교지에서 유용하게 사용되었다. 이는 상하이에 도착한 뒤 언어를 습득해 가는 과정 중에도 불과 한 달 안에 클럽튼학교의 음악 교사가 될 수 있었던 이유였다.[50]

선교사 지원 항목 중 '건강 상태'에 대한 부분은 반드시 짚고 넘어가야 하는 사항이었다. 그래서 남감리교 규정에는 "가정의 또는 자신의 체질 및 건강 상태를 확실하게 판단할 수 있을 만큼 오랫동안 알고 지낸 사람이나 가정 의사의 건강증명서를 제출해야 한다. 그리고 또 다른 유능한 의사가 철저한 건강 검진을 실시하여 그 결과를 위원회에 인증해야 한다"라고 적혀있다. 캠벨의 경우 유전적인 질환은 없으며, 스스로 "완벽하게 건강"하다고 자부하였다. 실제로 캠벨이 중국과 한국에서 선교사역을 하는 동안 무리는 했어도, 별다른 질병을 앓은 바 없었다.[51]

그러나 선교사 지원을 결정하는 과정에서 캠벨 스스로가 '적합성'의 여부를 고민했던 몇 가지 사안이 있었다. 첫 번째는 '언어 문제'였다. ⑤번 문항의 "철저한 영어 교육" 부분에 대해서도 "충분한 교육을 받지는 못했지만, 수행할 수 있을 만큼 충분합니다"라고 다소 조심스럽게 대답했다. 그리고 ⑥번 문항의 "고대나 현대 언어"에 대하여, 숙달되지는 않았으나 프랑스어와 스페인어를 공부했다고 적었다. 회화에 익숙하고 두 권 정도의 책을 번역했던 경험도 있었지만, 두 언어 모두 완벽하게 구사하지는 않았다.[52] 그리고 나아가게 될 선교 현장에서는 새로운 언어를 배워야 했다. 그래서 캠벨은 선교부 총무인 맥개복에게 쓴 편지에서 다음과 같이 말했다.

> "제가 그 자리에 적합한지 결정하기 전에 고려해야 할 두세 가지 질문이 있습니다. …… 저는 그분들이 저의 어떤 점을 보고 저의 적합성을 판단하는지 잘 모르겠어요. 로라는 제가 선교에 대해 애정이 있다는 것은 알지만, 언어를 습득하는 부분에 대해서 제가 두려워하고 있다는 것을 잘 모를 듯합니다."[53]

캠벨이 동양의 새로운 문화권으로 나아가는 것도 쉬운 결정이 아니었지만, 무엇보다 그에 앞서 낯설고 새로운 언어를 습득하는 데에 대한 부담감이 있었던 것으로 보인다. 표음문자인 영어를 사용하던 캠벨이 '그림' 처럼 보이는 표의문자인 한자를 습득하는 일은 큰 도전일 수밖에 없었다.

두 번째는 자신의 '인격적 자질' 에 대한 고민이었다. 선교본부에 헤이굿 외에도 알렌 박사, 조지아주 여선교부 총무인 캘러웨이로부터 캠벨을 추천하는 편지들이 도착해 있었지만, 신중한 성격이었던 캠벨은 주변의 선교사들과 목회자들에게 자신의 자질에 대하여 끊임없이 질문했다. 랭킨에게 쓴 편지에서 지적인 역량과 정신력 및 건강 외에도 캠벨이 선교에 적합하지 않다고 생각되는 이유가 조금이라도 있다면 조언해 주기를 요청했다. 이러한 고민과 관련하여 남감리회 중국 의료선교사인

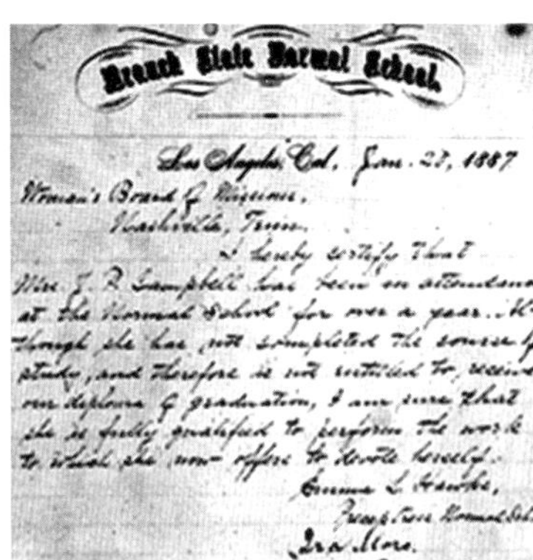
Branch State Normal School.

Los Angeles, Cal., June 23, 1887

Woman's Board of Missions,
Nashville, Tenn.

I hereby certify that Mrs. J. P. Campbell has been in attendance at the Normal School for over a year. Although she has not completed the course of study, and therefore is not entitled to receive our diploma of graduation, I am sure that she is fully qualified to perform the work to which she now offers to devote herself.

Emma L. Hawks,
Preceptress Normal Sch.
Ira More,
Principal.

▲ 사범학교장 확인서

켈리 박사와 상담했다는 이야기도 찾아볼 수 있다. 또 선교사 지원서를 작성하기 전에 선교부 서기인 맥개복에게는 2통 이상의 편지를 보내며 자신의 상황을 설명하고 조언을 요청하였다.[54]

마지막 세 번째는 '가족의 동의'에 대한 고민이었다. 캠벨은 아버지의 충분한 동의를 받기 원했다. 1886년 맥개복에게 쓴 편지에는, 캠벨이 바로 중국 선교사가 되려고 하였으나 아버지로부터 동의를 얻지 못했다는 내용이 들어있다. 캠벨은 선교사가 되는 결정에 있어서 실수가 없기를 원했고, 그 부분에 대해 여러 검증을 하였는데 그중 하나가 아버지와 관련된 부분이었다. 캠벨은 다음과 같이 말했다.

> "이러한 시험 중 하나는 아버지의 동의였는데, 아버지는 처음에 완전히 거절하셨고, 성령의 도우심으로 9개월 후에야 제가 가는 것을 허락하셨습니다."[55]

처음에는 받아들이지 못했지만 결국 아버지 필은 중국 선교를 결심한 딸의 뜻을 어쩔 수 없이 받아들였다. 캠벨은 1남 3녀 중 둘째였고, 언니는 앨리스, 동생은 마틴, 제시였다. 앞선 이야기에서 살펴본 대로, 독자였던 마틴은 총격 사건으로 일찍 세상을 떠났으므로 아버지의 둘째 딸을 향한 걱정과 염려는 당연했다. 캠벨은 "천국의 아버지께서 사람의 일을 두 번째로 여기지 않으실 것"이라고 생각했기에, 천천히 설득하며 아버지의 허락을 구했다. 그리고 캠벨이 말했듯 아버지의 허락은 선교사가 되는 결정에 있어 중요한 검증과정이었다. 맥개복에게 보낸 편지에 따르면, 1887년 3월 뉴욕에 살고 있던 여동생 제시 내외가 중국에서 매입한 땅을 방문하기 위해 중국으로 출발할 예정이었다. 그래서 아버지 필은 여동생 내외가 중국 현장을 살핀 뒤 중국에서의 선교활동을 동의하지 않는다면, 그들과 함께 돌아올 것을 당부했다. 조건부 승낙이었지만 이는 캠벨이 선교사가 되는 것에 대한 잠정적 동의이기도 했다.[56]

그 외의 모든 것은 준비되었다. 캠벨은 남편의 죽음 후 로스앤젤레스로 돌아와 캘리포니아 주립 사범학교 로스앤젤레스 분교에 입학하였다. 캠벨이 수학한 사범학교는 오늘날의 로스앤젤레스 캘리포니아 대학교(UCLA)로 발전했다.[57] 캠벨은 1887년 1월에 캘리포니아주에서 주관한 교원 자격시험에는 통과하지 못했고, 사범학교 역시 2년 과정을 모두 마치기 전에 파송되어 졸업장을 받지는 못하였다. 그러나 지도교수와 학교장으로부터 선교지에서 교사 일을 수행할 자격이 충분하다고 보증하는 확인서를 받았다.[58]

캠벨은 파송이 결정되기까지 신중하고 조심스럽게 준비하며, 또 새로운 부르심에 대한 확고한 결단으로 나아갔다. 다음의 편지 내용에는 이러한 마음이 잘 드러나 있다.

> "그러니 자매님, 그것이 하나님의 뜻이라면 모든 일이 적절하게 잘 이루어질 수 있도록 기도해주세요. 저는 기꺼이 갈 준비가 되어있고, 제 삶이 더는 저의 것이 아니라 하나님의 것임을 느끼고 있습니다."[59]

II. 중국 선교 – 상하이

1887~1888

II. 중국 선교 - 상하이(1887~1888)

1. 교회의 건설시대

19세기에 이르러 중국 청조는 영국을 필두로 한 서구세력의 강력한 도전에 직면했다. 아편전쟁과 애로호 사건으로 알려진 1, 2차 중·영 전쟁은 자급자족적인 농업 국가 청과 무력으로 시장을 개방시키려는 서구 자본주의 세계의 충돌이었다. 두 차례의 전쟁에서 완패한 중국은 난징조약(1842), 톈진조약(1858), 베이징조약(1860) 등의 불평등 조약을 통해 반(半)식민지화의 길을 걷게 되었다.[60]

캠벨이 선교활동을 시작한 시기는 중국 기독교 역사에서 '교회 건설시대'로 불린다. 1807년 로버트 모리슨으로부터 선교활동이 시작되어 선교 준비 시대, 개척시대를 지나 교회 건설시대에까지 이르렀다. 중국은 베이징조약 이후 개항장이 16개로 늘어나고 내지 여행권, 내해 항행권이 보장되면서 서양의 상품시장, 원료시장으로 전락했다. 기독교는 이 시기에 점차 중국 본토에 들어가서 특정 개항장 이외의 곳에서도 자유로이 교회를 설립할 수 있게 되고, 토지를 구매하거나 빌릴 수 있는 토지조매권을 얻게 되면서 충분한 의미에서 내지 개척 및 건설시대에 들어갔다. 교육, 문서, 의료, 복지 등 다양한 분야에서 선교활동이 전개되기 시작한 것이다. 이제는 중국의 길거리에서 외국인 선교사가 설교하거나 책자를 나누어주는 모습을 볼 수 있게 되었다.[61]

기독교가 선교의 권리를 확보하여 포교활동을 벌이면서, 태평천국 운동과 같이 기독교를 표방한 신흥종교가 발흥되기도 하였다. 그러나 중국을 위압하여 열강이 그 세력을 동아시아지역으로 확대하는 과정에 기독교가 있었기에, 제국주의와 종교는 연관되어 생각될 수밖에 없었다. 선교사들은 처음부터 의료와 교육에 노력하였는데 조직적인 학교를 세워 초등교육에서 고등교육에까지 이르렀고, 또 정비된 병원을 세워서 공중위생을 개선시켜 문화적으로도 큰 역할을 하였다. 그리하여 기독교는 한편으로 정치와 연계되어 있으면서 다른 한편으로는 문화 운동을 수반하는 세력, 이른바 구미 문화국의 대표 사절처럼 보였다. 중국인들의 눈에 기독교는 중국을 뒤흔드는 구미세력 그 자체를 상징하는 것이었다. 이에 따라 반외세 내지는 반제국주의적인 지향을 가진 반기독교 운동이 일어나기도 하였다.[62] 캠벨의 전기를 기록한 글 "Mrs. J. P. Campbell"에는 "중국 정부가 선교사들에 대하여 반대하였고, 중국인들은 외국인들을 두려워하며 증오했다. 그리고 선교사들의 생명이 위험에 처하는 경우들도 여러 번 있었다"라고 전한다.[63]

이 시기의 기독교 선교사업은 눈에 띄게 활성화되었다. 당시 영국은 인도를 직할하며 식민과 함께 선교에 집중하였으므로, 중국 선교의 주력은 미국계 선교단체들이었다. 더구나 미국 본토에서 감리회, 침례회 등을 주로 하여 왕성한 신앙 부흥 운동이 일어나 해외 선교의 열의가 더욱 고조되었다. 1877년 상하이에서 열린 제1회 선교사협의회에서

470여 명의 선교사가 활동 중이며, 신자 수는 1만 3천 명에 이르렀다고 보고되었다. 한편 제2회 선교사협의회가 개최된 1890년의 보고에 따르면 1,296명의 선교사가 활동하며, 신자 수는 37,289명이었다고 한다. 이 기간에 외국인 선교사와 신도 수가 두세 배 가까이 늘어난 것을 알 수 있다.[64]

미국 남감리회의 경우, 1846년 중국 선교 결정을 내리고 중국 선교에 착수했다. 남감리회 중국 선교 역사 초기에 기억되는 주요 선교사 중 캠벨의 선교 사역과 직접적으로 관련이 있었던 인물은 캠벨을 선교사로 추천한 바 있던 알렌 박사다. 알렌은 1860년 7월 상하이에 도착하였는데, 교육자, 저술가로 활동했으며, 중국에 서학을 전파한 중요 인물이 되었다. 그는 1885년 상하이에서 쑤저우대학교의 전신인 중서서원(Anglo-Chinese College)의 설립자이자 총장이 되었고, 1892년에는 로라 헤이굿을 도와 맥타이어학교를 설립했다. 알렌은 중국 내에서의 교육사업에 대하여 "부유하고 총명한 중국인들을 가르쳐서 그들이 먼저 하나님을 알게 함으로써 중국에 복음을 널리 전하고, 중국인들에게 영향력을 발휘하게 하여야 한다"라고 말하였다. 그가 창간한 『만국공보』는 주로 서학과 중국의 정세를 소개하였고, 서학을 통한 중국 학문의 발전을 도모하기도 하였다. 그는 감리교 출판부를 통하여 250여 권의 책을 번역 및 출

▲ 알렌(Dr. Young J. Allen)

판하였으며, 캉유웨이 등의 변법파에 큰 영향을 끼쳤다.[65] 캠벨이 상하이에 도착했을 때, 알렌은 남감리회 중국 선교연회의 감독으로 활동하고 있었다. 토착민들을 가르치고 그들에게 복음을 알게 하여 사회에서 영향력 있는 지도자로 세우는 방식은 알렌의 영향을 받은 캠벨의 교육 사업에서도 나타나는 특징이다.

캠벨은 미국 남감리회 해외여선교부 소속으로 파송되었다. 남감리회 해외여선교부가 조직되던 시기는 미국 여성들의 사회적 권위가 이전보다 향상되던 시기였다. 미국은 남북전쟁을 치르며 사회 속 남성들의 역할을 여성들이 대신하게 되면서, 여러 분야에 걸쳐 여성들이 등장하여 인정받기 시작했다. 이러한 사회 분위기 속에 여성들의 정치참여와 사회 활동의 폭을 넓혀가는 여권 운동이 전개되었고, 이와 동시에 국내외 선교사 파견을 위한 선교 지원 운동도 활발하게 전개되었다. 이에 따라 여성들을 위한 독자적인 선교 기구의 필요성이 제기되면서, 1878년 남감리회 여성 행정 본부가 조직되어 이후 해외여선교부가 되었다. 같은 해 로치 랭킨은 남감리회 해외여선교부 소속 최초의 선교사로 상하이에 도착했다. 그리고 캠벨은 미국 남감리회 해외 여선교부가 공식적으로 파송한 19번째 선교사였다. 캠벨이 중국에 도착했을 당시 남감리회는 상하이와 쑤저우 등지에서 교육, 의료, 사회 전도 사업 등으로 활발한 선교활동을 하고 있었다.[66]

2. 대양을 건너서

1887년 3월 14일, 캠벨을 태운 증기선은 샌프란시스코에서 출발하여 태평양을 한 달여 가로질렀다. 당시 태평양 횡단은 이미 많은 나라에 익숙해진 길이었다. 1873년에 발표된 쥘 베른의 소설 『80일간의 세계 일주』에도 캠벨이 탑승했던 것과 같은 '태평양 해운 회사(The Pacific Mail Steamship Company)'의 증기선이 동일 항로를 21일 만에 횡단하는 이야기가 등장한다. 당시의 증기선은 적재량이 2,500톤에 달하는 커다란 외륜선이었고, 시속 12노트[22.22km/h]로 속력도 빨랐다. 1867년 샌프란시스코와 요코하마, 홍콩을 잇는 정기노선이 개설된 이래, '대양 고속도로'라 불릴 만큼 태평양 항로는 안정적으로 운항이 이루어지고 있던 터였다.67

일본의 요코하마 항을 거쳐 4월 6일 고베항에 도착한 캠벨 일행은 하루의 정박시간 동안 휴식차 고베에 와 있던 헤이굿을 만날 수 있었다. 당시 캠벨은 함께 파송된 여선교사 케이트 로버츠와 동행했고, 헤

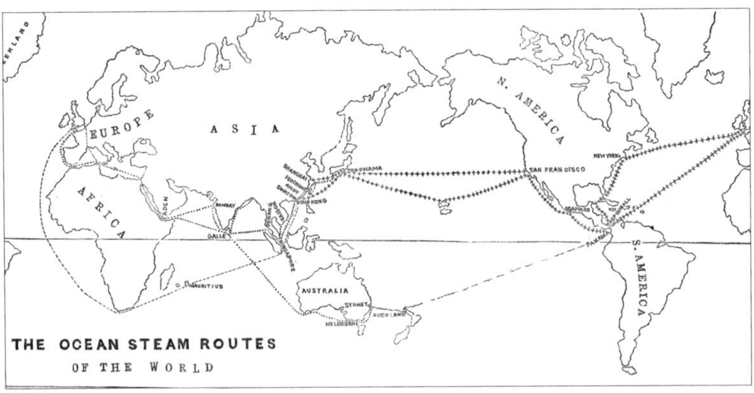

▲ 캠벨이 탑승한 증기선의 항해로. 미국 샌프란시스코에서 출발하여 일본 요코하마에 도착했다.

이굿은 반갑게 이들을 맞이했다. 그리고 다시 출항한 배는 상하이를 향한 여정을 계속했다. 헤이굿의 경우, 요코하마에서 상하이까지 가는 여정이 특별히 아름다웠다고 표현하기도 했다. 해안과 계곡, 산이 어우러진 풍경은 마치 천국의 조각처럼 보일 정도로 완벽했다고 한다. 동양의 아름다운 풍경에 파묻힌 항해는 4월 12일 최종 목적지인 상하이에 안전하게 도착하면서 마무리되었다.[68]

캠벨이 도착한 상하이는 양쯔강이 바다로 흘러 들어가는 지점에 자리한 도시로, 베이징이 정치의 중심지였다면 상하이는 경제의 중심지였다. 1840년 제1차 중·영 전쟁(아편전쟁)이 끝난 뒤, 1842년 체결한 난징조약에 의해 개방된 다섯 개의 항구 중 하나가 상하이였다. 개방 후의 근대 상하이는 아시아에서 가장 번영된 항구와 경제 금융의 중심지가 되었고, 근대 아시아에서는 유일하게 국제화된 도시였다. 상하이는 두 개의 대양 고속도로가 만나는 지점에 있었다. 하나는 일본으로 향하여 태평양을 건너 북미로 이어진다. 다른 하나는 남쪽으로 싱가포르까지, 그리고 인도를 지나 유럽까지 뻗어 있었기에, 세계 모든 항구와 연결되어 있었다.[69]

그리고 상하이는 '동양의 파리', '모험가의 낙원'으로 불리며 국제적인 번영을 누리면서, 개항 후 외국인 치외법권 지역인 조계지들이 들어와 외국인들의 왕래가 끊이지 않았다. 1853년 태평천국 군이 상하이 옛 성벽 안쪽의 도시를 점령하자 수천 명의 중국인이 외국인 지역으로 이주했고, 그 이후로는 외국인 지역에도 중국인들이 함께 거주하고 있었다. 그래서 상하이의 중심지는 프랑스의 도시 혹은 서양의 어딘가에 있는 것 같으면서도, 또한 옛 중국인들의 도시에 있는 것 같았다. 당

▲ 1897년 상하이 부두

시 남감리회의 트리니티 본부와 클럽튼학교는 그 한가운데인 오늘날의 와이탄 황푸구에 위치하였는데, 캠벨 역시 이곳에서 여장을 풀었다.[70]

캠벨이 처음 접한 중국 남부의 기후는 건강에 우려가 있을 만큼 선교사들이 적응하기 쉽지 않았던 것으로 보인다. 미국의 지리학자이자 작가였던 조지 크레시(George Babcock Cressey)는 양쯔강에 대하여 다음과 같이 설명했다.

> "양쯔 평원은 강과 운하들의 땅이다. …… 이 운하들은 생명의 동맥이다. …… 운하들은 교통수단을 제공하기도 하고, 들판에 물을 공급하기도 한다. …… 기후와 위치의 요인들로 인해 이곳은 중국에서 가장 번창한 지역이 되었다. …… 과도한 습도는 특히 유럽과 북미의 시원한 지역에

서 온 외국인들이 여름을 나기에 지치게 만든다."[71]

캠벨이 활동했던 상하이와 쑤저우는 양쯔강의 운하들로 연결되어 있었다. 쑤저우는 '동양의 베니스'라고 불릴 만큼 운하와 수로가 유명하다. 그러나 이는 아름다움과 동시에 과도한 습도를 유발하여, 외국인들에게 여름을 나기에 힘들게 하는 요소가 되었다. 남감리회 중국 선교사인 램버드 박사가 "쑤저우의 기후는 결코 우리 가족과 맞지 않는다"라고 보고하며 쑤저우에서 일할 수 없다고 선언할 정도였다.[72]

쑤저우 병원을 담당했고, 후에 캠벨에게 의술을 전수했던 파크(William Hector Park) 박사는 더위와 건강의 위협에 대하여 이렇게 회상하기도 했다.

> "그때[1885~1995년] 쑤저우의 여름은 거의 견딜 수 없었다. ……모기가 몰려들어서 우리는 베갯잇을 무릎까지 끼우고 침대 위에 이중 모기장을 쳐야 했다. 시장에서는 모기장을 구할 수도 없었다."[73]

크레시에 의하면 "인구 밀도가 높은 구역에서 밤새 정성껏 흙을 채취해 농장에서 비료로 사용했다"라고 한다. 이 과정에서 공중보건의 문제도 발생했고, 파크 박사가 회고한 것처럼 많은 모기와 말라리아의 위협도 존재했다. 초기 선교사들이 노출된 질병은 장티푸스, 콜레라, 발진티푸스, 성홍열, 이질 등이 있었으며, 홍역이나 폐렴, 인플루엔자, 디프테리아, 결핵, 트라코마, 그리고 옴의 종류도 있었다. 초기 선교사들에 있어 기후에의 적응과 질병의 문제는 무시할 수 없는 위협이었다.[74] 이러한 환경들 속에서 캠벨의 처음 선교활동이 시작되었다.

3. 매력적인 선교사

선교사들이 선교지에 도착한 후 가장 먼저 시작하는 일은 두말할 것 없이 언어를 배우는 일이다. 보통의 선교사들이 효과적으로 선교활동을 하기 위해서는 최소 2년의 어학연수 기간이 소요되었다. 미국 남감리회 여선교부의 〈해외 선교사 규정〉에 따르면 선교지로 파송된 첫해는 언어학습 과정을 필수로 해야 했으며, 오전 시간은 무조건 어학 공부에 할애되었다. 중국과 한국의 경우, 두 번째와 세 번째 해에도 활동 시간의 절반이 어학 공부에 허용되었다.[75] 그만큼 언어의 장벽을 뛰어넘기 위한 충분한 시간이 필요했다. 그것은 캠벨에게도 마찬가지였다. 캠벨은 도착한 첫해인 1887년 10월 연회에서 구두로 처음 5개월간의 활동을 보고했다. 회의 기록에 따르면 자신의 활동이 "부족했다"라고 평가하며 보고했으나, 실제로는 충실한 어학 공부 이외에도 여러 활동을 시작했음을 발견할 수 있다.[76]

당시 상하이 남감리회 여선교부가 세운 첫 학교인 클럽튼기숙학교가 운영되고 있었다. 학교에서 음악을 가르친 경험이 있던 캠벨은 도착한 지 3주가 채 되지 않아 클럽튼학교의 음악 교사가 되었다. 아직 언어가 익숙하지 않았지만, 음악적인 재능은 학생들을 가르치기에 충분했다. 미국 남감리회 해외여선교부 기록담당 서기관이었던 프린스의 글에 따르면, 캠벨은 한 달 이내에 클럽튼학교 모든 학생의 마음을 "사로잡았고" 이와 같은 모습을 지켜본 알렌은 본국으로 보내는 편지에 이렇게 언급하였다고 한다.

> "캠벨은 매력적인 여성이며, 어디에서나 어떤 선교에서나 받아들여질 만한 사람입니다."[77]

어디에서나 받아들여진다는 것은 캠벨이 그만큼 모든 상황에 맞추어 적응할 수 있는 사람이라는 의미일 것이다. 또한 '매력'이라는 표현을 쓸 정도로 캠벨은 가르치는 데 있어서, 또 여러 활동에 있어서 재능이 있고 사람들의 호감을 불러일으키는 사람이었다. 쑤저우로 옮겨가기 전까지 클럽튼학교의 음악 교사였던 캠벨은 온 힘을 다해 학생들을 가르쳤다. 한 해가 지난 1888년 연회보고에는, 캠벨이 학생 중 여덟 명에게 오르간 연주를 가르치고 있으며, 클럽튼학교 전교생이 음표를 읽으며 노래할 수 있도록 가르치고 있다고 보고하기도 했다. 캠벨이 쑤저우로 옮겨간 뒤인 1890년 연회보고에는 "클럽튼학교에서 가장 도움이 절실한 분야가 캠벨의 공백인 음악 교사의 자리이며, 본국에 재능 있는 교사의 지원을 요청"한다고 할 정도로 그 영향력은 매우 컸다.[78]

이 일 외에도 캠벨은 헤이긋이 총괄하고 있던 상하이 여선교부의 일을 도왔다. 캠벨이 도착한 1887년에는 특히 헤이긋의 건강이 좋지 않아 여선교부 본부를 비우는 일이 잦았지만, 캠벨이 공백이 없도록 이를 도왔다.[79] 헤이긋은 캠벨의 합류로 인하여 큰 위로와 위안을 받았고, 이러한 마음을 본국에 보내는 편지에 실었다.

"당신께 '부드러운 친절과 사랑스러운 다정함' 들이 얼마나 많았는지 말해주고 싶어요. 첫 번째로 캠벨이 우리와 함께 있었기에, 그리고 그녀와 앳킨슨이 본부의 사역을 맡아주었기 때문에, 안나와 제가 동시에 상하이 본부를 비울 수 있었어요. 그녀가 제게 베푼 애정 어린 보살핌은 이루 다 말할 수 없습니다. 그래도 굳이 표현한다면, 그녀가 제게 얼마나 큰 위로가 되었는지를 말하고 싶네요."[80]

돕는 손길이 절실했던 상하이 본부에 캠벨이 합류하면서, 헤이굿이 본부를 비울 수 있을 정도로 캠벨은 조력자 역할을 철저하게 해냈다. 함께 하는 이들의 상황과 마음을 살피며 그들의 필요를 채우는 캠벨을 통하여 동역자들은 힘을 얻었다. 헤이굿은 1888년 연회보고에 "상하이의 모든 여성 사역자는 곤경에 처한 다른 모든 선교사를 돕거나 전체 선교사업을 발전시키기 위해 할 수 있는 모든 일을 하고자 할 뿐만 아니라 열망했습니다"라고 말하며 칭찬했다. 캠벨이 함께하게 되면서 상하이 본부의 여선교사들이 서로 도우며 열정적으로 활동한 당시의 분위기를 엿볼 수 있다. 당시 상하이 본부에서 함께 활동하던 앳킨슨(Virginia Atkinson)은 캠벨이 "가장 효율적인 도움을 주었고, 그녀의 앞장서는 용감한 정신으로 함께 하여서 결코 생각하지 못했던 일도 할 수 있게 되었다"라고 말하기도 했다.[81]

선교 현장에서 무엇보다도 캠벨의 '매력'을 돋보이게 한 것은 바로 '사람됨', 인격 혹은 인품과 관련된 부분이었다.[82] 캠벨은 능력 있는 선교사였지만, 무엇보다 인격적인 면에서 탁월한 모습들을 보였다. 캠벨의 이러한 면은 어머니인 안나벨의 모습과 흡사해 보인다. 다음은 로스앤젤레스 일간지에 실렸던 안나벨의 부고 내용이다.

> "그녀를 아는 모든 사람은 그녀를 사랑하고 존경했습니다. 그녀는 지적으로 재능이 있고, 모든 사람의 존경을 받는 훌륭한 인품의 사람이었습니다. 그 마음과 손은 언제나 모든 선한 말과 일을 할 준비가 되어있었습니다. …… 그녀의 삶은 하나님과 사람에 대한 헌신의 의무를 다하던 삶이었습니다."[83]

기록이 많이 남아 있지는 않지만, 캠벨의 어머니는 로스앤젤레스에서 보육원을 운영하던 원장이었고 모든 사람이 선망하던 좋은 인격을 가진 사람이었다. 신앙 안에서 언제나 착한 봉사와 말들을 보여주었으며, 이는 성장하던 캠벨에게도 적지 않은 영향을 끼쳤을 것이다. 캠벨 역시 가는 모든 곳에서 선한 일을 따르는 훌륭한 인품이 있었고, 이를 바탕으로 한 깊은 공감력이 있었다. 캠벨의 전기를 기록한 글인 *Pioneering in Korea*에서는 이를 '독특한 인격적 은사'라고 표현했다. 이어지는 글은 다음과 같다.

> "그녀는 음악적이었고, 깊은 신앙을 가졌으며, 친절했습니다. 그녀는 관계를 열어가는 데 있어 좋은 능력이 있었습니다. 그녀는 참으로 사람들의 필요와 그들의 개인적인 흥미, 그리고 그들의 가능성에 관해 관심을 가졌습니다. 캠벨을 몹시 슬프게 했던 경험들은 그녀가 다른 이들의 기쁨과 슬픔을 깊이 이해할 수 있게 했습니다."[84]

캠벨은 사람들의 삶에 깊이 관심을 가지고 공감하였기에, 함께 지내는 선교사들뿐 아니라 중국인들과의 관계 또한 원활히 맺었다. 이는 가족을 잃었던 상실의 시간이 캠벨의 삶에 허락한 작은 위안이기도 했다. 그녀의 삶에 있어 슬픔은 개인적인 차원을 넘어 인간의 기쁨과 슬픔, 삶에 대한 이해로 들어가는 통로가 되었다.

그리고 캠벨에게 더는 가족이 남지 않았지만, 선교를 통해 만나는 모든 이들이 마음을 같이하는 새로운 가족이었다. 이후의 기록에 "캠벨은 언제나 무력한 사람들에게 도움이 되고, 어머니가 없는 사람들에게 어머니가 될 준비가 돼 있었다"라고 평가되었다. 좋은 인품과 가족과 같은 따스한 모습은 캠벨의 선교활동에 끊임없이 드러나며, 많은 이의 삶을 회복시키는 원동력이 되었다.[85]

4. 시작점에 일어난 일

시작점에 선 캠벨은 다음과 같이 질문했다.

> "우리가 그들에게 다가갈 수 있는 가장 좋은 방법은 무엇일까? 어떻게 시작할까?"[86]

당시 남감리회 여선교부 본부의 선교사업은 크게 네 가지 분류로 나눌 수 있다. 학교 등과 관계된 교육 분야, 복음 전도 분야, 병원을 중심으로 한 의료 분야, 산업 분야였고 중국에서는 이 모든 부분이 활발

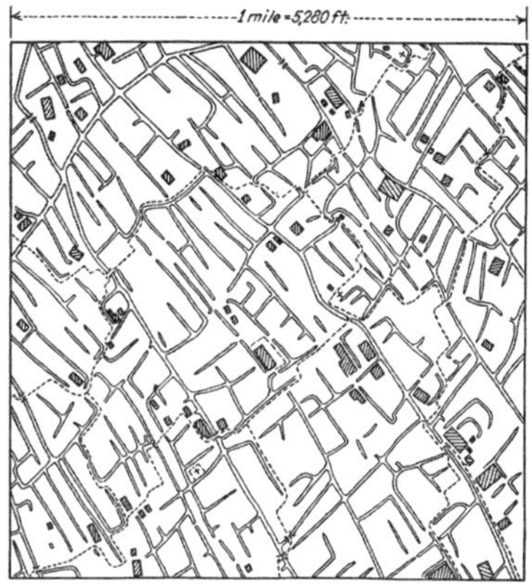

▲ 1900년대 초반 중국인 가정의 모습.
▶ 1900년대 초반 상하이 남동쪽 지도. 촘촘한 운하들이 연결되어 있고, 오솔길은 점선으로 표시되어 있다.

하게 움직이고 있었다.[87] 이 중 복음 전도 사업의 경우, 도시에서는 대규모 교회와 여성들을 위한 사회 전도 센터를 중심으로, 학교 내에서는 학생 자원봉사 등과 연계하여 활동이 이루어졌다. 지방에서는 대부분 교회를 중심으로 성경학교를 개설하거나, 여성 전도를 위한 문화 활동과 아동복지 및 건강 프로그램 등을 운영하였다. 그리고 선교사들과 함께 현지인 여성들이 '전도부인'으로 임명되어 복음 전도 활동을 펼쳤다.[88]

캠벨을 비롯한 많은 여성 선교사들이 교육 분야와 관련되어 있었기 때문에, 상하이에서도 주로 학교를 중심으로 한 선교활동이 이어졌다. 남감리회 상하이 선교본부를 담당하였던 알렌은 교육을 통하여 복음의 영향력이 확대되기를 바랐다. 학교보다 더 강력한 전도 기관은 없다고 생각될 정도로, 교육은 선교 사역 전체에 중요한 역할을 차지했다. 기독교 교육의 목적은 기독교 정신으로 양육되고 훈련된 좋은 성품의 지도자를 길러내기 위함이다. 신앙으로 성숙한 인격을 가진 이들이 지도자로 활동하면서 선한 영향력을 발휘하는 것 자체가 전도이자 선교였다. 그리고 한편으로는 학교에 다니게 된 학생들을 통하여 가정으로 들어가는 길이 열려, 가족 구성원들이 선교사들과 설교자들을 만나게 되면서 자연스럽게 복음이 전달된다. 알렌의 관리하에 상하이 선교본부에서는 교육을 통한 관계 중심의 전도 활동들이 이루어지고 있었다.[89]

캠벨은 첫 번째 질문인 '가장 좋은 방법'에 대하여 고민하던 중, 당시 상하이 본부에서 운영하던 매일학교 아이들의 집을 방문하기로 결심했다. 학교와 연결된 아이들의 관계를 중심으로, 다른 방식으로는 접근할 수 없는 가정 내의 여성들에게 다가갈 수 있었기 때문이다. 1887년 10월 연회가 끝나고 얼마 지나지 않아, 캠벨은 중국인 여성들을 만날 수 있을 만큼 언어 수준이 발전했다고 느꼈다. 그래서 어느 토요일 오후, 현지인 여성 한 명과 함께 길을 나서기로 했다.

당시 선교사들이 아시아·아프리카 등지에서 선교를 개척해 나갈 때, 여성 선교사들은 '전도부인'이라고 불리는 현지인 여성을 양성하여 조력자로 삼았다. 기독교 복음을 처음 접하는 현지 여성들에게 다가가기 위해 세운 전도부인은 선교본부로부터 사례를 받았고, 집집마다 방문하여 복음을 전했다. 전도부인들은 서양 여성들이 갈 수 없는 곳을 찾아가거나 성경을 전달하기도 했다. 여성 선교사들은 주로 전도부인들과 함께 다녔다. 서양인 여성의 등장은 군중들을 모여들게 하였고, 전도부인은 현지어로 말하며 모인 여성들을 가르쳤다. 아직 언어의 기술을 습득하지 못한 선교사들에게는, 전도부인이 성경을 전하고 교육

할 수 있는 좋은 통로였다.[90] 1년이 채 되지 않았어도 어느 정도 중국어가 익숙해졌을 때, 캠벨은 전도부인 역할을 할 수 있는 교인인 중국인 여성과 대동하여 나서면서, 현지인 여성들과의 접촉점을 찾기 시작했다.

두 여성이 들어간 곳 중 일부는 매우 가난할 뿐 아니라 위생환경이 심각하게 좋지 않은 곳도 있었다고 한다. 그렇지만 이들은 어디에서나 친절한 환영과 환대를 받았다. 비록 지켜지지 못한 경우가 많았어도, 만난 여성들은 토요일 학교 예배와 일요일에 교회 예배를 오겠다는 약속을 하며 이들의 언어에 귀를 기울여주었다.

그러나 이날 오후 중국인 여성들을 만나는 과정에서, 캠벨은 가장 큰 문제점이 무엇인지 깨닫는 사건을 만났다. 캠벨과 함께 길을 나선 사람은 오랜 시간 감리교회의 일원이었고, 매일학교의 교사 중 한 명이었다. 그리고 이 모든 일을 시작하기 전에, 그녀에게 무엇을 요구하고 있는지에 대하여 충분한 지시도 받은 상태였다. 하지만 현장에 나갔을 때 그녀는 기독교에 대하여 설명하는 일을 아주 부적절한 시기에 시작하거나, 자신의 역할에 조금도 관심을 가지지 않은 채 떠벌리는 모습을 보였다.

게다가 캠벨을 앞에 세워두고, 이 전도부인은 그 자리에 있는 사람들과 목소리를 낮추어 그들의 언어로 이야기를 나누고 있었다. 아직 언어가 서툰 캠벨은 그들이 어떤 이야기를 나누는지 알 수 없었다. 캠벨에게는 "저 서양 여인은 기독교 교리를 설명하기 위해 왔는데, 너희가 들어주지 않는다면 절대 떠나지 않을 거야"라고 말하는 것처럼 보였다고 한다. 선교사를 앞에 두고 그들만의 언어로 따로 속삭이는 모습은, 언짢음을 넘어서 선교활동 자체를 위협하는 듯했다. 그리고 전도를 주도적으로 이끌어야 하는 선교사가 오히려 끌려다니는 형편이 되었고, 그 앞에서 종교마저 가벼워지는 듯하여 캠벨은 이 모든 상황이 거의 신성모독처럼 느껴졌다고 회상했다.

그날 이후, 캠벨은 "언어에 대한 더 넓은 지식을 얻고 이 복음서의 진리에 대하여 직접 설명할 수 있을 때까지" 무분별한 방문은 자제하기로 했다. 그리고 캠벨 자신에게 절실하게 필요한 것은, 함께 일할 수 있는 여성을 찾는 일이라는 것을 깨달았다.[91] 무엇보다도 캠벨이 전하는 복음의 내용을 그대로 전할 수 있음을 신뢰할 수 있는 사람이 필요했다. 이 일을 계기로 캠벨은 선교활동에 있어 학교 교육 외에도 전도부인을 가르치고 훈련시키는 부분에 많은 무게를 두게 되었다. 전도부인을 양육하는 일은 중국에서뿐 아니라 훗날 한국에서도 캠벨의 선교에 있어서 빠지지 않는 중점사역이었다.

5. 새로운 도시, 가득 채워진 손

상하이에서 캠벨의 일상은 매우 분주하게 흘러갔다. 캠벨은 클럽튼학교의 교사이기도 했지만, 상하이 본부에서는 여성 선교를 담당하고 있었다. 헤이굿은 상하이에서 1년 반 정도 지난 뒤 캠벨의 활동에 대하여 다음과 같이 설명하고 있다.

"캠벨은 클럽튼학교에서 가장 훌륭한 음악 수업을 가르치는 것 외에도 어학 공부에 열중하고 있으며, 한동안 일주일에 세 번씩 중국인 여성들의 수업을 운영했고, 지난 6개월 동안은 트리니티 교회 주일학교에서 여성 성경공부반을 가르쳤습니다. 게다가, 그녀는 중국 여성과 많은 친구를 사귀었으며, 그들 집을 방문도 하고 방문을 받기도 하면서, 마치 자매같이 사랑하고 도우며 공감하였습니다. 그녀는 또한 시골집들에서 열린 많은 기도회에 참석하였고, 앳킨슨이 진행하는 마을 주일학교를 도왔습니다. 의심의 여지없이 캠벨은 상하이의 가장 어려운 분야에도 아름다운 시작이 가능하다는 것을 증명했습니다."[92]

캠벨은 클럽튼학교와 어학 공부 외에도, 중국인 여성들을 대상으로 한 여러 분야에서 활동했다. 한동안은 주중 3회 모이는 여성들의 수업을 주관했고, 여선교부에서 운영하던 '트리니티 주일학교'에서 17명 정도의 여성들을 가르쳤다. 그 외에도 훗날 남감리회의 한국 선교를 개척한 리드(Clarence F. Reid, 이덕, 李德)의 부인과 함께 매주 목요일 오후 마을에서 열리던 기도회에 정기적으로 참석하기도 했다. 또 동료 앳킨슨과 함께 마을 한 곳에서 40~50명 규모의 회중으로 모이는 일요일 오후 예배에 참석하여 성도들을 이끌었다. 캠벨과 앳킨슨은 이 성도들을 여러 반으로 나누어 주일학교를 만들었고, 이를 통해 체계적인 교육을 해나갔다. 찬송 또한 가르쳤는데, 캠벨은 이들이 '예수 사랑하심을' 찬송하며 하나 되는 소리가 "매우 상쾌하다"라고 보고했다.[93] 이제 상하이의 일상에 적응해나갈 때쯤, 캠벨에게 다시 큰 변화가 찾아왔다.

당시 남감리회 본부는 쑤저우 여성들을 위한 병원 건립을 계획했다. 상하이에서 양쯔강을 따라 상류에 첫 번째 위치한 도시가 바로 쑤저우였다. 쑤저우 운하를 따라 연결된 이곳은 상하이 다음으로 선교사들이 선교사업을 발전시킨 주요한 도시였다. 그리고 쑤저우는 당시 성벽 안에 인구 60만 명이 살던 도시로, 중국에서 지적 중심지로 여겨져 왔다.94

1884년 쑤저우에 남감리회 선교부 산하의 병원이 개원하여 운영되고 있었으나, 여성들을 위한 병원이 별도로 필요했다. 19세기 중국 여성들, 특히 상류층의 여성들은 외국 남성 의사들의 치료를 받아들이지 않았다. 당시 한국의 상황과 마찬가지로, 이들은 사람들 앞에 얼굴조차 드러내지 않는 유교 전통에 엄격하게 묶여 있었기 때문이다. 진료받기 위해 옷을 들쳐야 하는 상황도 있었기에, 이들은 남자 의사들에게 진찰을 받지 않았다. 이들은 일반적인 구제 방법조차 차단되어 학대당하거나, 질병이 있어도 방치되는 경우가 많았다. 선교사들은 이들을 '갇힌 여성'들이라고 불렀다. 여성병원 설립의 궁극적인 목표는 중국 여성들에게 복음을 전하는 것이었으므로, 그들과 접촉할 기회를 늘리기 위해서라도 여성병원의 설립은 필수적이었다.95

1885년 미국 남감리회 해외여선교부는 여성병원 건립을 위해 6,000달러의 거액을 책정하였고, 1886년 병원의 설립을 위해 밀드레드 필립스 박사를 쑤저우로 파송했다. 1889년 10월, 정식으로 문을 열게 된 이 병원은 '쑤저우 여성병원(Soochow Woman's Hospital, 또는 박습의원, 博習醫院)'으로 불리다가 후에 '메리 블랙 병원'으로 이름을 변경했다. 병원의 개원을 준비하는 과정에서, 필립스 박사는 여선교부에 그녀를 보조할 인력이 시급하다는 요청을 보냈다. 헤이굿을 중심으로 한 상하이 여선교부에서는 캠벨이 이 일의 적임자라고 판단하여 캠벨을 쑤저우 여성병원의 보조자 및 쑤저우 여선교부 사역의 관리자로 파송했다. 이에 대하여 헤이굿은 다음과 같이 언급하였다.

> "필립스 박사는 오늘 쑤저우에 여성병원을 열 예정이었습니다. 그녀는 [건강이] 훨씬 나아졌지만 강하지는 않으므로, 강력한 조수가 절실하게 필요했지요. 그래서 캠벨을 쑤저우로 옮겨야 했습니다. 우리는 그녀가 매우 그립고, 그녀가 떠나게 되어 매우 유감스럽지만, 동시에 필립스 박사에게는 기쁜 일이기도 합니다. 우리 중 누구보다도 더 잘 도와줄 수 있는 캠벨의 도움을 받으니 말입니다."[96]

캠벨은 상하이에서 지낸 지 1년 반 정도 지난 1888년 10월에 쑤저우로 떠났다. 상하이 본부로서는 아쉬웠지만, 캠벨의 이동은 쑤저우의 선교활동에 있어서 큰 활력이 되었다. 캠벨이 쑤저우로 가게 된 주된 이유는 여성병원의 일을 돕기 위해서였지만, 이미 다양한 분야에서 재능을 나타낸 그녀에게 새로운 사역들이 주어졌다. 그곳에서 캠벨은 자신의 역량을 최대한 발휘해 활동했고, 성공적인 결과들을 이끌었다. 선교사 동료들은 캠벨에 대하여 다음과 같이 평가했다.

> "캠벨은 상하이와 쑤저우에 있는 그녀의 선교사 동료들 사이에서 존경을 받았다. 그들은 그녀를 '폭넓은 문화, 뛰어난 안목, 지치지 않는 힘, 그리고 위대한 믿음을 가진' 여성으로 묘사한다."[97]

캠벨은 미국 남부 텍사스와 서부 로스앤젤레스, 중국을 거쳐 오면서 자연스럽게 갖게 된 문화에 대한 폭넓은 이해가 있었다. 그리고 쑤저우 여선교부를 담당하게 되면서 지도자로서의 뛰어난 안목과 지치지 않은 열정을 발휘했다. 이 모든 것을 수행할 수 있는 동력은 그녀의 강한 믿음이었다.

새로운 도시 쑤저우로 나아간 캠벨은 '쑤저우 여성병원의 행정 담당자'로 불렸다. 그러나 앞으로 살펴보겠지만 병원 의사의 부재가 있었던 1892~1893년에는 병원 전체를 담당하기도 했다. 동시에 병원과 연결된 쑤저우 여성 의과대학의 교장직을 대행했다. 그리고 캠벨은 '쑤저우 여선교부 감독자'로 일했다. 상하이 여선교부의 감독자가 헤이굿이었던 것처럼, 캠벨은 쑤저우 여선교부를 이끌어가는 지도자가 되었다. 또 교육 선교사였던 캠벨에게 필연처럼 여학생 기숙학교인 이스트사이드 기숙학교(Eastside Boarding School & Lambuth School)의 '교장'직이 주어졌다. 이뿐만 아니라 동료 선교사 앳킨슨과 함께 선교부 산하의 11개 매일학교를 관리하는 '관리자'였고, 이와 관련하여 중국인 남학생들의 영어 교육에 대한 요청에 따라 영어교실을 운영하기도 했다. 그리고 동시에 요한복음을 상하이 방언과 쑤저우 방언으로 번역하는 '번역자'로서 일했다.[98] 이렇듯 쑤저우에서 캠벨이 담당한 일들만 나열해도 그 분주함을 짐작해볼 수 있다. 캠벨은 1889년 12월에 열린 연회에서 다음과 같이 보고했다.

"아직 손길이 닿지 않은 다른 계획을 여러분에게 보여줄 수 있습니다. 하지만 그게 무슨 소용이 있나요? 함께 일할 일꾼들은 어디에 있습니까? 우리의 손은 그야말로 가득 찼습니다. 도시와 시골 어디서나 그들의 집에 갇힌 여성들을 위한 저의 오랜 계획은 여전히 시작되지 못한 채로 남아 있습니다. …… '우리는 새로 도착하는 자매들을 열렬히 환영하며, 앞으로 올 모든 이들을 계속해서 환영할 것입니다.'"[99]

아직 시작하지도 못한 계획이 수없이 있지만, 쑤저우 여선교부에는 늘 일꾼이 부족했다. 이렇게! 많은 일을 수행하는 상황을 캠벨은 손이 가득 찼다고 표현했다. 이는 선교지에서 부족한 일손에 대한 호소이며, 선교 사역에로의 초청이었다. 그러나 한편으로는 캠벨이 선교를 시작하면서 기도했던바, '빈손'을 채워달라는 기도의 충분한 응답이기도 했다. 선교를 시작하기 전 '비어있던 손'이, 이제는 수많은 영혼을 위하여 '가득 채워진 손'이 된 것이다.

Ⅲ. 중국 선교 – 쑤저우

1888~1895

Ⅲ. 중국 선교 - 쑤저우(1888~1895)

1. 병원의 관리자

상하이에서 쑤저우로 가기 위해서는 쑤저우 운하를 따라 느린 배를 타고 95㎞를 여행해야 했다. 상하이의 이국적인 풍경에서 벗어나 3일 밤낮 운하를 따라 올라가면 진짜 중국의 풍경이 눈 앞에 펼쳐진다. 눈을 가린 물소들이 돌리는 물레방아나, 옹기종기 모여있는 농장들, 나뭇가지 사이 두꺼비 울음소리와 새들의 지저귐, 리듬감 있게 흔들리는 노젓는 소리가 조화를 이루어 아름다운 장면을 연출한다.[100] "하늘에는 천당이 있고, 땅에는 항저우와 쑤저우가 있다(上有天堂, 下有苏杭)"라는 중국 속담처럼, 쑤저우는 아름다운 도시였다.[101] 캠벨은 상하이를 떠나 1888년 10월 25일 쑤저우에 도착했다.

쑤저우 여성병원은 도시의 서쪽[오늘날의 구쑤 구], 쑤저우 남성병원 옆에 자리했다. 환자들을 빠르게 이송하기 위하여 모든 건물은 운하 가까이에 있었고, 동서양의 건축이 혼합된 형태로 건물들이 세워져 있었다. 캠벨은 병원 일을 익히면서 차츰 쑤저우 방언을 배워나갔다. 그리고 병원으로 찾아오는 사람들을 만나며 가까워지기 시작했다.

▲ 1900년대 초 쑤저우 감리교 본부 선착장의 모습. 왼쪽에 쑤저우대학교의 모습이 보이며, 쑤저우대학교 너머에 병원과 교회가 자리 잡고 있다. 물길은 도시 서쪽의 대운하와 연결된다.

쑤저우 여성병원을 조직하고 건립한 밀드레드 필립스 박사는 의료선교사가 되기 위해 필라델피아에서 4년간 의학을 공부하고 중국으로 왔다. 그러나 여성병원이 운영되기 시작하면서, 업무의 과중한 부담으로 필립스 박사의 건강은 악화하였다. 필립스 박사는 캠벨이 쑤저우로 이동해간 1889년 11월 말부터 이듬해 2월 20일까지 성홍열의 치료를 위해 미국에 다녀왔다. 그러나 병원 진료를 맡아 할 수 있을 만큼 건강이 회복되지 않아, 그 후 한 달여 요양 기간이 필요했다. 이 기간에 캠벨은 갑작스럽게 필립스 박사가 없는 병원에서 의료와 병원 업무를 담당하라는 지시를 받았다. 이와 관련한 남감리회 여선교부의 중국 선교역사를 담은 책 *Story of the years in China*에서는 다음과 같이 기술하고 있다.[102]

"불행히도 필립스 박사의 건강은 곧 나빠졌고, 그녀는 미국으로 돌아갈 수밖에 없었습니다. 이에 따라 의사도 간호사도 아니었던 캠벨(로스앤젤레스 연회)이 병원을 책임지게 되었습니다. 한 해 동안 그녀는 적응력과 능력을 충분히 증명했습니다. 병원 업무 외에도, 그녀는 쑤저우 지역을 책임지며 감독하고 있었습니다."103

위의 글에서 쑤저우 여성병원에서 캠벨이 의료 업무를 맡게 된 사안에 대하여 캠벨이 의료인이 아니었다고 밝히고 있다. 또 캠벨 스스로 연회보고 안에서 "[의학 관련] 훈련을 받은 적이 없다"라고 밝힌 바 있으므로, 당시 캠벨은 의학적 기초지식이 없는 상태였던 것으로 보인다.104 다시 말하면, 캠벨은 배운 바 없는 낯설고 어려운 일들에 던져지게 된 것이다.

여성 의사의 부재와 함께 병원을 돌보아야 하는 책임이 지워졌기에, 캠벨은 선교본부에 의학 관련 공부를 할 수 있도록 청원했다. 물론 쑤저우 남성병원의 파크 박사가 여성병원의 진료를 함께 담당하게 되었지만, 여성병원의 특성상 남성 의사를 피하는 환자들의 문제도 있었으므로, 기초적인 의학 지식을 가진 여성 의료인이 필요했다. 선교본부에서는 이와 관련하여 논의하고 결의한 내용을 다음과 같이 보고했다.

"결의안. 파크 박사 아래에서 의학 공부를 시작하고자 하는 캠벨의 제안은, 스스로 중단하겠다고 할 때까지 계속될 예정이다. 동시에 이 추가적인 부담과 업무를 견딜 수 있는 그녀의 신체적인 능력을 고려하면서, 그

> 녀 자신과 헤이굿, 파크 박사에 의해 신중하게 살펴져야 할 것이다. 그리고 우리 본부는 그녀가 이 일을 하는 것에 동의하며, 그녀의 건강과 관련된 어떤 손상도 입지 않기를 강력하게 호소하는 바이다."[105]

여선교부의 결의에 따라, 캠벨은 틈틈이 쑤저우 남성병원의 파크 박사로부터 의학을 배웠다. 그리고 몇 달간 병원의 일을 돌보면서, 캠벨은 필립스 박사의 어려움을 더 잘 공감하고 이해할 수 있게 되었으며, 필립스 박사와 깊은 신뢰를 쌓게 되었다고 보고했다.[106]

그러나 필립스 박사가 결혼하여 1891년 12월 16일에 이동해가면서, 쑤저우 여성병원의 의사는 다시 공석이 되었다. 후임으로 의료선교사인 앤 월터 박사가 쑤저우에 도착한 것은 1893년 8월 19일이었다. 여의사의 공백 기간은 하염없이 늘어나 1년 8개월이 되었다. 그러나 이 부재 기간에도 캠벨은 쑤저우 여성병원의 전체적인 운영을 가능하게 했다. 1891년의 연회보고에 따르면 한 해 동안 쑤저우 여성병원에서 진료한 환자의 수는 1,841명이었고, 여성 의사가 부재했던 1892년과 1893년에는 각각 1,710명과 1,462명이었다.[107] 여의사의 공백 기간이 있었음에도 캠벨의 지휘 아래 꾸준하게 병원이 운영되었음을 알 수 있다.

병원 운영에는 병원의 재정적인 부분과 의료 서비스뿐 아니라, 필립스 박사가 시작한 소규모 '여성 의학교' 운영도 포함되어 있었다. 이 학교는 이후 앤 월터 박사가 체계화시키고 남성 의학교와 합쳐지면서, '쑤저우 의과대학(또는 박습고등의학당, 博習高等醫學堂)'으로 발전하였다.[108] 캠벨은 당시의 수업 운영을 다음과 같이 보고했다.

"병원에서 훈련을 받는 세 명의 여학생은 의사의 허락하에, 약제실에서 나머지 과정들을 계속 공부했습니다. …… 저는 간호학 수업에서 그들을 훈련시키기 위해 제가 할 수 있는 모든 일을 해왔습니다. 하지만 저 스스로 그런 훈련을 받은 적은 없었기 때문에 제 판단대로 가르쳤을 뿐입니다. 청결함과 환자에 대한 관심에 있어, 저는 그들이 약간의 도움을 받았다고 생각합니다."[109]

전체적인 교과 과정은 쑤저우 남성병원의 파크 박사가 맡았으나, 학생들을 돌보고 지도하는 일은 캠벨의 몫이었다. 정규 간호사 과정을 밟지 않았어도, 파크 박사로부터 의학 교육을 받아 어느 정도의 수업 또한 가능했다. 앞으로 자세히 살펴보겠지만 이 과정을 졸업한 첫 번째 졸업생 중 한 명은, 캠벨과 한국 선교를 함께 시작한 '도라 유(Dora Yu, 兪靈芝, 余慈度, Yue Ling Tsz)'였다. 그녀는 의학교 과정을 거치면서, 캠벨을 '어머니'라고 부를 정도로 친밀한 관계를 맺었다.

캠벨에게 있어서 의료 분야는 미지의 분야였지만, 1893년의 연회 보고에서 캠벨을 "특별히 자기 자리에 잘 적응하여 모든 일에 마찰이나 불안함이 없이 진행한다"라고 평할 정도로 모든 일을 수월하게 잘 수행했다.[110] 무엇보다도 1년 8개월이 지나고 쑤저우 여성병원을 책임지게 된 월터 박사는 다음과 같이 보고했다.

"항상 준비된 조수이자 친구, 상담가인 캠벨이 지난 2년 동안 병원 업무를 맡는 것은 그리 어려운 일이 아니었기에, 그녀는 병원을 아주 능숙하게 운영해왔습니다. 이것은 그녀가 담당했던 많은 의료 업무와 함께, 최고의 찬사를 받아야 마땅합니다. 그녀의 훌륭한 관리 덕분에, 병원은 매일 진료를 볼 수 있도록 아주 잘 정돈되어 있었습니다. 간호사들은 우리 본국의 여느 병원과 마찬가지로 잘 훈련되어 있습니다."[111]

여의사의 공백 기간이 있었다는 사실이 믿기지 않을 정도로, 캠벨은 병원이 원활하게 경영될 수 있도록 힘썼다. 월터 박사는 캠벨의 지도력 아래 안정된 병원 환경에 대하여 칭찬을 아끼지 않았다. 물론 그 시간이 캠벨에게 가볍고 쉽게 흘러갔던 것은 아니었다. 당시 선교사들이 만난 적대감은 아직도 사회 속에 남아 있었고, 이따금 위협이 되어 그들의 삶을 흔들기도 했다.

2. 외국인 악마들

캠벨의 1891년 연회보고는 다음과 같이 시작한다.

"모든 길에서 우리가 하늘 아버지의 인도하심을 깨달을 수 있었던 지난 한 해, 찬양을 드리며 마무리합니다. 우리가 지금 이 사랑의 지도를 더 잘 볼 수 있게 되었고, 돌이켜보면 복잡하게 뒤엉킨 곳을 지날 때도 길목마다 감사의 제목들이 있었습니다. 이제 우리는 보이거나 보이지 않는 위험으로 에워싸인 가운데에서, 그분이 우리를 어떻게 지키셨는지를 압니다. 다른 어떤 사역 장소들과 선교지들은 산산조각이 나거나 폐허가 되기도 했습니다. 어떤 이유에선지는 모르지만, 우리는 무사하게

서 있었습니다."[112]

캠벨은 보이는, 또는 보이지 않는 위험으로 둘러싸인 가운데 한 해를 마무리했다고 보고하고 있다. 무엇보다도 다른 선교지들 가운데는 폐허가 될 정도로 큰 피해를 얻은 곳도 있었다. 1891년 여름, 쑤저우에는 작지 않은 사건이 있었다.

쑤저우는 아직 외국인들에게 폐쇄적인 곳이었고, 특히 기독교인들에게는 적대적인 곳이었다. 쑤저우에서 최초의 순교자로 불릴 수 있는 이는 1863년에 죽음을 맞이했던 리우초성(劉竹松)이었는데, 그는 전도유망한 남감리회 중국인 설교자였다. 그는 사회적인 악덕들과 미신에 반대하며 거침없이 설교했다. 그는 폭도들의 공격을 받아 감옥에 갇혔고, 그곳에서 병사했다. 캠벨이 쑤저우에 있던 시기는 리우초성의 활동 시기로부터 30여 년 지난 후였지만, 아직도 곳곳에 외국인 선교사들에 대한 반감이 있었다. 캠벨은 이 부분에 대하여 "외국인들이 쑤저우 거리를 걸을 때 여전히 만나야 하는 야유를 듣는 것은 매우 불쾌하다"라고 언급한 바 있다.[113]

쑤저우 여성병원으로 파송된 앤 월터 박사는 회고록 *My days of strength*에서 외국인에 대한 당시 중국인들의 반응을 기록했다.

> "그러나 어려움이 있었는데, 주로 '외국인 악마'에 대한 중국인들의 두려움이었다. 아픈 부분에 대해서 자세히 설명하다가도, 환자는 갑자기 자신이 외국인 앞에 있다는 것을 깨닫고는 내가 말을 하기도 전에 사라지곤 했다. 내가 본 그녀의 마지막 모습은 그녀의 발바닥과 옷자락이었다."[114]

병원에서 '외국인 악마'를 보고 도망치는 사람이 있었는가 하면, 의사의 귀에 대고 비명을 지르며 증상을 말하는 사람도 있었다. 그리고 외국인들이 사는 집을 지날 때 모든 악령을 쫓아낸다는 이유로 목청껏 소리를 꽥꽥 지르며 지나다니는 사람도 있었다. 캠벨도 "무지와 미신, 외국인에 대한 두려움은 언제나 그 길에서 만나는 산이었다"라고 말했다.[115] 이들의 마음을 열기 위해서 선교사들은 중국인들이 '외국인 악마가 결국 악마가 아니라는 것을 알게 될 때까지' 기다렸다. 기다림의 시간은 길었고 그 사이에 우여곡절도 많았다.

우리나라 선교역사에도 이와 비슷한 일들이 있었다. 1887년 6월, "선교사들이 조선 아이들을 데려다 본국에 노예로 팔아넘긴다", "선교사들이 어린아이를 해부실험 재료로 사용한다", "선교사들이 어린아이를 데려다 즐긴 후 잡아먹는다"는 등 수구파에서 만든 악성 소문이 퍼졌다. 소문의 진위를 확인하기도 전에 흥분한 군중이 선교사 사택과 병원 및 학교로 몰려와 돌을 던지며 시위를 벌였다. 사태는 보름 만에 진정되었지만, 선교사들의 대외활동과 종교집회가 중단되고 학교와 병원이 일시적으로 폐쇄된 바 있다. 서양인들에 대한 터무니없는 소문 외에도, 시대적인 위기의식 속에서 비롯된 서양인들에 대한 배타적인 태도는 선교사들에게 닥친 가장 큰 어려움이었다. 당시 이화학당을 세운 메리 스크랜튼(Mary Fletcher Benton Scranton)의 별명도 '서양 도깨비'였다. 파란 눈에 금발 머리를 휘날리는 외국인들의 모습이 조선인들의 눈에는 마치 도깨비처럼 보인 것이다.[116]

청불 전쟁(1884~85)부터 청일 전쟁(1894~95) 사이의 시기에는 열강의 압력에 굴복하여 청조가 적극적인 진압책을 쓰자, 주로 민중을 중심으로 기독교 세력과 외국세력에 대한 공격이 일어났다. 1891년 5월, 양쯔강 줄기의 도시인 우후에서 첫 폭동이 있었고 나중에는 인근 도시들로 확장되었다. 쑤저우도 예외일 수는 없었다. 6월 8일 무렵에는 쑤저우 사태의 위협이 매우 심각해졌기에, 쑤저우 본부의 모든 부녀자와 아이들이 상하이로 보내졌다. 상하이는 당시 중국에서 폭동으로부터 가장 안전하다고 할 수 있는 곳이었다. 상하이는 잘 조직된 정부군과 외국군대가 함께 주둔하고 있었고, 사업 및 재정적인 이유로 외국과 얽혀 있기에 평화를 유지하기 원하는 십만 명 이상의 중국인들이 있었기 때문이다. 그래서 캠벨은 선교사 일행들과 함께 상하이로 갔고, 집으로 돌아갈 수 없거나 안전하게 보호받지 못하는 기숙학교의 일부 학생도 데리고 갔다.[117] 이 사태에 대하여 헤이굿은 다음과 같이 적었다.

> "그 폭동의 적개심에 대해서는 많은 이론이 있습니다. 가장 일반적으로 받아들여지는 것은 이 운동이 외국인이 아니라 중국 정부를 대상으로 하고 있다는 것입니다. 외국인들에 대한 시위를 통해 정부가 국제적인 전쟁에 휘말리게 하여, 반란과 혁명 운동을 촉진하게 하는 목적이 있습니다. 지금 단계에서는 어떤 결말이 날지 판단할 수 없습니다. 그러나 비록 많은 곳에서 기독교의 활동이 일시적으로 중단되더라도, 많은 분의 진심 어린 기도가 있기에 결국 중국에 복음이 확장되는 결과를 가져오게 될 것이라 믿습니다."[118]

헤이굿의 설명에 따르면, 쑤저우에 있었던 폭동은 궁극적으로 외국인들이 아닌 청조를 대상으로 한 것이었다. 청조를 국제적인 분쟁에

연루시켜 체제 전복의 발판을 마련하기 위해서였다. 폭동의 여파로 쑤저우의 병원과 기숙학교, 매일학교들은 불가피하게 한 달여 동안 문을 닫아야 했다. 사태가 잠잠해진 후에도 그 고요함이 평화를 의미하는지, 아니면 더 심각한 상황이 발생하기 전의 소강상태인지 예측하기 어려웠다. 그리고 일부 학생들은 이 사태 후 학교로 돌아오지 않았다. 그러나 캠벨은 쓴잔을 마시는 동시에 '놀라움의 포도주'를 마시는 일들도 있었음을 고백했다. "하나님의 인도와 감독이 늘 곁에 있었기 때문"이다.[119]

3. 영원한 불만족

선교지에 일손은 늘 부족하여 분주하지 않은 선교사가 없었지만, 캠벨은 그중에서도 열정적으로 많은 일을 했고, 새로운 일을 추진하는 것에도 주저하지 않았다. 어떤 이는 캠벨이 "동역자들의 상태를 세심하게 돌보았으며, 그녀가 섬기는 사람들의 필요를 만났을 때, 종종 자신이 살과 피로 만들어졌다는 것을 잊은 것처럼 보였다"[120]라고 말할 정도였다. 자기 몸을 돌보기보다는 함께 하는 사람들의 삶을 살피고 섬기는 나날이 계속되었다.

일례로 1893년 쑤저우에는 폐렴이 무섭게 증가하고 있었는데, 하룻밤 사이에 75명의 어린이가 죽음을 맞이하기도 했다. 이때 캠벨은 길에서 도움을 구하는 사람들에게 57개의 약 꾸러미를 나누어 주었다고 한다. 그리고 이듬해 1894년 2월에는 학교와 연계된 약국을 세워 주

1회 그곳에서 일하면서 필요한 사람들에게 약을 나누어주기도 했다.[121] 1891년 연회보고를 통해 이렇게 분주하게 활동한 캠벨의 마음을 엿볼 수 있다.

"또 다른 해를 마무리하면서 우리의 진리를 더욱 확고히 세워가기 위해 노력한 것들에 대해 보고할 때, 위대한 한 철학자 [프레드릭 로버트슨]의 말을 떠올리며 위안을 받습니다.
'그가 하는 일에 만족하는 사람은 이미 절정에 이른 것이며, 더는 진보하지 않는다. 인간의 운명은 불평이 아니라, 영원한 불만족이다.'
그리고 확실히 이 위대한 일에서 어떤 사람도 결코 만족할 수 없습니다. 우리가 해마다 사람들을 더 잘 알게 되고 더 큰 요구가 우리에게 열리게 될수록, 우리 마음은 우리 구주를 알리는 가장 큰 근본적인 일에 더욱 간절해집니다."[122]

'영원한 불만족'이 인간의 숙명이라는 설명은, 당시 캠벨이 다양한 일들을 맡고 바삐 움직이고 있었음에도 만족하지 못하였다는 의미다. 하지만 이는 인간적인 욕망과 욕심을 충족하기 위함이 아니라, 복음을 더 많은 이들에게 알리고자 하는 열정 때문이었다. 또 다른 보고서에도 이러한 마음이 적혀있다.

"때때로 우리는 영혼들이 십자가 아래에 엎드려 그들의 거룩한 구주와 교제하는 것을 간절히 보고 싶어 그것에 굶주립니다. 하나님은 약속하셨고, 그분은 신실하십니다. 우리가 주님의 약속을 더 효과적으로 전할 수 있도록 기도해주십시오."[123]

캠벨의 궁극적인 갈증은 만나는 영혼들이 복음을 받아들이는 것이었다. 그러나 캠벨은 결코 서두르거나 강압적인 방법을 사용하지 않았다. 교육과 의료현장에서 그들과 관계 맺으며 천천히 관계를 열어갔다. 빠른 속도로 진행되지는 않았지만, 캠벨 특유의 부드러움과 친절함으로 점진적인 변화를 일으켰다.

캠벨과 쑤저우 여성병원에서 함께 있었던 월터 박사는 다음의 일화를 소개해 준다.

"일요일 오후 캠벨과 나는 우리의 유일한 운동 장소인 성벽 위를 걷고 있었다. 그때 나는 농부들이 그들 밭에서 일하고 있다는 것을 깨달았다. 그러고 보니 내 주변 어디에서나 평범한 평일의 생활이 계속되고 있었다. 나는 사소한 경제적인 활동까지도 엄격하게 금기시되는 필라델피아의 퀘이커시에서 바로 왔기에, 이 모든 광경이 이해되지 않았다. 나는 외쳤다.

'왜죠? 사람들이 일하고 있는 모습들 좀 보세요! 이 사람들은 일요일에 대해 전혀 관심이 없나요?'

그러자 캠벨이 말했다.

'자기야, 만약 중국인들이 일요일에 대해 아주 조금이라도 안다면, 우리가 여기에 있겠어요?'

캠벨은 초창기를 지나며 내가 가졌던 그들에 대한 엄청난 무지에, 웃음으로 반응했다."[124]

'형제애의 도시', 필라델피아 퀘이커 도시는 일요일을 엄격하게 지키는 곳이었고, 그곳에서 온 월터에게 일요일의 노동은 죄악시되었다. 월터의 눈으로 바라본 일요일 오후에 일하는 풍경은 이해되지 않는 것이었다. 그러나 캠벨은 월터를 다정하게 타이르며, 자신들의 존재 목적에 대해 말했다. 선교사는 복음을 전하러 온 사람들이지만, 당장 모든 것을 강압적으로 갈아엎는 사람이 아니라 그들과 발을 맞추며, 그들의 삶 속에서 함께 호흡하며 사랑의 본을 보이는 사람이다.

동양에서 캠벨의 이름은 '강모인(姜慕仁)'[125]이었다. 강씨 성을 가진 부인이었기에, '강부인'의 이름으로도 불렸다. 성씨 '강'은 강하고 굳셈을 의미하는 강(姜), 편안하고 온화함을 의미하는 강(康)을 혼용하여 사용한다. 캠벨의 선교는 내적으로 복음에 대한 믿음과 열정이 강하였지만, 외적으로 그것을 전하는 방식이 매우 온화했다.

그리고 캠벨의 이름 '모인'은 '인(仁)을 사모한다.'라는 뜻을 가졌다. '인'은 유교 윤리에 있어서 최고 덕목으로 여겨지는, 인간을 인간답게 하는 덕성을 의미한다. 한자어를 살펴보면 '두 사람(二人)'을 나타내고 있음을 알 수 있는데, '나'와 '너' 두 사람 사이의 관계성을 전제로 한 것이다. 인의 가장 일반적인 의미는 '사람을 사랑함'이다. 사람과 사람 사이에 마땅히 서로 사랑하고 협력할 때 비로소 인간 된 도리에 이를 수 있음을 말한 것이다. 이는 기독교의 '이웃 사랑'과도 일맥상통하는 내용이다. 하나님과의 교제는 사람과의 교제로 연결된다. 하나님의 사랑 안에서 '나'와 '너'는 진정한 서로의 존재를 바라보며 사랑을 경험할 수 있게 된다. 캠벨의 생애에 있어서 신앙에 뿌리내린 '이웃 사랑'은 떼어낼 수 없는 동력이기에, '강모인'이라는 이름의 색채와 너무도 잘 맞아떨어진다.[126] 캠벨의 선교는 당장 얻어지는 '실적'을 위한 선교가 아니었다. 영혼을 사랑하는 마음으로 존재를 향한 사랑을 쏟아붓는 느린 선교였다.

4. 성숙한 기독교인

캠벨이 쑤저우 여선교부를 감독하게 되면서, 의료선교 이외의 분야에서도 활발한 변화가 일어났다. 쑤저우에는 1881년에 헤이굿의 감독하에 파커 선교사의 부인이 시작한, 여학생들을 위한 첫 기숙학교가 있었다. 이 학교는 이스트사이드 기숙학교라고 불렀다.[127] 캠벨은 1895년까지 이 학교의 교장으로 지냈다. 물론 쑤저우 여성병원의 어려운 상황들로 인해, 한동안은 기숙학교를 관리 감독할 뿐이었지만, 그 가운데서도 최선을 다했다.

기숙학교의 구성원들은 18세 이하의 어린 여학생들이었다. 규모를 살펴보면, 1892년에는 총 재적인원 19명에서 1895년에는 27명으로 늘어났다. 결혼으로 인하여 어쩔 수 없이 중도에 학교를 떠나는 소녀들도 있었고, 한편으로 새로 입학하는 소녀들도 있었다. 캠벨은 학교 교육에 대하여, 그리고 자신의 역할에 대하여 뚜렷한 주관을 가지고 있었다. 남감리회 여선교부 소식지인 *Woman's Missionary Advocate*에 기숙학교에 대한 정기적인 보고를 하면서, 자신의 역할-외국인 교사-에 대하여 다음과 같이 설명하였다.[128]

“학교의 다양한 분야에서 학교를 감독하고, 가능한 한 모든 수단을 통해 학생들이 기독교인의 삶에서 더 높은 성장을 하도록 독려하고, 그들의 몸을 잘 돌보는 방법을 가르칩니다. 감독자는 매일 자신의 시간을 학교 일에 할애합니다.”129

학교의 주된 교육 목적은 ‘성숙한 기독교인의 모범’을 세우는 것이었다. 그리고 기독교 신앙 안에서 인격과 삶이 성숙하여, 사회에 좋은 영향을 끼치는 사람으로 성장해갈 수 있도록 교사는 이를 돕는 사람이었다. 물론 학생들이 모두 교회에 출석하지는 않았으나, 교과 과정 중에는 성경이 포함되어 있었고 매일 아침과 저녁에 기도회 시간이 있었다.

기숙학교는 이씨 성을 가진 현지인 교사 부부가 협력하여 가르치고 있었다. 기숙학교의 교과 과정에 포함된 과목들은 학기와 학생들의 나이에 따라 조금씩 차이가 있었지만, 주로 성경, 교리, 산수, 대수학, 지리, 로마자, 기초 철학, 세계사, 기초 화학, 음악, 자수, 가정, 중국 고전 등이었다.

중서서원을 세운 알렌은 중국의 엄격한 보수주의와 중국 여성들의 낮은 사회적 지위는 유교 때문이라고 여겼다. 그럼에도 알렌은 유교에 긍정적인 측면들이 있고, 진정한 중국인들의 교육을 원한다면 중국의 색채를 지워서는 안 되기에, 교육 과정에 ‘중국 고전’이 반드시 포함되어야 한다고 생각했다. 이와 동일하게 캠벨의 교과 과정 안에도 중국 고전이 포함되어 있다. 이는 이후 한국에서의 교과 과정에도 발견되는 캠벨의 특징 중 하나다. 캠벨은 선교지의 문화와 풍습을 존중했다.

한국에서도 한국의 문화를 존중하여, 남녀의 구별을 철저히 하는 내외법을 엄수하였기에 "양녀(洋女)치고는 완고하다"라는 평을 들었을 정도다.[130]

캠벨이 감독했던 학교는 기숙학교 외에도 매일학교들이 있었다. 매일학교는 기숙사 제도로 운영되던 학교와 달리 매일 학생들이 등교하는 방식의 주간 학교다. 상하이 본부에 함께 있었던 여성 선교사 앳킨슨이 1889년 쑤저우로 옮겨와 합류하면서, 기존의 3개였던 매일학교가 11개까지 늘어났다. 매일학교의 담당자는 앳킨슨이었지만 쑤저우 여선교부 산하에 있었기에 캠벨이 관리와 감독을 맡았으며, 교사나 앳킨슨의 부재 시 캠벨이 직접 가르치며 이끌어 가기도 했다.

매일학교는 1번 학교부터 11번 학교까지 번호로 이름이 붙여졌고, 학교마다 중국인 교사가 한 명씩 고용되어 있었다. 1894년의 보고에 따르면 매일학교에 출석하는 전체 재적인원은 235명이었는데, 남학생들이 주를 이루었다. 그리고 캠벨과 앳킨슨의 경우 매일학교들 사이의 먼 거리 때문에, 혼잡한 운하와 꼬불꼬불한 작은 도로로 이루어진 벌집형 도시를 횡단하면서 어려움을 겪었다.[131]

주목할 만한 점은, 이 매일학교 중 '8번'으로 이름 붙여진 학교는 캠벨의 주도로 세워진 영어공부반이었다는 것이다. 기존의 다른 매일학교의 교과에는 성경, 성경 역사, 교리, 산수, 지리, 생물, 중국 고전, 습자, 자수(여학생)가 있었고, 영어 교육은 별도로 진행되지 않았다. 그런데 영어를 배우고자 하는 학생들의 요구를 발견한 캠벨이, 영어만을 가르치는 학교를 개설했다. 이와 관련하여 "*Mrs. J. P. Campbell*"에서는 다음과 같이 말했다.

"캠벨 선교사는 중국의 쑤저우 지방을 책임지게 되었고, 놀라운 '비전'을 가지고 중국 사역의 미래를 내다보았다. 그녀는 불모지를 발견하고 선교활동을 시작했다. 중국의 젊은이들이 영어를 배우길 원한다는 것을 알고, 그들을 위해서 영어 수업을 시작했다."[132]

영어 수업은 캠벨에게 있어서 복음을 전하는 좋은 기회였고, 학생들에게는 영어를 배울 좋은 기회였다. 직장이 있는 남학생들이 시간을 내어 참여하는 수업이었기에, 일이 바쁜 기간에는 출석이 줄어들어 철마다 출석률의 편차가 있었다. 이 학교는 결국 쑤저우 여선교부에서 진행할 수 있는 여력이 부족하여, 1894년에 문을 닫았다. 그 후 학생들로부터 영어 수업을 다시 열어달라는 청원을 받기도 했다.[133]

캠벨의 교육에 따른 학생들의 변화는 점차 눈에 보이는 형태로 나타났다. 캠벨 다음으로 기숙학교를 담당했던 마르다 파일은 학생들에 대하여 "의무와 품행에 있어서 충실하고 성실하다"라고 평했다.[134] 눈에 띄는 큰 변화들은 없었지만, 기독교 교육을 통해 세워진 학생들은 신실하고 양심적이었다. 캠벨도 학생들의 모습을 다음과 같이 기록했다.

"여학생들은 모두 유난히 다정다감했습니다. 이번 분기에 그들은 서로 섬기고 인내하며 주님을 사랑하는 마음을 나타내기 위해 노력했고, 그리스도인의 삶에 대한 매우 분명한 생각을 가졌음을 우리에게 보여주었습니다."[135]

'섬김'과 '인내'는 기독교의 가르침과 예수의 윤리적 영성에 있어서 매우 중요한 덕목이다. 기독교 교육의 효과는 삶 속에 지적인 성숙뿐 아니라 인격의 성숙으로 나타났다. 그리고 기숙학교의 교육은 교사와 학생이 함께 생활하면서 교육하고 학습하는 24시간의 교육이었다. 교사의 생활과 교육이 일치하지 않으면 학생들에게 교육의 정신이 계승될 수 없었다. 캠벨의 삶을 통해 길러진 학생들의 성숙한 인격은 무엇보다도 캠벨과 이들의 신뢰 관계 속에서 이루어진 긍정적인 결과라고 볼 수 있다.

5. 영혼 없는 존재

중국 전통 사회에서 중국 여성의 지위는 매우 낮게 평가되었다. 『주역』의 「계사상전」에서는 "하늘은 존귀하고 땅은 비천하니 높고 낮음이 정해져 있고, 비천하고 높음이 있으니 귀천이 정해져 있음이라", "하늘의 도는 남성이 되고 땅의 도는 여성이 된다"라고 했다. 이 사상에 따르면 가정에서 남성이 하늘이라면 여성은 땅이어서 남성에게 속하게 된다. 중국의 봉건적인 사회에서 유교적 가부장 문화에 기초하여 여성의 지위는 남성에 종속되었으며, 역대 통치자들도 이를 제창하고 나섰기에 중국 여성들은 천대의 대상이었다. 몇천 년 동안 중국 여성은 경제적으로 남성에게 의존해야 했고 교육받을 권리를 박탈당했을 뿐 아니라 혼인마저도 자신의 의지대로 할 수 없었다. 적지 않은 여성들이 평생 이름도 없이 살다 갔다.[136] 여성들에 대한 이러한 인식들은 캠벨이 활동하던 시대에도 일반적으로 퍼져 있었다.

▲ 쑤저우 여성병원(메리블랙병원)의 모습

캠벨은 쑤저우 여성병원의 일을 돌보면서 중국인 여성들을 만났다. 병원 옆의 예배실은 캠벨이 주로 여성들을 만나는 장소였다. 진료 전에 예배실에서 담소를 나누고, 진료를 받은 뒤에 그들이 다시 예배실에 들어와 있으면, 차 한 잔을 함께하면서 자유롭게 이야기를 나눌 수 있었다. 예배실은 여성들을 만나 대화할 수 있는 장소가 되었고, 쑤저우로 온 첫해에 이렇게 만난 여성들은 1,026명이었다. 캠벨은 당시의 경험을 다음과 같이 말한다.

"매일 아침 시간을 내어 대화를 준비하고, …… 오후 1시에 예배실에 들어갑니다. 여성들이 주변에 모여들면, 처음 보는 외국인에게 자연스럽게 생겨나는 호기심 어린 질문들을 받습니다. 저는 그때 기회가 되면 대화를 의도된 방향으로 이끌어 갔습니다. 그러나 안타깝게도 매일 매일 만나는 이들 중 스스로 영혼이 있다는 것을 아는 여성은 십분의 일도 채

안 되었지요. 그리고 예수, 구원자, 하나님, 주님이라는 복된 이름은 그들에게 조금도 의미가 없었습니다."[137]

캠벨이 만난 여성들 대부분은 복음을 들어본 적이 없을 뿐 아니라, 스스로가 영혼을 가진 존재라는 것을 몰랐다. 다시 말하면 이들은 스스로와 타인들에게 하나의 존재로서 존중받거나 인정받지 못하고 있었다. 복음은 존재에게 다가서는 하나님의 공감적 사랑인데, 이것의 출발 자체가 쉽지 않았다는 것이다. 또 병원에서 만난 중하류층 여인들 대다수는 문자의 음만 알고, 뜻을 모르는 경우가 많았다. 캠벨은 이들에게 복음을 설명하고 전하기 위해 그림으로 된 책자를 따로 제작하기도 했다.

"저는 그들의 질문을 통해 그들이 창조와 문제의 근원을 알고자 한다는 것을 발견했습니다. 그래서 저는 인쇄용으로 작은 책을 제작했습니다. 구약성경의 창세기부터 그리스도의 삶까지 이어지는 내용을 연결하고, 산상설교에서 십자가의 죽음까지를 정리하여 그림으로 표현했습니다. 그리고 책의 마지막 장에는 십계명을 넣었습니다. …… 그 책자가 많은 영혼을 진리의 빛으로 인도하기를 기도합니다."[138]

캠벨은 여성들의 질문을 듣고, 그들에게 다가가기 가장 좋은 방식으로 길을 찾았다. 글을 잘 모르는 여성들을 위해 책자 속에 삽화를 넣어 그들의 이해를 돕고자 했고, 병원에서 만나는 여성들에게 성경과 서간들을 나누어주고 대화하며 그들에게 복음을 소개했다. 그리고 병원 예배실에서 열리는 기도 모임과 아침 예배는 병원에 입원한 환자들이 복음을 받아들이는 계기가 되기도 했다. 캠벨은 병원 예배에 대하여 "간호사들과 보조인력들, 병원 및 선교부 직원들이 참석하지만, 병원에서 드리는 우리의 작은 아침 예배가 우리에겐 축복이었습니다"라고 고백했다. 1891년 보고에 따르면 예배에 참석하는 사람은 18명이었으며, 이 중에는 병원에 입원한 환자가 예배에 나오는 경우도 있었다. 그리고 캠벨은 아침 예배 시간을 통해 전도부인들을 양육하고 가르쳤고, 이들을 통해 전도와 퇴원환자들의 가정방문도 함께 이루어졌다.[139] 이와 같은 사역을 통하여 복음을 받아들이는 사람들이 점차 늘어났다. 다음은 1892년 캠벨의 보고 내용이다.

> "병동에 입원한 몇몇 사람들은 우리가 그들을 전도하기 위해 전해주는 복음을 기쁜 마음으로 들었습니다. 몇 년 동안 시력을 잃었다가, 파크 박사님의 수술과 세심한 치료로 시력을 되찾은 한 노파는 교회와 기도 모임에 정기적으로 출석하고 있으며, 아픈 이들을 병원으로, 친구들을 교회로 데려오고 있습니다. 또 하나, 열아홉 살의 아주 예쁘고 총명한 소녀는 우리의 신앙에 대해 언제나 들을 준비가 되어있었습니다. 아프던 어느 오후, 병실에 갔을 때 그 아이가 예수님께 도움을 구하며 기도하는 것을 들었습니다. 그리고 퇴원하게 되면 종종 그 아이를 만나 예수에 대해 말해줄 것을 약속했습니다. 그 아이는 죽기 전날 저녁에 나를 불렀습니다. 그 아이는 친언니보다 더 나를 반가워했습니다. 그 아이는 내가 그곳에 있는 동안 '내가 죽으면 천국에 갈 수 있을까요?' 라고 물었습니다. 그런 사람에게는 분명히 희망이 있습니다."[140]

여성들의 마음은 조금씩 열리기 시작했다. 병원의 치료로 완치된 환자는 교인이 되어 활발하게 전도했고, 죽음을 앞두었던 환자는 천국을 소망하며 눈을 감았다. 큰 부흥의 현상들은 일어나지 않았지만, 빗장이 조금씩 풀어지면서 적대감이 있던 자리에 친근함이 들어섰다. 캠벨은 이러한 변화에 감격하며 다음과 같이 보고했다.

> "우리는 한 해 동안 이 백성들 가운데서 역사하시며 그들을 돌이키게 하시는 하나님의 능력을 보았습니다. 그들 사이에 커다란 각성도, 놀라운 변화의 모습도 없었지만, 분명히 빗장이 느슨해졌습니다. 우리가 올 때 문이 닫혀있었던 곳에서, 들어와 친구가 되어달라는 초대장이 왔습니다. 불쾌한 욕설을 들었던 거리 이곳저곳에서, 다정하게 환대받습니다. 이전 같았으면 지나쳤을 일요일 오후의 모임 초대가 받아들여지고, 장소도 가득 찹니다. 그렇습니다. 우리에겐 기뻐할 일이 많고, 격려할 일이 많습니다."[141]

중국의 개항과 침탈은 외세의 강압으로 이루어졌지만, 캠벨의 선교 사역은 그와 달랐다. 비록 시대의 흐름 속에서 외세와 선교가 동일시되어 민중들에게 분노와 비난의 대상이 되기 일쑤였지만, 결국 선교 사역이 침탈을 위함이 아니라는 것을 깨달은 중국인들은 조금씩 마음을 열었다. 상대적으로 사회의 낮은 계층에 속하였던 여성과 어린이들을 교육하고 계몽하는 일에 앞장서는 선교사들의 삶은 중국인들에게 감동이 되었다. 폭력과 강압이 아니었기에 속도가 빠르지는 않았어도, 서서히 물들어가듯 사랑은 마음과 마음을 통해 전달되었다. 앤 월터 박사 이후 쑤저우 여성병원을 담당했던 마가렛 포크 박사는 캠벨에 대하여 "이곳저곳에서 캠벨이 본부와 병원과 소녀들 가운데 한, 착하고 충성된 일들을 보았다"라고 기록했다. 누가 보아도 캠벨의 활동들은 선하고 충직한 일들이었다.[142]

중국에서 10년 가까이 계속된 선교활동은 캠벨에게 다양한 분야에서의 경험을 쌓게 하고, 유능함을 나타낼 수 있게 하였다. 특히 쑤저우에서는 새로운 분야를 개척하고 선교부 전체를 이끌어가는 강한 지도력을 발휘하였다. 모든 분야에 열정과 도전을 그치지 않은 캠벨은 어떤 선교 현장에서도 적응할 수 있는 '준비된 선교사'가 되었다. 이는 아직 남감리회 해외여선교부의 발길이 닿지 않은 '조선'에 여성들을 위한 선교를 시작할 때, 캠벨을 개척자로 고려하게 된 이유였다.

6. 양어머니

1896년 여름, 쑤저우 의과대학에서 두 명의 첫 여성 졸업생이 나왔다. 한 명의 이름은 자포메이, 다른 한 명은 위링츠였다. 위링츠는 1888년 간호사의 신분으로 이 의과대학에 입학하여 기초 의학 교육을 받았고, 학교를 졸업한 후에도 계속 쑤저우 여성병원에서 근무하였다.[143] 쑤저우 여성병원의 월터 박사는 그녀에 대하여 다음과 같이 묘사했다.

> "만약 내가 중국인 간호사에 대해 지적할 것이 있다면, 그것은 위급할 때 적극성이 부족하다는 것이다. 뜻하지 않은 사건으로 출혈이 발생하면

그들은 급히 몸을 숨겼다. 하지만 간담이 서늘해지는 상황에서도 결코 방향성을 잃지 않은 사람은, 바로 링츠였다. 내 키가 5피트[약 152cm]였는데, 그녀의 키는 내 어깨까지 왔다. 도착한 지 얼마되지 않아 나는 링츠를 내 개인 간호사로 선택했고, 그녀는 내가 쑤저우에서 떠나던 날까지 나와 모든 곳에서 동행했다. 내가 그녀를 선택한 이유는 두 가지가 있는데, 그녀는 유난히 영리했고 영어를 할 수 있는 유일한 간호사였기 때문이다. 그녀의 아버지는 미국식 교육을 받은 중국인 의사였고, 그녀의 조카는 후에 쑤저우대학의 총장이 되었다."144

월터 박사는 유난히 작은 체구에 영어를 잘하는 이 중국인 여성만을 자신의 '개인적인 조수이자 중국어 통역사로' 선택하여 항상 동행했다. 그녀는 좋은 판단력과 민첩한 행동력을 가지고 있었다. 월터 박사는 보고서에 이 중국인 여성에 대한 다른 일화도 소개한 바 있다.

"하루는 한 사람이 아편 중독으로 고통받고 있는 한 '갇힌' 여성 환자

▲ 도라 유의 모습

List of Graduates.

Soochow Hospital Med. School.

1888
DZUN MING DAO
LOO TSZ YIN
YANG WE HAN

1889
LEE DAH FOO

Soochow Medical College.

1896
Miss ZAH FOH MAY
*Miss YUE LING TSZ
LEE YAO DING
SZE TSZ YUIN
KOONG TSAO SOONG

1900
Miss YANG NYOH PAO
YANG TSZ ZIANG
WONG TSING GEE
LEE FOH SUN
WOO YUER SUN
LOH SUN DAO
SZE SHIEN

1902
Miss TSANG ZUN CHIH
Miss TSER BAY KIUN
DZUN ZONE VUN

1904
Miss SUN LEE SUN
Miss NYEA LEE YUIN
TSANG PAO GEE
MO FOH ZIE
WOO WAY SUN
LEE YOONG WOO
TSER NYIUN FOO
ZIE SUN DONG
PUR KIA MAY

Med. Dept. Soochow University.

1909
DZUN YOONG SUN
FU SHIH YEN
SUN KIA BING

▲ 쑤저우 의과대학의 졸업생 명단

를 치료할 의사를 구하기 위해 필사적으로 병원에 왔다[그녀는 '갇힌' 여성, 즉 집에 갇혀 나오지 않는 여성이었기에 찾아가지 않고는 진료를 할 수 없었다]. 링츠는 용기 있게 가마를 불러, 아편 치료 상자를 들고 직접 환자의 집으로 갔다. 링츠는 적시에 약을 투여하여, 그 여성의 생명을 구했다!"[145]

'갇힌' 여성, 다시 말하면 외부와의 관계가 차단되어 집 밖으로 나오지 않는 여성 환자를 찾아가 치료해야 했을 때, 이 중국인 여성은 아편 중독자였던 환자의 집으로 거리낌 없이 나섰다. 용기 있게 환자를 찾아가 생명을 살렸던 이 중국인 여성에 대한 기록은 1898년 남감리회 여선교부의 연회보고에도 등장한다. "밝고 진보적이며 유능한" 그녀는 쑤저우 병원이 개원하고 발전해오는 과정에 어린 시절부터 최선을 다해 많은 일을 해왔고, 이제는 캠벨과 함께 한국으로 가게 되었다는 내용이다. 1897년 캠벨이 새로운 선교지 한국으로 이동하게 되었을 때 동행하게 된 사람이 바로 이 여인, 위링츠였다.[146]

연회보고 및 여선교사 소식지 등에는 그녀의 이름이 '위링츠(Yui Ling-tsu)', 'Yü', 또는 영어 이름 'Johanna Dodd', 'Johnetta Dodd'라고 적혀있다. 그리고 『배화 육십년사』와 『조선남감리회 30주년 기념보』에는 캠벨과 동행한 중국인 여성의 이름이 '여 또라', 'Dora Yui', 또는 소저의 존칭을 붙인 '여소저'라고 기록되어 있다. 중국으로 돌아간 이후에도 여선교부나 기독교 계통에서는 '도라 유(Dora Yu)'라는 이름으로 불렸고, 중국식 이름 역시 위링츠가 아닌 '위츠두(余慈度)'로 불렸다. 본명인 '위링츠' 대신 '위츠두', '도라 유'라는 이름을 사용하기 시작한 정확한 시기와 이유는 알 수 없다. 다만 '도라(Dora)'라는 이름은 중국에서 생을 마감한 선교사 로치 랭킨의 동생 도라 랭킨(Dora Rankin)의 이름을 염두에 두었을 것으로 추정된다.[147] 이 글에서는 대외적으로 불린 '도라'라는 이름으로 호칭할 것이다.

캠벨은 1897년 연회보고에서 도라에 대하여 다음과 같이 소개하고 있다.

> "이곳 한국에서 저와 함께 의료와 복음 사역을 하게 될 저의 조수인 유양은, 동양인으로서 저보다 훨씬 빨리 언어를 습득하고 있기에 저에게 큰 도움이 됩니다. …… 그녀는 다른 것을 요구하지 않으며, 자신을 선교사로 여기고 주님과 저의 도움을 신뢰합니다. 제게 입양된 딸 같은 그녀가 저와 함께 있어서 정말 기쁩니다."[148]

두 사람은 한국 선교를 위해 함께 떠났을 뿐 아니라, 특별한 관계를 맺고 있었다. 캠벨은 도라가 자신의 '입양된 딸'과 같다고 말한다. 『배화 육십년사』에서도 도라가 캠벨의 '수양딸'이었다고 표현되어 있고, 남감리회의 한국 선교역사를 담은 *The Story of the Years in Korea*에서는 도라 유가 캠벨의 양녀이며 "캠벨을 양어머니라고 자랑스럽게 말하고 있다"라고 수록했다. 서로를 양어머니와 수양딸의 관계로 여기는 돈독한 사이였다는 것이다.[149]

이 관계는 도라가 쑤저우 의과대학을 다니고 있을 때 형성되었다. 도라는 1873년 미국 장로교 선교지에서 태어났고, 아버지는 미국 장로교 선교사로부터 의술을 전수받았던 의사이자 목사였다. 1888년 도라가 15세 되던 해, 아버지는 의학 공부를 위하여 딸을 쑤저우로 보냈다. 도라가 의과대학에 입학한 지 반년도 되지 않아 아버지가 병으로 세상을 떠났고, 2년 후 어머니도 그 뒤를 따랐다. 도라는 부모의 죽음이 "세상에서 혼자 살아가는 내 삶의 시작"이었다고 말했다. 그녀는 "몇 년 동안은 가족이 모여있는 장면을 쳐다볼 수 없었고, 견디기 힘들 정도로 외로웠다"라고 회고했다.[150]

도라가 의과대학을 다닐 때, 앞서 살펴본 대로 캠벨은 쑤저우 여성병원과 의학교를 동시에 보조하거나, 때로는 총괄하고 있었다. 도라의 기록에서, 캠벨이라고 특정하고 있지는 않으나 캠벨로 추정되는 인물에 대한 다음과 같은 구절을 발견할 수 있다.

> "부모님이 돌아가신 이후로 나에게 매우 친절했던 선교사 친구(비록 나는 재정적으로 누구에게도 의존한 적이 없었지만)는 기도와 가능한 모든 방법으로 도움을 주기 위해 최선을 다했습니다."[151]

가족을 잃은 고통을 누구보다 잘 이해하는 캠벨의 어머니 같은 보살핌으로 도라는 슬픔을 극복했고, 유능한 의사로 또 선교사로 성장했다. 1897년 캠벨은 딸과 같은 도라 유에게 한국 선교를 함께 갈 것을 제안하였으며, 도라 유는 단숨에 승낙했다. 그렇게 이들의 동역은 한국에서도 이어졌다.[152]

Ⅳ. 한국 선교 - 결정과 개척

1895~1897

Ⅳ. 한국 선교 - 결정과 개척(1895~1897)

1. 안식년 휴가

1895년 10월 1일 오후, 로스앤젤레스에서 YWCA 주관으로 한 행사가 열렸다. 입장료는 25센트, 실내는 중국풍의 장식들로 아름답게 꾸며졌다. 천정에는 수많은 중국 등불이 매달려 우아하게 흔들리고, 대나무 줄기로 꾸며진 공간에는 영롱한 빛깔의 중국 장식품들이 놓여 있었다. 방 한쪽에 놓인 테이블에는 한 선교사가 수집한 작고 특이한 골동품들이 전시되어 있었는데, 전시된 물품 중에는 2,500년 된 청동상도 있었다. 방 한쪽 끝에 펼쳐진 커다란 중국식 우산 아래에는 오후의 즐거움을 채워줄 중국식 간식들이 준비되었다.

단상 옆에는 중국식 수공예로 정성스럽게 수놓아진 결혼 예복을 입은 중국인 여성이 앉아 있었고, 녹색과 분홍색이 조화롭게 어우러진 중국 전통 의상을 입은 한 서양 여성은 중국 전통 노래를 불러 열렬한 박수와 앙코르를 받았다. 또 중국인 남성 목사가 나와 중국 여성들에 대하여 연설하기도 했다. 무엇보다 이 행사의 중심이 되는 강사는 바로 캠벨이었다. YWCA 협회를 대표하여, 캠벨은 중국에서 생활한 이야기

LOS ANGELES HERALD: TUESDAY MORNING, OCTOBER 1, 1895.

THE HERALD

J.T. SHEWARD

MEN

Newberry's

Sixth District Fair

MEN AND WOMEN

Dr. SCHULTZ

JOE POHEIM

▲ 캠벨이 강연하는 행사가 실린 신문(로스앤젤레스 헤럴드, 1895년 10월 1일 자)

를 들려주며 중국 여성들의 예절과 풍습을 소개했고 청중들은 이를 즐겁게 들었다.[153]

1895년 5월, 캠벨은 안식년 휴가를 보내기 위해 미국으로 돌아갔다. '휴가'라는 이름이 붙었지만, 캠벨에게는 다른 목적이 있었다. 곳곳에 중국 선교의 상황을 알리고, 후원과 기도를 요청하는 동시에 선교사 파송을 독려하기 위함이었다. 위의 행사뿐 아니라, 캠벨은 미국 곳곳을 순회하며 연설했다. 연회보고와 신문 기사를 통해 일부 강연 일정들을 정리해보면 다음과 같다.

날짜	장소	내용
1895년 10월 1일	로스앤젤레스 YWCA	'An-pien-nyih-Kong-ji' 행사 강연
1895년 10월 20일	로스앤젤레스 침례교회	중국 선교에 대한 강연
1896년 6월 7일	워싱턴 버논 플레이스 교회 (남감리회 여선교부 연회)	쑹장 선교에 관한 발표
		쑤저우 병원과 중국 여성들에 관한 강연
1896년 7월 8일	남부 캐롤라이나 연회	중국 선교에 대한 강연

날짜	장소	내용
1897년 봄	로스앤젤레스 연회 및 태평양 연안의 3개 연회 방문	해외 선교에 대한 독려, 강연
1897년 봄	엡웟 연맹(감리교 청년 단체)	해외 선교에 대한 독려, 강연
1897년 봄	샌프란시스코 (태평양 연안 여성 선교사 연회)	해외 선교에 대한 독려, 강연(추정)

1896년 연회보고에 따르면, 캠벨은 안식년 기간에 미국 남감리회 해외여선교부의 총무로 활동했다. 이와 관련하여 캠벨은 선교본부에 중국 선교를 위해 캘리포니아주를 순회할 수 있게 해달라는 요청을 했다. 선교본부는 이를 승인했고, 1897년 연회보고에는 캠벨이 여러 연회를 순회하면서 선교적인 열정을 불러일으켰다고 기록되어 있다. 캠벨의 강연은 사람들에게 "신선하고 즐거운 영감"을 주었고, 한편으로는 "선교적인 열정"을 불러일으켜서 각처에서 선교에 대한 후원과 선교사 자원을 받았다.[154] 미국 남부의 한 지역신문은 남 캐롤라이나 연회에 참석한 캠벨의 강연에 대하여 다음과 같이 보도하였다.

> "쑤저우에서 돌아온 선교사 캠벨을 모시게 되어 매우 기쁘게 생각합니다. 우리의 사역에 관한 정보들과 부드럽게 심금을 울리는 감동적인 언어들, 그리고 우리 선교사들과 선교지에 대한 사랑과 공감을 일깨워준 영감 있는 말씀에 감사함을 느낍니다."[155]

그리고 다음은 당시 남감리회 해외여선교부 총무였던 트루하트의 보고내용이다.

"캠벨과 저는 우리 사역을 알리기 위해 지난달 21일 로스앤젤레스를 떠나 태평양 연안을 순회했습니다. …… 캠벨은 한 군데 이상에서, 때로는 한 장소에서 여러 번 연설했습니다. 그리고 깊은 연민을 불러일으키는 호소를 했고, 사람들은 감동되어 몇 번이나 눈물을 흘렸습니다. 거의 모든 곳에서 해외 선교를 위해 자신을 드릴 준비가 된 청년들을 발견했습니다."[156]

캠벨의 강연은 많은 사람에게 감동을 주었고, 이는 후원과 선교사 지원으로 이어졌다. 일례로 캠벨은 캘리포니아의 감리교 청년 단체인 엡웟연맹으로부터 선교사 지원을 약속받았고, 또한 당시 스카릿성서훈련학교에 재학 중인 한 학생으로부터 선교사 자원을 약속받았다. 이뿐 아니라 캠벨은 1896년 워싱턴에서 열린 연회에 참석하면서, 로스앤젤레스의 한 여성이 중국 선교를 위해 봉헌한 다이아몬드 세트를 가져왔다. 이전에 맥개복이 봉헌한 결혼 다이아몬드 반지가 상하이의 클럽튼 학교를 세웠던 것처럼, 이 헌물은 중국 상하이의 맥개복기념성서학교의 건축을 위해 사용되었다. 이 일로 인하여 캠벨은 여선교부로부터 감사의 표창을 받았다.[157]

미국 남감리회 해외여선교부는 중국 상하이 남쪽에 있는 쑹장에 선교를 시작할 계획이 있었다. 캠벨이 캘리포니아주를 순회할 때, 본부는 쑹장 선교에 대한 모금을 요청했다. 그리고 캠벨은 1896년 연회 중 쑹장에서 반드시 선교를 시작해야 하는 이유에 대하여 발표한 바 있는데, 발표의 내용은 쑹장에 대한 자세한 소개였다. 즉 쑹장의 지리적인 위치와 도시 내에 개신교 선교가 한 곳밖에 없다는 현황 등이 들어있었다. 1897년 6월 5일부터 진행된 연회보고에는, 캠벨이 '몇 달 안에 중국에서 자신이 선택한 일을 시작하길 희망한다'라는 내용이 있다. 이 시기까지도 캠벨은 몇 달 이내에 중국으로 돌아가서 아마도 새로운 지역에서 새로운 선교 사역을 시작할 계획에 부풀어 있었다.[158]

그러나 우리는 삶 속에서 선택할 때도 있지만, 선택받는 것을 받아들여야 할 때도 있다. 성경은 우리에게 "사람이 마음으로 자기의 앞길을 계획하지만, 그 발걸음을 인도하시는 분은 주님이시다"[159]라고 말한다. 자신의 의지와 뜻에 따라 선택하더라도, 그 모든 것을 은혜 가운데 인도하는 섭리가 있다는 것이다. 그 섭리는 기존의 모든 계획을 변동시켜 캠벨을 낯선 한국으로 인도했고, 많은 한국인의 어머니가 되게 했다.

2. 다른 가까운 마을들로 가자

미국 남감리회 해외여선교부의 연회 기록에 '한국'이라는 이름이 처음 소개된 것은 1897년이다.

> "1,800만 명의 인구가 사는 한국은 이제 기독교에 다가설 수 있게 되었고, 우리 남감리회 선교본부는 가장 호의적인 비호 아래 선교를 시작했습니다. 중국 특유의 어려움은 이 나라에서 찾아볼 수 없습니다. 한국인들은 개혁에 그다지 반대하지 않는 듯하고, 덜 보수적입니다. 그리고 조상 숭배를 제외하고는 사실상 종교가 없기에, 일본보다 더 빠르게 복음

▲ 캠벨이 안식년 휴가 중 찍은 것으로 보임. (로스앤젤레스의 사진사 조지 스테켈이 찍었다.)

을 받아들일 것이라는 기대가 있습니다. 기후는 매우 좋고, 꽃은 풍부하며, 자원은 무한합니다. 7만 명 이상의 후원자가 있는 우리 여선교부가 이 땅으로 나아갈 수 있을까요? 이스라엘 자손이 홍해 경계에 서서, 이집트의 군대가 뒤를 따르고 험준한 산과 타는듯한 광야를 좌우로 끼고 있을 때, 주님께서 모세에게 말씀하셨습니다. '그러므로 너희는 나에게 부르짖으라. 이스라엘 자손이 앞으로 나아가라고 하여라.' "[160]

미국 남감리회 해외여선교부의 한국 선교 개척은 상당히 짧은 시간 안에 결정된 것으로 보인다. 1897년 6월 연회보고에 한국 선교에 대한 글이 처음 실린 이후, 해외여선교부의 첫 선교사인 캠벨이 한국에 도착한 것이 같은 해 10월 8일이었다. 6월 연회까지도 캠벨은 중국으로 돌아갈 기대를 하고 있었고 캠벨이 샌프란시스코에서 배를 탄 시점이 8월 중순이었던 것을 고려한다면, 캠벨을 한국으로 보내기로 한 결정은 그사이에 이루어졌던 것으로 추정된다. 다시 말하면, 캠벨은 3개월이 채 안 되는 짧은 시간 안에 10여 년간 지속해왔던 중국 선교를 뒤로하고, 새로운 문화와 언어를 배우는 한국 개척 선교를 결정해야 했다.

이렇게 남감리회 해외여선교부가 한국 선교를 추진하게 된 것은, 1896년 남감리회의 첫 선교사인 리드가 한국 선교를 시작하면서 여성 선교 사역에의 필요성이 대두되었기 때문이다. 그리고 1897년 6월에 한국의 여성 선교를 위한 자금 3,750달러가 준비되었다.[161] 이제는 그 개척을 누가 담당할 것인지가 문제였다. *The Story of the Years in Korea* 에서는 당시의 상황을 다음과 같이 전한다.

> 우리 선교본부가 은자의 왕국에 개척하게 되었을 때, 그 중요한 사역을 조직하는 일에 중국 선교에서 성공적이었던 캠벨 선교사가 만장일치로 선택되었다. 하나님의 음성을 들으며, 교회의 소리 또한 귀 기울이며, 한국을 향한 부르심에 그녀는 이렇게 응답했다.
>
> "우리가 다른 가까운 마을들로 가자. 거기서도 전도하리니 내가 이를 위하여 왔노라(마가복음 1:38)."[162]

결과는 만장일치였다. 중국 상하이와 쑤저우에서 10여 년간 교육, 의료, 문서 등 다양한 분야에서 넓은 경험을 쌓은 노련한 이 여성 선교사가 한국 선교의 개척자로 선택되었다. 캠벨의 넓은 경험의 폭, 새로운 분야에 대한 비전, 그리고 그것을 실행시키는 추진력은 누가 보아도 이 일의 적임자로 보였다. 캠벨은 당황하지 않고 성경 구절을 인용하여, 한국으로의 파송에 응답했다. 하지만 이것은 그리 간단한 문제가 아니었다. 캠벨의 전기를 기록한 프린스는 다음과 같이 말했다.

> "중국에서 10년간 지속된 섬김은 캠벨을 유능한 선교사로 만들었다. 그만큼 능력 있는 사람이었기에, 1897년 그녀는 해외여선교부에 의해 한

국 여성 사역의 개척자로 파송되었다. 그것은 사랑하는 친구들에게서 멀리 떨어지는 일이었고, 새로운 나라의 관습을 다시 배워야 하는 일이었다. 그리고 많은 여성이 새로운 지적 모험을 피하는 중년의 나이에, 새로운 언어를 배워야 하는 것을 의미했다. 하지만 캠벨은 주저하지 않았다. 그녀의 마음은 두 나라 사람들을 받아들이기 충분했고, 그녀는 그것이 하나님의 약속임을 믿어 의심치 않았다."[163]

캠벨이 10여 년간 지내던 중국을 떠나 한국으로 온다는 것은, 지금까지 쌓아온 관계들과 익숙한 모든 환경을 떠나는 것이었다. 또 44세 중년의 나이에 낯선 나라의 관습과 문화를 새롭게 습득해야 했다. 그리고 한국에 여성들을 위한 선교 사역을 개척하기 위해서는, 아무것도 없는 상태에서 모든 것을 처음부터 시작해야 했다. 그렇지만 한편으로 당혹스러울 수 있는 이 선교지의 갑작스러운 변경이, 캠벨 당사자에게는 큰 문제가 되지 않았던 것으로 보인다. 기록에 따르면 캠벨의 자매 중 한 명은 "그녀가 기쁨에 빛나며 갔다"라고 말했고, 또 "절실하게 도움이 필요한 사람들을 섬기게 된 좋은 기회로 여겼다"라고 한다.[164] 캠벨은 삶의 전환점들에서 자신의 주관과 판단을 내세우기에 앞서 '하나님의 인도'와 '부르심'에 초점을 맞추었다.

1897년 8월 중순, 캠벨은 샌프란시스코에서 요코하마로 가는 배에 올랐다. 태평양을 가로질러 4,528마일을 여행하는 데는 14일 17시간 29분이 소요되었다고 한다. 배는 춥고 안개가 많은, 그리고 까다롭지만 비교적 잔잔한 편인 북쪽 항로를 통과해서 갔다. 마침 승선한 여성은 다섯 명이었는데, 캠벨은 유일한 선교사였으므로 널찍한 여성 객실을 홀로 편안하게 사용할 수 있었다. 이 공간은 캠벨이 한국 선교를 기도하며 준비할 수 있는 골방이 되었다. 이 배는 9월 6일에 상하이에 도착한 것으로 추정되며, 캠벨은 한국으로 들어오기 전에 중국에서 한 달여의 준비 시간을 보냈다. 캠벨은 요코하마에서 남감리회 해외여선교부 총무인 트루하트에게 안전한 항해가 마쳤음을 알리며 편지를 남겼다.

> "이 시간은 매우 도움이 되는 공부의 기회였어요. 이 여정에서처럼 달콤한, 천상의 교제를 누린 적은 처음인 것 같네요. 어느 곳이든 그분께서 지도하시는 대로 살아갈 수 있도록, 동양에서 새롭게 시작되는 저의 여정을 위해 기도해주세요. 제 마음속에 각별한, 본국의 교회를 위해 늘 기도합니다. 그분의 사랑의 거대한 대양이 이 여행에서 얼마나 아름답게 빛나던지요!"[165]

3. 한국의 문을 두드리다

미국에서 조선으로 파송된 개척 선교사들이 인천 제물포항에 도착한 것은 1885년 4월 5일이었다. 일본 미쓰비시 선박회사 증기선에서 내려 조선 땅에 처음 발을 디딘 그들은 북장로회의 호러스 언더우드(Horace G. Underwood, 원두우, 元杜尤)와 미감리회의 헨리 아펜젤러(Henry G. Appenzeller)였다.[166] 아펜젤러는 제물포항에 도착한 뒤 다음과 같은 기도를 했다.

"우리는 부활절에 여기에 도착했습니다. 오늘 사망의 권세를 깨뜨리시고 부활하신 주께서 이 백성을 얽어맨 결박을 끊으시고 하나님의 자녀가 누리는 광명과 자유를 주옵소서."167

개신교의 조선 선교는 미국 북장로회와 미감리회 선교사들이 들어온 이후, 1890년대를 지나면서 호주장로회(1889), 영국 성공회(1890), 미국 남장로회(1892)가 각기 선교사를 파송하면서 확산해 나아갔다. 선교사들은 의료와 교육이라는 수단으로 한국인들을 만났고, 학교와 병원, 교회를 세우며 세력을 확장시켜 나아갔다. 최초의 선교사들이 내한하여 10년이 지난 뒤 서재필은 「독립신문」 사설에서 그동안의 교육, 의료, 전도 등 선교사업에 대해 다음과 같이 평가했다.

"세상에 종교가 많이 있으되, 예수교같이 참 착하고 참 사랑하고 참 남을 불쌍히 여기는 종교는 세계에 다시없는지라. 어느 종교에서 이 예수교와 같이 사람을 많이 천하만국에 보내어 자기의 돈을 들여가며 온갖 고생을 다 하며 남의 나라 사람을 이렇게 간절히 가르치며 도와주리오. 감리교회에서 조선 와서 대 정동에 배재학당을 짓고 조선 젊은 사람들을 교육하고 계집아이들을 위하여 이화학당을 배설하고 부인 병원을 만들어 조선 병든 부녀들을 치료하며 시병원을 시작하여 무론 빈부 귀천하고 치료를 하여주며 예배당을 각처에 배설하여 착한 말을 하여 인찰소[인쇄소]를 만들어 국문으로 인민에게 유익한 책을 일 년에 몇천 권씩 박아 전국 인민이 이 책들을 보고 마음을 고쳐 옳은 사람들이 되게 하니 이 일 하기에 미국서 일 년에 돈이 여러 만원이 오는지라 이렇게 하여 미국에 무엇이 도움이 되며 여기 와서 있는 이들에게 무엇이 유익하리요. 이것은 조선 백성만 위해서 하는 일이니 어찌 감사하지 않으리요."[168]

10년간의 선교사업은 전도뿐 아니라 교육과 의료 분야에도 괄목할만한 성장을 이루었다. 1886년 배재학당과 이화여학교, 경신학교 등을 비롯하여 1890년 정신여학교, 1897년 숭실학교 등 기독교계 사립학교들이 서울 및 평양에 설립되었다. 또 광혜원에서 제중원으로, 또 이후 세브란스 병원으로 발전한 의료 선교사업은 서구 근대식 의학 교육을 통해 한국 최초 근대 의사를 배출하였으며, 한국 의료 교육기관의 중추적 역할을 하였다. 복음은 개화되지 않은 조선에 문명의 이름과 함께 들어와, 교육과 의료, 문서 등 다양한 분야에서 선교활동을 펼치며 한국에 살고 있던 사람들에게 영향을 미쳤다.[169]

남감리회 한국 선교의 시작은 한 한국인과 깊은 연관이 있다. 남감리회 선교부가 한국 선교를 시작하기 10년 전인 1887년, 중국 상하이에서 한 한국인이 세례를 받았다. 그는 갑신정변 이후 신변의 위협을 느끼고 상하이로 망명한 윤치호(尹致昊, T. H. Yun)였다. 윤치호는 알렌 박사가 설립한 상하이의 중서서원에서 3년 6개월간 수학했고, 1888년 미국으로 건너가 내슈빌의 벤더빌트대학에서 3년간 신학을 전공하였으며 계속해서 조지아주의 에

▲ 좌옹 윤치호

모리대학에 편입하여 2년간 인문과학을 공부했다. 에모리대학에 재학하는 동안 윤치호는 미국 교회와 기독교 단체의 강연 요청을 받아, 여러 도시를 돌며 한국의 역사와 문화, 정치 사회적 현실을 알리고 선교의 필요성을 호소했다. 윤치호는 1893년 3월 미국 유학 생활을 정리하면서 그동안 강연 수입으로 모아두었던 2백 달러를 에모리대학의 캔들러 학장에게 맡기며, "이 돈을 기초로 삼아 조선에도 기독교 학교를 설립하여 내가 받은 것과 같은 교육을 우리 동포도 받을 수 있게 하여 달라"고 부탁하였다.

6년간의 유학 생활을 마친 윤치호는 불안정한 국내 정치 상황 때문에 곧바로 귀국하지 못하고 1893년 11월부터 상하이의 중서서원에서 교편을 잡다가, 1895년 2월 귀국하였다. 그는 정부의 참의(參議)가 되었다가 6월에는 학부협판(學部協辦, 오늘날의 교육부)에 임명되었다.[170]

그리고 남감리회 선교부에 윤치호로부터 한국에 선교를 요청하는 편지가 도착하였다. 당시 남감리회 선교부는 선교 40년째에 접어든 1890년대에 들어서 '선교 지역 확장'에 관심을 기울이고 있었다. 이들은 중국 북부지역으로 선교를 확장할 필요성을 느끼고 답사를 다녀왔으나, 이미 다른 교파의 선교사들에 의해 충분한 선교가 이루어지고 있음을 보고 선교 확장 계획을 재검토하고 있었다.[171] 남감리회 처음 선교사인 리드는 당시의 상황을 다음과 같이 회고했다.

> "선교본부에 보고서를 보내고 그 문제에 대하여 고려하고 있던 차에, 한국에서 긴급한 선교 요청이 들어왔습니다. 한국 국왕을 섬기며 교육부 차관을 지내고 있는 윤치호 씨가 보낸 요청서였는데, 송도의 저명한 사

업가인 이건혁 씨가 작성한 것이었습니다. 바로 그 시기와 그 모든 흐름이, 우리 교회로서는 무시할 수 없는 하나님의 결정적인 섭리와 인도하심으로 보였습니다."[172]

최초의 남감리회 교인이자 한국 정부의 고위 관리로 있던 윤치호를 통해 전달된 송도 사업가 이건혁의 선교 요청서는, 당시 선교 확장 계획에 대해 재고하고 있던 남감리회 선교부에 '하나님의 섭리와 인도하심'으로 여겨졌다. 이에 미국 남감리회 감독인 헨드릭스와 중국에서 15년간 선교활동을 했던 리드가 1895년 10월 13일, 내한하여 1주일간 머물면서 선교 가능성을 탐색하고 돌아갔다. 헨드릭스 감독은 서울에서 만난 각 선교부 선교사들의 선교 보고와 고종 황제의 선교사 파송 요청을 들으며, 이는 '천명적 징조'가 분명해 보였기에 한국 선교 착수를 결심하게 되었다. 이들은 스크랜턴의 도움으로 서울을 떠나기 직전, 남대문 안쪽 남송현에 선교부지를 확보한 뒤 상하이로 돌아갔다.[173]

1896년 5월 28일, 다시 한국으로 들어온 리드는 가족들이 거주할 주택을 수리하였으며, 다시 중국으로 돌아가 그해 8월 14일 가족들을 데리고 다시 나왔다. 2주 뒤 리드는 '중국 선교 연회의 한국 지방 초대 장로사(감리사)'로 임명되었고, 한국이 중국에서 분리되어 독자적인 '한국 연회'가 되어 리드가 감독이 된 때는 1897년 5월이었다.[174]

4. 격변의 시대, 성장하는 기독교

청일전쟁(1894~1895) 이후 조선은 정치적 격변 속에 있었다. 1895년 청일 전쟁에서 승리한 막강한 일본이 조선에 대하여 '보호국화' 작업을 시도하고, 러시아·프랑스·독일 등 세 나라가 일본의 중국 침략을 저지하기 위해 이른바 삼국간섭을 벌였다. 조선 조정 내부에는 러시아의 힘을 빌려 일본의 간섭에서 벗어나려는 움직임이 대두되었고, 친러파 세력이 우세해지는 데 위기의식을 느낀 일본은 1895년 10월 8일 자국 낭인과 친일 조선 군인들을 동원하여 반일 세력의 거두였던 명성황후를 시해하는 이른바 을미사변을 일으켰다. 외국 공사관 병력과 그 일당이 밤에 주재국 궁궐을 습격하여 명성황후를 죽이는 만행은 세계사상 없던 일본의 만행이자 국제범죄였다. 이후 1896년 2월 러시아는 고종을 도와 러시아 공사관으로 피신하게 하였고(아관파천), 러시아의 영향 아래 새로운 정부가 수립되었다.[175]

▲ 서양식 제복을 입은 고종 황제

아관파천 1년 만인 1897년 2월에 고종은 경운궁으로 환궁하여 8월 14일에 광무(光武)를 연호로 삼았고, 10월 11일에는 새 국호를 대한(大韓)으로 정하였다. 마한·진한·변한을 아우르는 '큰 한'이라는 뜻에서 '대한'이요, '외세의 간섭에서 벗어나 힘을 기르고 나라를 빛내자'라는 뜻에서 '광무'였다. 이어서 10월 12일에는 황제 즉위식을 거행하였으며, 다음날 10월 13일에는 자주 국가임을 안팎에 선포했다. 이렇게 성립된 대한제국은 근대국가로서의 부국강병을 이루어 독립 국가의 면목을 갖추고자 개혁 또한 추진하였다.[176] 캠벨이 내한한 1897년 10월 8일은 이러한 격변의 역사 한 가운데에 있었다.

한편 개신교는 1893년까지 미국 미감리교 한국 선교부에 68명, 북장로교에 141명의 교인밖에 없었다. 그러나 청일전쟁을 지나면서 전쟁이 끝난 직후 1896년에 미감리교 세례교인은 223명, 북장로교는 530명으로, 세 배가 넘게 증가하였다. 청일전쟁 동안 일본과 중국이 아산, 성환, 평양, 의주에서 대규모 육상전을 벌여 국토는 유린당하고 백성들은 큰 고통을 겪어야 했다. 또 1895년에는 전국적으로 콜레라가 창궐하여 수천 명이 사망하였고, 실의에 빠진 민중을 괴롭혔다. 청일전쟁 기간에 십자가를 내건 교회와 선교시설은 안전했고, 한국 민중은 살기 위해 교회로 몰려들었다. 특히 전쟁의 직격탄을 맞은 평양은 청일전쟁 이후 본격적으로 선교가 이루어지면서 급속히 한국 개신교의 중심지로 자리 잡아갔다.[177]

기독교가 '강대국의 종교'로 인식되면서 민중계층뿐 아니라 유식 계층도 기독교에 관심을 보이기 시작하였다. 1896년 7월에 조직된 독립협회는 서재필, 윤치호 등 기독교인들이 주도하였으나 종교적 색채는 없이 충군애국적인 계몽운동의 성격을 띠고 추진되었다. 이는 만민공동회·관민공동회 등의 대중집회를 거치면서 점차 체제개혁을 요구하는 정치운동으로 발전하였고, 왕권의 위기감을 느낀 수구세력은 1898년 12월, 독립협회와 만민공동회를 해산시키면서 개혁운동을 중단시켰다. 이후에도 수구세력이 개혁파를 제거하기 위해 유식 계층들을 한성감옥에 투옥시켰을 때, 이승만, 이상재, 유성준을 비롯한 지식인들의 상당수가 기독교로 개종하게 되었다. 이들의 개종은 기독교인 신분계층 변화의 계기가 되었고, 이로써 민중계층이 주류를 이루었던 한국교회에 유식 계층이 참여하면서 교인들의 신분계층이 다양해졌다. 때로는 두 계층이 교회에서 갈등을 빚기도 하였으나, 신앙으로 그 갈등을 극복함으로써 기독교는 모든 신분계층을 아우르는 종교로 성장할 수 있었다.[178]

선교사들이 한 일 가운데 그들의 의도와는 달리 한국의 개화자강·애국계몽운동에 가장 직접적인 영향을 준 것은 교육일 것이다. 선교학교는 영어와 근대학문을 가르친다는 조건으로 설립되었다. 따라서 모든 선교학교에서는 성서 및 기독교와 아울러 서구 문명의 기초가 되는 다양한 사상과 학문, 그리고 서구의 현재 모습을 가르쳤다. 선교학교 학생들은 그런 공부를 통해 주체성을 가진 근대적 개인으로 탄생할 수 있었다. 여기에 민족의 현실에 대한 절실한 인식이 더해졌을 때 학생들은 근대적 시민을 넘어 민족주의자가 되었다.[179]

다른 교파들에 비하여 시기적으로 늦었지만, 이 시기에 남감리회의 한국 선교가 시작되었다. 남감리회의 최초 인물들은 한국에 파송되기 전 이미 선교사로 활동 경험이 있는 사람들이었다는 것은 중요한 사실이다. 남감리회의 개척자인 리드 박사는 중국에서 오랫동안 새로운 선교부의 설립을 지도하는 일에 헌신해 왔었다. 윤치호의 평에 따르면 그는 "유능하고, 그를 존경하지 않는 사람을 한 사람도 본 적이 없을" 정도로 좋은 성품을 가지고 있었다.[180]

남감리회의 여성 선교 개척자로 캠벨이 선정된 것은 한국 선교에 있어 매우 긍정적인 일이었다. 중국에서의 10여 년간 의료, 교육, 번역 등 다양한 분야에서 선교활동을 하면서 풍부한 경험을 쌓은 이 여인은 능숙하게 모든 일을 시작할 수 있었다. 무엇보다 한 해 만에 세운 배화학당은 격동 속에서 근대적인 개개인과 민족주의자들을 세우는, 시대의 등불이 되었다.

5. 한국에서의 첫날들

캠벨은 1897년 10월 8일, 제물포항에 도착하여 마중 나온 윤치호를 만났다. 윤치호는 캠벨을 만난 날을 다음과 같이 기억했다.

> "오후 3시에 캠벨 여사와 남감리교회 선교부로 오는 중인 숙녀를 만나기 위해 아내와 함께 용산에 갔다. 6시 30분까지 기다려야 했다. 6시 30분이 되어서야 증기선을 타고 온 캠벨 여사와 그녀의 입양한 중국인 딸 링츠가 나타났다. 다들 건강했다."[181]

윤치호와 캠벨은 1887~1888년 상하이 남감리회 본부에서 만난 바 있다. 그리고 윤치호가 다시 상하이에 머물던 1893년 11월~1895년 2월

▲ 제물포항(1884년)

기간에도 쑤저우에 있던 캠벨이 연회 및 본부 방문을 위해 정기적으로 상하이를 찾았기에, 서로를 알고 있었다. 게다가 윤치호의 중국인 부인 마슈전(馬秀珍)은 첫째 딸 '로라(윤봉희)'를 쑤저우 여성병원에서 출산했다. 윤치호의 1895년 1월 2일 일기에 따르면 '쑤저우에 있는 캠벨 여사가 보낸 편지'에 마슈전이 난산을 겪었으나 무사히 출산하여 잘 견디고 있다는 내용이 들어있다. 쑤저우 여성병원의 행정 책임자였던 캠벨은 마슈전을 돌보았고, 이에 대한 소식을 윤치호에게 개인적인 편지로 알릴 정도로 가까운 관계였던 것이다. 당시 도라 역시 쑤저우 여성병원에서 근무하고 있었기에 마슈전과 구면이었다. 이렇게 중국에서 특별한 시간을 함께 지낸 이들은 제물포항에서 감격스러운 재회를 했다. 캠벨은 한국에 올 때, 도라와 자원 선교사 밸린저 부인도 함께 데리고 왔다.[182]

다음날인 10월 9일, 이들은 서울에 먼저 와 있던 리드 부부와 콜리어(C. T. Collyer, 고영복) 부부의 '가장 따스한' 환영을 받았다. 윤치호 부부를 포함하여 이들 가족 모두 중국 선교사였기에 함께 지낸 바 있었고, 특히 리드 선교사의 부인은 캠벨이 상하이 선교를 처음 시작했을 때 같이 현지인 기도회를 정기적으로 참석한 바 있던 동지였고 멘토였다. 캠벨이 처음 중국에 도달해서 언어의 장벽에 좌절하고 있었을 때, 함께 사역하던 리드 부인은 캠벨을 은혜로운 손길로 도와주었다. 그리고 그 후 캠벨이 당황스러운 일들을 만났을 때마다 리드 부인에게 가서 기도요청을 하고 싶었다고 말할 정도로 가까운 관계였다. 콜리어가 송도로 이동하여 숙소가 생기기 전까지의 처음 6주 동안은 리드의 집에서 숙식을 제공하였는데, 리드 부부는 온 정성을 쏟으며 이들을 돌보았다. 캠벨의 표현에 따르면 "우리가 적절히 시작할 수 있도록 그들의 온 힘을 쏟아 주어서, 한국에서의 처음 나날들이 즐겁게 기억되었다"라고 한다.[183]

▲ 남대문 거리의 모습. 오른쪽 위에 상동교회의 모습이 보인다. 상동교회와 담을 하나 사이에 두고, 남송현 선교본부가 있었다.

처음 정착한 남송현은 현재의 중구 소공동과 북창동을 아우르는 마을이다. 사진 속 왼쪽 위에서 확인할 수 있듯이 소나무가 매우 울창한 솔고개가 있어 '송현'이고, 안국동의 송현동이 북송현으로 이 지역은 남송현으로 불렸다.[184] 미감리회가 설립한 상동교회와 담 하나를 사이에 두고 위치한, 남송현 선교본부는 언덕배기에 세 채 건물로 구성되어 있었다. 그중 하나가 캠벨과 도라 유가 거주했던 여선교부 소유의 집이다.

캠벨과 도라가 거주했던 집은 물이 새는 기와지붕과 진흙 벽이 있는 전통가옥이었다. 장마철이 되면 진흙 덩어리가 뚝뚝 떨어지기도 했고, 낡은 서까래에 머리를 부딪친 적도 한두 번이 아니었다. 가난한 환경이었지만, 캠벨이 있는 곳에는 '언제나 세련되고 검소한 분위기'가 있었다고 한다. 몇 개의 상자와 숯 화로는 캠벨의 손을 거쳐 곧 가구로 바뀌었는데, 상자들은 캔버스 천으로 씌워진 침대, 책상, 옷장, 탁자가 되었다. 그리고 한번 캠벨을 질식시킬 뻔했던 화로는, 그 위에 석유통을 끼운 요리용 오븐으로 바뀌었다. 캠벨은 그녀의 기름통 오븐에서 요리된 것보다 더 좋은 음식을 맛본 적이 없다고 농담처럼 말하기도 했다.[185]

선교사들의 첫해는 어학 공부가 주를 이룬다. 캠벨과 도라 유는 모두 한자를 사용할 수 있었고, 이는 한글을 배우는 데 도움이 되었다. 그리고 윤치호의 부인 마슈전이 도라와 언어가 잘 통하였기에, 캠벨이 의사를 전달할 일이 있을 때 도라에게 전달하고, 이를 도라가 마슈전에게 전달하여 윤치호에게 들려주는 방식으로 소통하였다. 캠벨의 1898년 보고에 등장하는 '우리 한국어 선생님'은 마슈전으로 추정되며, 캠벨과 도라는 마슈전의 도움으로 어학을 정확하고 빠르게 배워갈 수 있었다. 도라는 캠벨보다 언어 습득 속도가 더 빨라서, 큰 도움이 되기도 했다. 그녀의 회고에 따르면, 언어의 장벽을 통과하기 위해 열심히 공부했고, "하나님께서 인자한 사랑으로 충분한 언어를 주셨기 때문에 곧 말할 수 있었다"고 한다. 그리고 먼저 내한하였던 미감리회의 스크랜턴 대부인이 상동교회 교인인 김세라와 백루이스를 보내주어 한국어를 가르치는 한편 선교사업을 돕게 했다. 이후 김세라와 백루이스는 남감리회 최초 전도부인이 되어 캠벨의 복음 전도와 학교 사업을 도와 남감리회 여성 선교의 기반을 잡는 데 크게 기여하였다.[186]

한국에서의 첫해 캠벨의 초기 활동 중 하나는, 우물을 파는 일이었다. 당시 그 지역은 물의 공급이 매우 열악했고, 도시의 수천 명의 사람이 사용하는 모든 물은 얕은 우물과 더러운 샘에서 옮기는 경우가 많았다. 일반적인 물장수들은 긴 장대를 어깨에 메고, 양 끝에 작은 통을 매달았다. 물은 주로 먼 거리로 운반하였으며, 각 개인이나 가족들에게 몇 개의 엽전을 받고 팔았다. 물론 의술을 배운 캠벨의 눈으로 볼 때 그 물은 깨끗하지 않아, 많은 질병이 그로 인하여 야기되었다고 한다. "Mrs. J. P. Campbell"은 다음과 같이 전한다.

> "캠벨이 가장 먼저 한 일 중 하나는 선교부 부지 안에 깊은 우물을 파는 것이었습니다. 그 우물은 물이 맑고 시원할 뿐 아니라, 가뭄에도 물이 넉넉했기 때문에 사람들이 크게 관심을 가졌습니다. 온 동네 사람들이 맑은 물의 선물에 기뻐했습니다. 사람들은 도시를 가로질러 항아리와 박과 솥과 주전자 및 온갖 종류의 특이한 그릇을 가지고 와서 물을 뜨려 했습니다. 사람들이 드나들 때마다 대문을 여닫아야 하는 문지기 노인

에게는 매우 짜증스러운 일이었지만, 물은 어디에서 발견하든 목마른 사람들의 것이니, 당연히 선교사는 맑은 물이 없어 죽어가는 사람들을 위하여 대문을 늘 열어두었습니다."[187]

선교지 사람들의 필요에 관심이 많았던 캠벨은 가장 먼저 깊은 우물을 파서 사람들에게 제공했다. 우물을 판 사람의 권리보다는 우물이 필요한 사람들의 삶을 더 중요하게 여겼기에, 그 대문은 목마른 사람들에게 언제나 활짝 열려있었다. 캠벨의 삶은 언제나 그러했다. 깊은 복음의 우물을 파서 사람들에게 나누어주기를 원했고, 타는듯한 갈증이 있는 모든 이들에게 값없이 그 맑고 시원한 물을 흘려보냈다. 그 문은 우물의 문이 그러하였듯 늘 활짝 열려있었다. 생기 없이 죽어가던 이들은 그 생수를 맛보고 소생하여 또 다른 이들에게, 또 다른 이들에게 그 생수를 나누어 주었다. "너희는 기뻐하며 구원의 샘에서 물을 길으리라."[188]

6. 처음 교회들

캠벨이 한국에 조금씩 적응해가고 있을 때, 하루는 리드 부인과 전도부인 김세라와 함께 20km 떨어진 고양으로 여행을 다녀왔다. 고양읍에는 1897년 5월에 설립된 남감리회 처음 교회인 '고양읍 교회'가 있었다. 남송현에 교회가 세워지기 전, 남감리회 최초의 '토착 전도인'인 김주현과 김흥순의 전도로 세워진 교회였다.[189] 캠벨은 호기심 어린 눈으로 교회 모임에 참석했고, 그때 일을 다음과 같이 회상했다.

> "날이 어두워지자 회중들이 모여들기 시작했고, 그중에는 교사[매일학교]와 학생들도 있었습니다. 리드 박사의 조수인 우리 전도부인의 남편인 김씨[김홍순]가 열 살이 채 못되어 보이는 작은 학생 한 명을 불러 기도하게 했습니다. 그 아이는 잠시도 망설이지 않고 아주 간절한 기도를 드렸어요. 그 교인들 가운데 한 명은 과거에 점술가였고 미래를 예측하여 생계를 꾸려가던 맹인입니다. 그는 이 모든 것을 포기하고 기독교인이 되었는데, 그의 아내가 마태복음을 크게 소리 내어 읽어주는 것을 듣고 이제 그것을 외웁니다. 그뿐 아니라 한국어로 번역된 90곡의 찬송도 외웠습니다. 그는 그날 밤 매우 빛나는 증언을 했지요. …… 예배는 밤 10시 넘어서까지 계속되었고, 교인들은 떠나기 싫어했습니다. 여름이 지난 후에 고양으로 매월 방문하면 좋겠네요."[190]

고양읍교회는 처음 교회가 조직된 당시 24명의 성인과 3명의 어린이에게 세례를 주었을 정도로 이미 신앙공동체가 활발하게 움직이고 있었다. 고양읍교회 교인들은 전도에도 적극적이어서, 선교사들이 방문한 바 없었던 지역에서도 믿는 사람들이 생겨나 빠른 속도로 성장해 갔다.

캠벨은 고양읍교회 방문에서 '조선의 삭개오'라 불리던 맹인 전도자 백사겸을 만나, 그와 관련된 이야기들을 들었다. 백사겸은 23년간 복술가로 활동하다가, 김제옥이라는 사람으로부터 복음 전도를 받았다. 그는 이를 거부하고 번민하며 기도하는 중, 비몽사몽간에 환상을

▲ 고양읍 교회의 맹인전도자 백사겸

보게 되었다. 그는 환상 속에서 어떤 기인이 은으로 만든 산통을 주면서 "나는 예수다. 내가 주는 산통은 의(義)의 산통이니 받아 가져라"라고 하였다. 그는 예수의 '참된 도'를 믿기로 결심하고 교회에 나가기 시작했다. 고양읍교회를 방문한 캠벨은 이러한 백사겸의 간증을 함께 들었다. 캠벨이 보았듯 한국의 교인들은 매우 열정적이었는데, 밤이 늦도록 집회를 함께하며 교회를 떠나기 싫어할 정도였다.[191]

남송현 서울 선교부 안의 교회는 고양읍교회가 세워진 지 한 달 만인 1897년 6월에 세워졌다. 고양읍교회에서 이사 온 두 가정과 함께 예배를 드리기 시작하여, 정식으로 서울 교회가 설립된 것이다. 캠벨이 도착했을 당시에 서울 교회는 남송현의 예배당에서 매 주일 예배를 드리고 있었다. 그러나 윤치호의 일기에 따르면 '흙담 하나를 사이에 두고' 번창하고 있는 스크랜턴 가족과 리드 소유 부지에 두 개의 교회가 존재하고 있었다.[192] 캠벨은 한국에 도착한 후 남송현 선교부의 모습을 다음과 같이 소개했다.

"주변 환경도 좋은데다가 도시의 다른 지역들과 비교해보아도 사업적인 관점에서 매일 값어치가 상승하고 있는, 매우 가치 있는 곳입니다. 교회에 결코 손해가 되지는 않을 것입니다. 언덕배기 부지에 세 개의 좋은 건물들이 있는데, 두 채는 남선교부 소유이고 한 채가 여선교부 소유입니다. 한국인들이 사는 동네와 인접한 선교부지의 아래쪽에는 예배당이 있으며, 그곳에서 리드 박사는 토착 전도자들을 위한 여름 성경학교를 하려 합니다. 모든 것이 인상적이었고, 대단히 만족스럽습니다."[193]

리드는 남송현 선교부의 건물이 교회로서 자리 잡을 수 있도록, 오래된 건물을 깨끗하게 수리했다. 캠벨이 도착했을 때는 예배당과 건물들이 매우 가치 있는 모습으로 안정되어 있었다.

그리고 캠벨은 여선교부의 개척자로 한국에 파송되었지만, 서울 교회 안에는 마슈전과 리드 부인의 인도로 '여성 집회'가 이미 진행되고 있었다. 캠벨은 리드 부인을 "사랑과 동정심과 온유함이 풍부하여, 다른 이들을 움직이는 힘이 있는" 사람으로 기억한다. 크게 드러나지는 않았지만, 리드 부인은 '기도'의 사람이었고, 다른 사람들에게 기도하는 법을 가르쳤다. 캠벨은 "그녀가 예배실에서 홀로 무릎을 꿇고 기도하는 것을 보았는데, 한국인들이 시끌벅적한 가운데 들어왔다가 하나둘씩 기도하는 자세를 취하였고 모두가 영의 임재를 느꼈다"라고 언급할 정도로, 영향력 있는 선교사였다. 1898년 연회보고에 따르면, 매주 일요일 오후 2시에 부인 성경반을 시작하였는데, 성경과 교리를 배우는 이들의 모임에는 평균 14~15명 정도의 여성이 참석하고 있었다. 캠벨은 시작된 여성 선교를 이어받아, 이를 체계적으로 이어가기 시작했다.[194]

V. 한국 선교 – 시작

1897~1898

Ⅴ. 한국 선교 - 시작(1897~1898)

1. 시동을 걸다

1897년 캠벨은 한국에서의 첫 연회보고를 통하여 향후의 계획을 언급하였다.

> "우리 여성 선교본부에서의 계획은 어휘를 구사하는 대로 가능한 한 빨리 여성들과 소녀들을 위한 교실을 여는 것인데, 내년에는 가능하기를 바랍니다. 아직 어떻게 시행될지 알 수 없지만, 성경은 가장 중요한 교재가 될 것입니다. 그 일은 다른 일들을 위한 핵심입니다. 우리는 이 구역을 떠나, 다른 선교부의 활동으로부터 멀리 떨어져 있으면서도 도시에서 인구 밀도가 높은 지역 중 하나로 옮겨가기를 바라고 있습니다. 다른 선교사들이 여성들을 위한 사역을 이미 설립했고 그것은 대단히 고무적인 일이기에, 우리는 다른 곳에서 시작하는 편이 좋을 것 같습니다."[195]

우선 캠벨이 '여성들을 위한 교육'을 구상하고 있음을 알 수 있다. 앞서 살펴보았듯이, 캠벨은 상하이와 쑤저우에서 주로 여성들을 대상으로 하는 학교 운영과 전도부인 교육에 힘써왔다. 그와 같이 한국에서도 여성들을 위한 교육기관을 구상하고 있었다. 그러나 성경을 기반으로 하되, 어떤 종류의 교육기관을 세울 것인지는 아직 정하지 않았던 것으로 보인다.

그리고 캠벨은 이 새로운 일의 시작을 남송현이 아닌 다른 곳에서 하기를 원했다. 이미 담 하나를 사이에 두고 스크랜턴 대부인이 상동교회 안에서 여성 선교사업을 진행하고 있었기 때문이다. 후에 공옥여학교로 발전한 매일학교와 1920년대에 감리교 협성여자신학교로 발전한 부인성경학원이 이미 활발하게 모이고 있었다. 캠벨은 이러한 발전을 함께 기뻐하였으나, 같은 곳에서 경쟁적으로 선교사업을 벌일 이유가 없기에 인구 밀도가 높은 서울 내 다른 지역으로 이동하기를 바랐다. 캠벨의 바람은 오래지 않아 실현되었다.

> 그 무렵 서울 북부에 자리 잡았던 침례교 선교단[엘라딩 선교회]이 철수하고 있었는데, 캠벨은 현재의 사역이 미 감리회 사역과 겹치는 것을 보고 선교부 경내에서 1마일 떨어진 침례교 부지를 구입하였다. 여성 선교본부로부터 허가가 내려오기 전에 행동해야 할 필요가 있었기에, 그녀는 위험을 무릅쓰고 구매했다. 그녀의 믿음은 결국 보상받았고, 중국에서처럼 한국에서도 최초의 여선교부는 결혼 다이아몬드 선물을 통해 세워졌다. 이번에는 로스앤젤레스의 토버만 부인이 봉헌자였다.
> 1898년 8월 1일 토요일 저녁에 침례교 선교단이 이사 갔을 때, 캠벨은 한 한국인 여성과 함께 몇 가지 필요한 물건만 들고, 다른 피해를 입지 않기

위해 단숨에 그곳에 입주했다. 유 양은 새로운 음식을 가지고 일요일에 왔고, 그들은 월요일에 이사했다. 본관은 재무대신을 위해 지어진 훌륭한 한국식 건물이었다.[196]

당시 침례교 계통의 엘라딩 선교회가 서울 지역 선교를 철수하여 공주로 내려가게 되었을 때, 캠벨은 이 부지에 대한 매입을 서둘렀다. 여선교부의 승인을 받을 시간이 부족하였기에, 캠벨의 개인적인 부담으로 이를 구매해야 했다. 모험처럼 구입한 부지 비용에 대한 믿음은 결국 결혼 다이아몬드 반지로 응답 되었다. 상하이의 여선교부 사역이 그러하였듯, 서울의 여선교부 사역도 결혼 다이아몬드 반지의 헌물을 통해 세워지게 되었다.

캠벨이 옮겨간 새로운 부지를 방문한 남감리회의 램버드 박사는 다음과 같이 말하였다.

"저는 캠벨 부인의 사역지에 즐거운 마음으로 두 번 방문했습니다. 그곳은 리드의 선교부지에서 북쪽으로 1마일 정도 떨어져 있었습니다. 저는 그녀가 그 지역에 있는 부지를 확보하기 위해 현명한 일을 했다고 생각합니다. …… 그곳은 더 높은 계층의 사람들에게 훨씬 더 가까이 있어서 우리가 모든 이들에게 다가갈 수 있게 해줍니다. 그리고 그곳은 한국에서 너무나 고립된 여성들이, 그들을 그리스도께로 인도하기 위해 보내진 사람들에게 더 자유롭게 접근할 수 있는 기회를 줍니다."[197]

캠벨이 개척한 새 부지는 '더 높은 계층'의 사람들이 가까이에 사는 지역이었다. 램버드 박사는 한국에서 고립된 계층의 여성들과 왕래하기 좋은, 지리적 이점을 높게 평가했다. 다시 말하면 바깥출입이 금지된 더 높은 계층의 여성들에게, 전도부인이 찾아가 자유롭게 만날 수 있는 곳이라는 뜻이다.

새로 옮겨간 곳은 도시 북서쪽 청계천의 상류인 '우대' 또는 '상촌'이라고 불린 지역에 속하였다. 1924년 6월호「개벽」에 김기전이 쓴 글에서는 이곳에 육조 이하의 각 관청에 속한 관리 계급들이 살았다고 전한다. 그리고 여선교부 부지와 인접한 누하동의 경우, "경복 서편궁 누하동 근처는 이른바 대전별감파들이" 살았다고 한다. 대전별감이란 임금의 심부름을 하던 벼슬을 의미한다. 중인계급 중에서도 고위직에 속하는 이들이 살던 지역인 것이다. 양반계급은 아니어도 중직 관리들이 사는 곳이었기에 여성들의 경우 더 고립되어 있었고, 이는 여성 선교에 있어 오히려 장점으로 작용했다.[198]

그리고 새 부지는 '장흥고앞', 또는 '고가남오골', '고간동', '곳간골'로 불리는 곳에 있었다. 조선의 돗자리, 종이를 관장하던 기관인 장흥고의 곳간이 있던 곳이라 이러한 이름으로 불렸다. 이곳은 경복궁 앞쪽의 현재 내자동 75번지, 서울 경찰청 북쪽 주차장 공간에 해당한다. 또 이 지역의 다른 이름은 '자골'이었다. '자골'은 '자하골' 개성의 자하동과 같다고 하여 마을 이름이 유래되었다. '자하'는 신선이 사는 곳에 서리는 붉은 노을을 뜻하는 말이다. 이곳은 골이 깊고 수석이 맑고 아름다워 선경에 비교되던 아름다운 동리였다.[199] 선교사들 사이에서 이 지역은 주로 '자골'이라 불렸고, 이 새롭게 얻은 '자골선교부'를 통하여 캠벨은 여성들을 위한 새로운 꿈을 꾸기 시작했다. 그리고 그 꿈은 '하나님과 함께' 모든 것을 가능케 하는 꿈이었다. 캠벨은 본국의 동역자들에게 이렇게 요청했다.

"당신의 일상적인 기도 제목에 늘 한국을 기억해주세요. 우리로서는 불가능하지만, '하나님과 함께라면 모든 것이 가능합니다.'"[200]

2. 한국의 여성들

조선 시대 여성을 가르치기 위한 첫 번째 교육서였던 『내훈(內訓)』에는 다음과 같은 내용이 인용 기록되어 있다.

〈여교(女敎)〉에 다음과 같이 일렀다.

"아내가 비록 남편과 균등하다 하였으나, 남편은 아내의 하늘이라. 예(禮)로 반드시 공경하여 섬기기를 아비와 같이할지니, 제 몸을 낮추고 제 뜻을 굽혀 망령되이 높고 난 척하지 말며, 오직 순종할 줄 알고 조금도 거역하지 말아야 한다."

……

〈안씨가훈(顔氏家訓)〉에 이런 말이 있다.

"아낙네는 안에 있어 음식을 도맡은지라, 오직 술이며 밥이며 의복에 속하는 예를 일삼을 뿐일지언정, 가히 나라의 정사에 참여하게 할 수 없으며, 집에서도 일을 도맡게 하여서는 안 된다. 어쩌다 슬기로우며 재주와 지혜가 있어, 옛일이며 이젯일을 사무치게 안다 하더라도, 진실로 반드

▲ 빨래터의 모습(1890~1923년 사이)

시 군자[남편]를 도와 부족한 대목을 권할 뿐일지언정, 암탉이 울어 그로 인하여 재앙을 불러들이는 일이 절대로 없어야 한다."[201]

한국은 중국과 공통된 유교적 관습을 고수하고 있었고 여성의 지위가 남성에게 종속되어있기는 마찬가지였다. 남성들의 일은 학문과 정치였고, 여성들의 일은 생산과 가사에 국한되었으며 집에서도 일을 도맡아 할 수 없었다. 중국 여성과 비교하였을 때, 중국은 때로 가정 안에서 여성이 많은 힘을 행사하는 경우도 있었으며, 당시 비기독교 국가 중 다른 나라들에 비하여 여성들이 많은 영향력을 가진 편으로 분석되기도 하였기에 그에 비하면 한국 여성들의 상황은 더 어려웠다.[202] 19세기 말 한국을 찾은 선교사들은 한결같이 여성들이 처한 열악한 환경과 지위에 대해 깊은 동정을 표한다.

미감리회 선교사이자 배재학당의 학장이었던 벙커(Dalziel A. Bunker)의 보고서에서 선교사들이 바라본 한국 가정의 단면을 볼 수 있다.

> "비기독교 세계인 동양의 가족관계를 언급할 때에는 수평적 관계의 가족 형태라기보다는 수직적 관계의 가족 형태라고 말하는 편이 훨씬 낫다. 이 수직관계의 제일 아래에는 여자아이들이 있어서 가장 고통받으며 천대 속에 지낸다. 바로 위에는 어머니가 있고 조금 더 위에는 아들들이 있다. 그리고 확실히 맨 꼭대기에는 가장이 자리 잡고 있다."[203]

한국의 가정은 가장과 아들인 남성을 정점으로 하고, 어머니와 딸이 바닥에 있는 가부장적 구조였다. 여성들은 출생부터 환영받지 못하여, 가정에서뿐 아니라 사회적으로도 인정받지 못했다.

남감리회 선교사였던 무스(Jacob R. Moose, 무야곱)는 자전거로 한반도의 전역을 다니며 복음을 전한 것으로 유명한데, 그가 경험한 서민들의 삶을 담아낸 책 『1900, 조선에 살다(*Village Life in Korea*)』에는 여성들의 지위에 대한 언급이 나온다.

> 조선 여인은 남편의 동반자가 아니다. 저급한 품성을 지닌 존재로서, 자신의 왕이자 주인인 남편에게 항상 반말을 듣는 단지 하인일 뿐이고 극단적으로 말하면 노예다. 만약 그녀가 남편에게 존중을 받고 좋은 아내로 여겨지려면, 그녀는 그의 모든 명령에 복종해야 한다. …… 만약 그녀가 고생을 하고 노동을 해야 하는 것이 그녀의 전부라면, 그것도 그리 나쁘지만은 않을 것이다. 하지만 그들의 노동과 고생이 하찮게 여겨지는 가운데 그들의 희망을 영원히 짓밟는 것이 또 있다. 그것은 그녀가 이름

없는 존재-그렇다, 이름 없는 존재-라는 사실이다. …… 이 나라의 관습에 비춰보면 그녀는 단지 '그것' 일 뿐이고 그녀의 남편도 그녀를 그렇게 대한다.[204]

무스의 눈에 비친 한국 여인들은 남편과 대등한 위치에 있는 것이 아니라, '그것' 이라고 불릴 정도로 노예와 같은 삶을 살고 있었다. 모든 시냇가에는 옷을 방망이로 내려치며 세탁하는 여인들이 모여있었고, 다듬이질 소리는 밤새도록 이어졌다.[205] 모든 명령에는 복종해야 했고, 끊임없는 노동에 매여있었을 뿐 아니라 인격적인 존재로 여김을 받을 수도 없었다. 그것을 단적으로 보여주는 것이 그들에겐 이름이 없었다는 사실이다. 어린 딸에게는 일순이나 이순이, 이쁜이, -아들이 아니기에-섭섭이 등의 부르기 쉬운 이름이 있는 경우도 있었지만, 결혼을 하게 되면 그나마 주어졌던 이름도 사라진다. 결혼 이후에는 출신 고을 이름을 넣어 '아무개 댁' 으로 불리거나, 자녀의 이름을 넣어 '누구 엄마' 라고 불렸다.

캠벨이 보기에도 여성들은 한 사람의 인격으로 인정받지 못하는 존재였으며, 관습에 얽매이고 억눌린 이들이었다. 캠벨은 1915년 선교사 연합 소식지 *The Korea Mission Field*에 "한국 여성의 4가지 계층"을 기고했다.

한국에는 4가지의 뚜렷한 여성 계급이 나뉘어 있습니다. 양반이거나 궁중의 높은 지위를 가진 여성은 자신의 선택 또는 환경에 의해 배타적인 가치관을 가집니다. …… 그녀가 길거리를 걷는 것을 본 적이 없습니다.

만약 가세가 기울어 걸어야 하는 경우가 생긴다면, 밤에만 움직입니다. 오늘날과 같은 자유의 시대에도 많은 사람이 여전히 조상들의 관습을 따르고 있습니다.

중류층은 훨씬 더 많은 자유를 누리고 있으며, 장옷이라는 무릎까지 내려오는 녹색 비단 외투로 머리를 가리고 다니는 모습을 길거리에서 종종 볼 수 있습니다. 그러나 요즘에는 관습이 바뀌어서 보통 장옷을 걸치지 않습니다.

기녀들과 궁녀들은 상류층과 구별하기 위해 머리 가리는 것이 금지되어서 머리에 아무것도 걸치지 않습니다. 밝은색 우산을 들고 화려하게 차려입으며, 보통은 가능한 한 많은 관심을 끌기 위해 노력합니다.

무당들은 이 땅의 많은 제사를 주관함에도 불구하고 낮은 계급에 있습니다. 그들은 서양에서 온 사람들이 악마로 추정하는 것의 영향 아래 있으며, 귀신을 그들의 특별한 동료로 받아들입니다.

주로 동정심을 불러일으키는 계급은 시종들인데, 그들 대부분은 이전에 노비였습니다. 1895년에 노예제도를 금지하는 법이 제정되었음에도, 노예제는 아직 존재합니다.[206]

당시 여성들은 바깥 외출을 할 수 없었던 상류층(양반, 또는 궁중의 높은 지위를 가진 여성들), 비교적 자유롭게 다닐 수 있었던 중류층(기녀, 궁녀들 포함)과 무속인 계층, 그리고 여전히 존재하고 있었던 노비 계층이 있었다. 캠벨이 제시한 네 가지 계층은 사회의 실제 계층 구분이라기보다는, 당시 주변에서 흔히 볼 수 있었던 여성들을 네 가지 유형으로 나누어 본 것에 가깝다. 캠벨은 특히 가장 낮은 계층인 천민계층의 여성들에게 동정심을 표했다. 그리고 학당을 설립할 당시 초기 학생들은 이러한 낮은 계층의 어린이들이 대부분이었다. 캠벨은 사회 속에서 횡행하였던 노비제도, 집 안에 갇혀있거나 사회적으로 낮은 위치에 있는 여성들에 대한 안타까운 마음으로 이들을 대상으로 한 사역들을 펼쳐나갔다.

선교사 저다인(Joseph L. Gerdine, 전약슬)은 캠벨에 관한 흥미로운 이야기를 우리에게 전해준다.

> "캠벨 부인은 어떤 상황에서도 한결같았다. 나는 결혼 예식을 집례하러 '강부인 교회' 에 가야 했는데 늦게 도착했을 때를 기억한다. 신부가 혼인서약을 할 시간이 되었을 때, 나는 미리 그녀의 이름을 물어 놓지 않았다는 것을 황망하게 깨달았다. 사람들 앞에서 이름을 물었을 때 청중들 가운데 한 사람으로부터 다음과 같은 대답이 나왔다. '이름 없습네다.' 목사로서 내가 할 수 있었던 것은 마치 의식서에 있는 것처럼 '강부인이 신부에게 이름을 지어주시겠습니다' 라고 읽어 문제를 다른 데로 넘기는 것이었다. 그러자 강부인은 어떤 주저함이나 당황함의 기미도 보이지 않고, '그녀의 이름을 엘리자베스로 하노라' 라고 대답하였고, 식은 계속되었다."[207]

당시 여성들이 간혹 그렇듯, 결혼식의 주인공인 신부는 이름이 없었다. 캠벨은 결혼 예식 중간에 갑작스럽게 신부 이름을 지어주게 되었다. 그것도 사전에 논의 없이 주례자가 캠벨에게 이름을 지어주기를 요청하였을 때, 캠벨은 단 한 치의 망설임도 없이 "그녀의 이름을 엘리자

베스로 하노라"라고 당당하게 선포했다. 캠벨의 사역은 이름 없는 여성에게 이름을 부여하고, 새로운 삶으로 인도하는 것이었다.

사회에서 소외되고 억눌린 계층이었던 여성들에게 기독교의 복음이란 그들을 억압에서 해방하는 빛과도 같았다. 이름조차 없던 존재들이 온전하며 소중한 인격체임을 깨닫게 했고, 그들에게 이름을 찾아 주었다. 또 읽고 쓰는 배움의 터를 제공해 줌으로, 교육의 기회를 주었고 자아실현을 할 수 있는 발판을 마련해 주었다.[208]

3. 학당의 시작

캠벨이 자골로 옮겨가기 전, 남감리회의 첫 두 교회, 즉 고양읍교회와 서울 교회에 연관된 매일학교가 시작되었다. 매일학교들은 어린 남·여 학생들로 구성되었고, 학생들의 정기적인 출석이 이어졌다. 캠벨은 1898년 연회보고를 통해 다음과 같이 설명했다.

> "하지만 어려움에도 불구하고, 우리는 2개의 매일학교를 시작했습니다. 이 중 한 곳은 리드 박사 부인의 감독 아래 도시 건너편 선교부지 내[남송현]에 위치했습니다. 5월 1일, 세 명의 소녀와 두 명의 소년, 다섯 명의 어린 학생들이 학교로 모였습니다. 이들을 가르칠 훈련된 장로교 여성 선교사도 구했습니다. 물론 장로교 선교부의 동의를 받고 고용한 것이지요. 개교한 지 몇 달 동안 10명의 학생이 등록했고, 하루 평균 6명이 출석했습니다. 이 아이 중 네 명은 교인들의 자녀입니다."[209]

▲ 남감리회 제2회 연회. 왼쪽부터 하디 가족, 윌슨 감독, 콜리어 가족, 리드 가족, 윤치호 가족(마슈전)

남송현의 매일학교는 캠벨이 시작했지만, 자골로 옮겨가면서 리드 부인의 감독하에 맡겨졌다. 이 학교는 '남산 매일학교' 또는 '서울 매일학교'의 이름으로 불렸다. 처음 세 명의 소녀와 두 명의 소년으로 시작했던 이 학교는, 캠벨이 배화학당을 열면서 여학생들이 옮겨간 후 남학생들로 구성되어 운영되었다. 1899년 보고에 따르면 10명의 남학생이 출석하고 있었고, 주로 종의 신분이었던 가난한 아이들이었다. 하지만 리드 부인의 건강이 악화하여 1899년 4월 미국으로 돌아가게 되면서, 힌즈 선교사의 손에 맡겨졌으나 힌즈 선교사 역시 송도로 옮겨가게 되면서 명맥만 유지하였다. 이후 교회를 수구문으로 옮긴 후에 다시 학교의 모습을 되찾아, 광희문 여학교의 전신으로 발전했다.[210]

또 하나의 매일학교는 고양읍에 위치했다. 캠벨은 이 학교에 대하여 다음과 같이 말했다.

“두 번째 매일학교는 서울에서 12마일 떨어진 고양에 위치합니다. 이 학교에는 12명의 학생이 재학 중인데, 장마철의 폭우와 무더위로 인해 제가 이 학교를 방문하지 못하고 있기에 평균 인원만을 보고합니다. 교사는 우리 토착 기독교인 여성으로, 최선을 다하고 있으나 기독교 교육을 받아본 적이 없습니다. 우리가 고양을 방문했을 때 모든 반 학생들이 교회 예배에 참석하고 있었습니다.”[211]

이 학교는 12명의 학생이 명부에 올라가 있었지만, 남감리회 선교본부와의 거리가 멀어 캠벨이 자주 방문할 수가 없었다. 기독교 신앙을 가진 한국인 여성 교사가 채용되어 최선을 다해 가르치고 있었고, 캠벨이 고양을 방문했을 때 밝은 얼굴의 학생들을 볼 수 있었다. 그러나 이 학교와 관련하여 이어지는 보고서를 발견할 수 없는 것은, 고양의 매일학교의 위치적 특성으로 인해 더는 관리하기 어려워진 것으로 보인다. 그리고 캠벨은 배화학당이 시작되면서 그와 관련된 사역들에 집중할 수밖에 없었다.

캐롤라이나 학당, 배화학당의 시작에 관하여 캠벨은 다음과 같이 보고했다.

“지나가기 어려운 순간도 있었고, 때로는 우리가 무모하게 ‘천사들조차 발을 디디기 두려워하는 곳으로 돌진’ 한 것이 아닐까 주저한 적도 있었지만, 하늘 아버지의 손길이 끊임없이 우리를 이끌어 앞으로 나아갈 용기를 주었습니다.

이곳 서울에서 사역을 시작하는데 고려해야 할 많은 질문이 있었습니다. 주님이 우리를 신실하게 인도하셨으며, 우리는 많은 기도 끝에 여학생들을 위한 기숙학교를 여는 것이 바른길이라고 느꼈습니다. 15만 명의 주민이 사는 도시에는 여학생들을 위한 기독교 학교가 두 곳밖에 없었는데, 이 학교들에는 각각 40명 정도의 학생이 있었습니다. 이것은 우리의 기회처럼 보였습니다. 매주 우리 학교에 어린 딸을 보내고자 하는 사람들이 찾아오는 데다, 본국 선교본부의 동역자들은 우리의 사역에 대하여 기대하기 시작했으며, 그들은 때때로 우리에게 학교를 운영할 수 있는 수단들을 보내주었기 때문입니다. 처음 학교에 들어온 어린이들은 우리 교회 성도들의 자녀들이었고, 그 후 교회 신도의 친척들도 들어왔습니다."[212]

당시 서울 안에는 여학생들을 위한 학교인 이화여학교와 정신여학교가 운영되고 있었지만, 수용할 수 있는 인원의 제한이 있었다. 그리고 이화 여학교는 정동에, 정신여학교는 연지동에 위치하였기에 서울의 서북쪽 지역에는 여학교가 부재했다. 많은 고려와 기도 끝에 캠벨은 여학생들을 위한 새로운 기숙학교의 시작을 결정했다.

"1898년 10월 서울에 있는 기숙학교가 6명의 학생으로 개교하여, 같은 해에 20명으로 늘어났습니다. 우리 학교가 '캐롤라이나학당' 이라는 이름을 갖게 된 것은 그해 여선교부의 연례회의 때였습니다."[213]

1898년 10월 2일, 캠벨의 감독하에 새롭게 문을 열게 된 학교는 첫 해를 지나면서 3배 이상 인원이 증가했다.[214] 이 기숙학교는 후에 '배화학당'이라고 불리게 되었는데, '배화'라는 이름은 1903년 12월 학부로부터 정식 인가를 받을 때 '꽃을 기른다'라는 뜻으로 윤치호가 지어 준 이름이다. 선교사들은 주로 '캐롤라이나학당'으로 부르고, 한국인들은 '자골학당'이라고도 불렀다.[215] '캐롤라이나'의 이름에 관하여는 캠벨이 언급하였듯, 1898년 여선교부 연회보고서에서 그 유래를 찾을 수 있다.

> "한국을 위한 어린이들의 특별헌금은 4,427.05달러입니다. 이 금액 중 남부 캐롤라이나가 가장 많은 금액을 모금하였고, 남부 조지아가 그다음입니다. 6월 분기에 이 기금에 봉헌된 금액을 합산하여 그 수치가 변경되지 않는 한, 남부 캐롤라이나주는 우리 한국 선교본부에 이름을 붙일 것입니다."[216]

다른 자료에 따르면 이 어린이들은 선교사 자녀들이었고, 연회를 통하여 이름도 생소한 '한국'이라는 나라의 선교를 위해 함께 헌금했다. 이를 기리기 위하여 '캐롤라이나학당'이라는 이름이 지어진 것이다. 이러한 기도와 물질 후원으로 배화학당은 점차 발전해 나갔고, 등록 학생 수 역시 차츰차츰 늘어났다. 배화학당은 처음에 6명으로 시작했지만, 1901년에는 38명, 1904년에는 50명으로 점차 늘어나는 추이를 보인다.[217]

그러나 처음부터 모든 것이 순탄하지만은 않았다. 캠벨은 설립 초기의 학교 상황을 다음과 같이 설명했다.

> "21명의 학생이 채워지게 되는 데는 시간이 얼마 걸리지 않았습니다. 하지만, 이 학생들은 자신의 부모님이 하인 노릇을 하던 집에 더는 있고 싶지 않았던 낮은 계층의 아이들뿐이었습니다. 우리 학교의 첫 번째 학생은 리드 박사 사택 관리인의 딸이었는데, 그녀는 후에 우리 선교지의 여성 중 가장 지적인 전도부인이 되었습니다. …… 한국 여성들은 물론 기독교 학교에 대해 편견과 꺼리는 마음을 갖지만, 낮은 계급의 여성들이 교육을 받고 곧 지적으로 매우 뛰어난 여성들이 되는 것을 보게 됩니다. 이 때문에 그들은 차츰차츰 학교에 입학하여, 낮은 계급의 소녀들과 나란히 앉아 공부하기를 결정합니다."[218]

특히 처음 배화학당을 채워나갔던 학생들은 부모가 하인이거나, 혹은 각자 사정으로 집에 있길 원하지 않는 낮은 신분의 아이들이었다. 당시 여성에 대해 폐쇄적인 사회에서 여학생들을 모집하는 것은 결코 쉬운 일이 아니었다. 전통적으로 학문이란 양반 자제나 하는 것이고, 여성은 그저 가정의 부속물로 여겼던 시대이기 때문이다. 게다가 특권 계층의 부모들은 낮은 계층의 아이들과 함께 자녀를 공부시키기 원하지 않았기 때문에 처음에는 편견으로 주저하는 모습을 보였다. 하지만 '겉보기에는 종으로 보이는 이 낮은 계층의 소녀들이 곧 지적으로 뛰어나게 되는 것'을 보게 된 특권 계층의 부모들은 차츰 배화학당에 자녀를 보내게 되었다.

4. 학당의 처음 풍경

배화학당의 처음 학생은 앞서 언급된 바 있듯이 리드 박사의 사택에서 관리 일을 하던 이의 딸이었고, 이름은 '박수씨' 였다. 그리고 김간난이라는 여학생과 남학생 유경상, 장용남, 김홍준 등이 있었다. 학당의 초기에는 완전한 형태의 근대적 학교의 모습을 찾아볼 수 없었다. 오히려 낮은 계층이거나 오갈 데 없는 어린아이들을 받아들여 입히고 재워주며 가르치는 형태였다. 이러한 당시 상황을 『배화 육십년사』에는 초기 사감이었던 조애리나의 기록을 참고하여 다음과 같이 기록했다.

> "초창기 당시에 사감(舍監)으로 학생들의 생활을 일절 감독해 주던 조(趙)애리나 여사(女史)의 회고담에 의하면 그때 나이가 제일 많다는 학생이 열두 살짜리 한 명과 아홉 살짜리 두 명이 있었는데 이 학생들이 방장(房長)이었다는 것이다. 이렇다 보니 그 아래로는 여덟 살, 일곱 살, 여섯 살짜리 들이어서 오좀과 똥도 제대로 가리지 못하였다. 정규적으로 캠벨 당장과 조애리나 사감이 아침 다섯 시에 한 차례 학생 방을 돌아보고 저녁 열 시에 돌아보면 요에 오좀을 싼 아이 또는 똥을 싼 아이들이란 말로 할 수 없는 고생이었다는 것이다. 나이 어린 학생들의 오좀, 똥을 가려주어 가면서 열 칠, 팔 세가 되도록 기르고 교육한다는 일은 고아원(孤兒院)이 아니고 학교에서는 볼 수 없는 그때의 실정이었다."[219]

당시 배화학당에서 제일 나이가 많은 학생은 12세, 9세였고 그 아

이름	성별	입학 시 나이	이름	성별	입학 시 나이
박수씨	여	15세	김옥봉	여	-
김간난이	여	7세	황노라	여	12세
임늘리언	여	12세	강복동	여	-
배길순	여	7세	김입아	여	-
정완기	여	8세	윤너러	여	-
황귀동	여	7세	윤헬렌	여	-
김음전	여	11세	유경상	남	12세
김옥린	여	-	장용남	남	-
정마리아	여	15세	김홍준	남	-
이순성	여	11세			

▲ 초창기의 배화학당 학생들[220]
(※ 남학생은 후에 배재학당으로 전학하였음)

래로는 6~8세여서, 근대적인 교육뿐 아니라 양육까지도 책임져야 하는 실정이었다. 어린 학생들의 대소변까지도 가려주며 살아가는 모습은 보육원을 방불케 했다. 기록에 따르면 학생들의 보건을 위하여 취침 시간과 기상 시간을 일정하게 관리하고, 매주 토요일에 사감 조애리나와 캠벨이 학생들을 목욕시켰다고 한다. 이 시기에 캠벨이 본국으로 보낸 한 편지에는 "제게는 열 명의 학생이 있지만, 그들은 열 명을 더하는 것 같은 관심을 요구합니다"라고 적기도 하였다.[221] 많은 일과 분주함으로 채워진 나날이었지만, 그 속에 학생들이 조금씩 성장하고 있었다.

배화학당을 시작한 시기는 캠벨의 언어가 아직 능숙하지 않았었기에 한국어보다는 영어와 몸짓으로 교육하는 경우가 많았다. 『배화육십년사』는 다음과 같이 전해준다.

"캠벨 女史가 한국에 온 지 11개월(個月) 27일 만에 배화학당을 시작하였다. 어학(語學)이 부족하여 교수할 때에 한국말로 하지 못하고 영어로 교수하였다. 그때 캠벨 女史를 도와 일한 분들 가운데 중국에서 데리고 온 수양녀 여(余)또라 양이 한국말을 쉽게 배웠고 윤치호 박사의 夫人 마(馬)노라 女史가 한국말을 잘하므로 창설 초기에 학당 운영과 교수에 있어서 이분들의 협조를 받았던 것이다.

캠벨 女史는 성경 시간과 영어 시간에 말보다도 손짓, 몸짓으로 또는 실물(實物)을 교탁 위에 놓으며 갖은 수고(受苦)로 교수하였다."[222]

학생들에게 가르치기 위해 눈을 크게 뜨고 손과 발을 이리저리 움직이는 푸른 눈의 선생님을 상상해본다. 중국에서 그림 자료를 활용하였듯이 한국에서도 그림 자료와 실물 자료들을 활용하였으리라. 또는 석판 위에 석필로 그림을 그려 나가며 설명하는 모습도 있었을 것이다. 그리고 초반에는 교과서가 없었기에, "창의적인 천재성"을 지닌 선교사는 장비 없이 지식을 전달할 수 있는 방법과 수단을 고안해내야 했다. 학습 내용을 칠판에 붙이고, 아이마다 한 부씩 종이에 받아적어서 책을 만들어가기도 했다.[223]

『배화 육십년사』는 학생들이 시험을 볼 때 외부의 객원 교사를 청하여 확인을 받았다고 한다. 내외법이 엄수되던 시기인지라, 학생과 교사 사이에 병풍을 쳐서 얼굴이 보이지 않게 하여 배운 것을 외우게 하였다. 또 다른 기록 속에서 배화학당의 학생들이 한문 고전 시험을 보던 장면을 발견할 수 있다.

"현명하고 점잖아 보이는 한 무리의 학자들이 모여들었고, 다양한 계급들이 차례대로 가서 고관들로부터 그들을 가리는 병풍 뒤의 바닥에 앉았습니다. 그들은 하얀 린넨이나 비단 도포를 입고, 집이나 교회에서 항상 착용하는 높은 관에 좁은 테두리를 가진 아름다운 질감의 검은 모자[갓]를 쓰고 있었습니다. 각각의 학생들은 한자를 페이지마다 암송하며 잘 훈련된 기억력을 보여주었습니다."[224]

병풍을 쳐서 그 뒤에 앉아 있는 시험 감독과 병풍 앞에 선 학생들, 이는 시험 때 쉽게 찾아볼 수 있는 모습이었다. 캠벨은 한국의 내외법을 존중했을 뿐 아니라, 엄수하였다. 중국에서부터 이어온, 현지 문화를 존중하는 모습은 학당 학생들의 회고에도 등장한다.

학당의 대문간채에 거처하던 남자 학생을 한때는 학당의 울 안에 깊숙이 있는 초가로 옮겨둔 적이 있었다. 그 앞에는 우물이 있었다. 하루는 노라라는 여학생이 빨래하러 그 우물에 들어갔다 왔는데 캠벨 당장[교장]이 부른다고 해서 갔더니 막대기를 앞에 놓고 노라는 매를 맞을 일이 있다고 하면서 내 허락도 없이 왜 남자 학생이 있는 곳에 갔었느냐? 하여 두 손바닥을 내어놓으라 하고 막대기로 매를 맞은 일이 있었다.
캠벨 당장은 한국인 이상으로 한국의 내외법을 엄수했고 여름에도 꼭 버선을 신고 있어야 했고 벗은 발로 그 앞에 오지 못하게 하였다.[225]

남학생들의 거처 앞에 있던 우물에 다녀온 학생은 캠벨에게 엄한 훈육을 받았다. 캠벨은 선교지 한국의 문화를 존중하여, 함부로 무시하거나 낮춰보는 경우가 없었다. 여름에도 버선을 벗지 못하게 할 정도로 예의범절 또한 철저하게 지켰다. 중국에서도 급진적이기보다는 문화에 동화되어 자연스럽게 복음을 전하는 모습을 보였듯, 한국에서도 마찬가지로 그들의 삶 한복판에 들어가 함께 살아가며 복음을 전했다.

캠벨은 발전해갈 학생들의 미래를 꿈꾸며 배화학당의 첫해를 다음과 같이 묘사했다.

> "물론 우리는 언어의 한계 때문에 우리 사역에 방해를 받았습니다. 하지만 동시에 우리가 매일 언어를 의무적으로 사용하고 있기에 훨씬 더 빨리 발전하리라 생각합니다. 그리고 그동안에 어린이들은 그들의 일상에서 청결함과 체계를 배우고, 바느질과 집안일에 관한 매일의 수업을 들으며 많은 방향으로 발전할 것입니다. 그들은 매일 아침과 저녁 예배를 통해 기도와 찬양을 하고, 성경 배우는 시간을 갖습니다. 이번 해는 그들에게 큰 배움의 시간이 되었습니다. 그들이 자신의 집에서 배워온 것들과 비교한다면, 올해의 배움은 그들 앞으로 삶의 전체 흐름을 변화시키는 기원이 되리라 생각합니다."[226]

캠벨은 부족한 언어와 배움 초반에 일어나는 무지함을 탓하거나 불평하지 않고, 오히려 이 시간을 거쳐 발전하게 될 미래를 꿈꾸었다. 그리고 자신이 하는 일이 학생들의 삶에 있어 어떤 의미인지를 바라보고 있었다. 캠벨은 이 교육이 학생들의 삶의 흐름을 변화시키는 큰 계기가 될 것이며, 매일의 작은 배움이 있는 일상은 매우 중요한 변화의 중심에 있게 될 것이라 믿었다. 그렇기에 분주하고 고된 일상일지라도 그 시간은 캠벨 자신과 학생들에게 중요한 시간임이 분명했다.

5. 이웃집 외국인

캠벨은 억압된 환경 속에서 살아가는 한국 여성들을 애정 어린 눈으로 바라보며, 이들의 독특한 '온유함'에 대하여 언급했다.

> "한국 여성들의 두드러진 특징 중 하나는 '온유함'입니다. 이들에게는 다른 사람들에게 영향을 미치는, 매우 독특한 힘과 결합된 부드러움이 있습니다. 그러나 한국적인 기질의 온유함은 복종에서 생겨납니다. 그래서 지금 제가 보기에, 자기 자신이나 남을 위해 무언가를 성취하기는 어렵습니다."[227]

캠벨은 한국 여성들의 부드러운 성품에 대하여 긍정적으로 평가하고 있지만, 그것이 억압과 복종으로 탄생한 것이기에 관습은 여성들이 적극적으로 활동하지 못하게 한다고 생각했다. 캠벨은 집 바깥에 나설 수 없는 여성들이 그 굴레를 깨고 나와, 한 인격으로 존중받으며 교육받길 원했다. 그러기 위해서는 그들을 만나 관계를 열어가는 것이 가장 우선이었다. 처음에는 캠벨에게

▲ 쓰개치마를 쓴 여성

로 나아오는 여성들과 조금씩 가까워지며 소통했고, 언어를 습득한 이후에는 전도부인들과 함께하는 가정방문을 통해 친분을 맺었다.

캠벨과 도라 유가 남송현에서 처음 분주한 적응기를 보내고 있을 때, 이들을 방문하는 여성들이 있었다. 상류층 여성들의 경우에는 낮에 활동할 수 없었기에 주로 밤에 방문하는 경우가 많았다.

> "캠벨과 도라 유는 첫해를 매우 바쁘게 보냈다. 그들은 느리지만 확실하게 사람들과 친분을 쌓았고, 한국어를 열심히 공부했으며, 기독교를 가장 잘 가르치는 방법을 배우기 위해 모든 기회를 이용했다. 많은 경우 그들은 밤 12시나 1시에 침대에서 일어나 방문객들을 맞이하기 위해 옷을 입어야 했다. 그 시절의 상류층 여성들은 낮에는 집에 머물러야 하고, 밤이 되면 가마를 타고 친구들을 방문할 수 있었다. 그들은 외국인 여성들에 대해 매우 궁금해했고, 그들이 왔을 때 이들의 옷과 머리핀과 시계를 만져보기를 원했다. 그리고 그들이 볼 때—한국인들에게는 침대가 없다— 웃기는 작은 침대에 누워보고자 했으며, 외국인 여성들이 먹는 괴상한 음식을 맛보고자 했다."[228]

캠벨이 찾아가기 이전에, 외국인 여성에 대한 호기심을 가진 여성들이 먼저 찾아왔다. 그들은 캠벨의 숙소를 방문하여 이 외국인과 관련된 모든 것에 관심을 보였다. 또 다른 선교사의 글에 따르면 "선교사들은 가끔 호기심 많은 사람의 끊임없는 조사를 견뎌야 하는 동물원의 동물들에게 공감할 수 있다고 농담조로 말"할 정도로, 끊임없는 방문은 적지 않은 시련이었다.[229] 그러나 캠벨은 이들의 관심을 기쁘게 받아들여, 천천히 이들과 친구가 되어 갔다.

새로 옮겨가게 된 자골선교부의 경우 이전보다 더 높은 계층의 사람들에게도 접근하기 좋은 입지조건이 되어, 모든 계층의 여성들을 만날 수 있었다. 캠벨은 이곳에서도 한국인 여성들의 잦은 방문을 받았다. 그들 대부분은 학부모거나 이웃에 거주하는 여성들이었는데, 캠벨이 운영하는 기숙학교와 기도회에 관심을 보였다.

> "오늘 아침에 제가 '김치' 항아리 옆에 서 있을 때, 이 온유한 작은 여인 중 한 명이 저를 맞이했습니다. 뒤쪽에서 'Puin, pyung an ha-si-o?(부인, 평안하시오?)' 라고 인사하는 목소리를 들었습니다. 한 학생의 어머니가 막 대문에 들어서서, 머리와 어깨에 걸쳐진 긴 녹색 비단옷[장옷]을 내리고 있었지요. …… 들어와서 살펴보시라고 했지만, 그녀는 주저하며 문 앞에 있는 선생님[남자]의 신발을 가리키며 '그가 가면 그렇게 할게요' 라고 속삭였습니다.
>
> 오후 3시에 한 반의 소녀들이 제 주위에 둘러앉아 '열 처녀의 비유' 를 공부하고 있을 때, 그녀는 들어와서 학생들의 나이를 물었지요. 그녀는 학생들이 겨우 8~9세였는데도 전체를 읽고 암기하는 모습에 놀라워했습니다. 그리고 우리의 성경, 학교, 사역에 관하여 많은 질문을 하면서 학생들의 말에 귀를 기울였습니다."[230]

어린 학생들이 교육을 통하여 성장해 나가는 모습은 그들의 눈에 놀랍게 보였다. 학생들의 배우는 모습을 보기 위해 오는 사람들뿐 아니라 매일 아침기도회에 참석하는 사람들, 일요일 모임에 예쁜 비단옷을 입고 참석하는 사람들의 행렬이 자골선교부 안에 이어졌다. 모두 이웃집에 살게 된 외국인에게 관심을 보였고, 그 외국인이 열린 마음으로 환영하며 그들을 맞이해주었을 때 그들은 마음을 열어 다가왔다. 이어지는 글은 캠벨의 편지 내용이다.

> "우리의 모든 이웃은 친절하고 다정해서, 종종 우리에게 과일과 떡, 그리고 우리가 좋아할 만한 것들을 보내줍니다. 물론 우리는 그들이 아플 때, 약을 한 첩 보내줌으로 보답합니다. 그들은 이제 키니네[말라리아약]와 파레골릭[진통제]의 장점을 알기 때문에, 매우 고마워하며 받습니다. 우리 선교부는 외국인 거주지들과 상당히 멀리 떨어져 있습니다. 한국인들 가운데에서 일할 수 있게 되어, 또 우리가 그들을 진정한 이웃으로 맞이하게 되어 기쁩니다."[231]

선교본부의 일과 별도로 캠벨은 사비를 들여 작은 시약소를 열었는데, 시약소에서 다루는 약들을 아픈 이웃들에게 제공하였다. 이 신기한 외국인 여성에게 애정을 담은 음식들을 보낸 따뜻한 이웃들을 위하여, 캠벨은 보답의 차원으로 귀한 약을 보내며 교제를 나누었다. 자골로 여선교부를 이동해 온 이유도 거기에 있었다. 익숙하고 편한 문화와 사람들 사이에 안주하는 것보다는, 복음이 필요한 사람들의 삶 한복판으로 들어가 그들의 '진정한 이웃'이 되는 것이 캠벨이 바라는 바였다. '성육신'은 우리의 삶 한복판에 복음이 파고드는 것이다. 우리의 삶이 복음과 무관하지 않으며, 복음이 우리의 삶을 헤아리고 어루만진다는 의미다. 복음이 우리에게 그렇게 찾아온 것처럼, 캠벨도 한국 여성들의 삶 한가운데로 찾아 들어갔다.

자골선교부의 모습에 대하여 남감리회 선교사였던 저다인은 다음과 같이 언급한 바 있다.

> "캠벨 부인, 혹은 그녀와 사역하는 사람들을 통해서 기독교를 처음으로 알게 된 여성과 어린아이들이 서울의 서북지역에 얼마나 되는지 헤아리는 것은 불가능할 것이다. 그녀의 집과 학교는 서울에서 가장 인구 밀도가 높은 곳 중 한 곳에 자리 잡고 있었다. 낡은 대문은 들어오고자 하는 사람들이 언제나 올 수 있도록 활짝 열려있었으며, 전도부인 루이스, 미리암, 그리고 다른 전도부인들은 비록 늙고 배우지는 못하였지만 찾아온 사람들에게 자신들이 만난 구세주에 대하여 서둘러 이야기하였다."[232]

캠벨이 지휘하는 여선교부의 낡은 대문은 늘 활짝 열려있었다. 자골선교부는 '언제든 누구든지 찾아갈 수 있는 곳' 이었다. 낮은 계층, 높은 계층의 구분 없이 누구나 들어올 수 있었고 그 누구에게든 '복된 소식', 복음 이야기가 나누어졌다. 본국으로 보낸 캠벨의 편지에서 이들을 향한 간절한 마음을 엿볼 수 있다.

> "오, 주님께서 우리의 부르짖음을 들으실 때까지, 우리가 그들의 영혼을 갈망하게 하소서! 성령은 오직 기도를 통해서만 그의 일을 하십니다. 기도하고, 기도하고, 기도하십시오!"[233]

VI. 한국 선교 – 발전

1898~1905

VI. 한국 선교 - 발전(1898~1905)

1. 배화학당의 발전

캠벨의 1901년 보고는 다음과 같이 시작한다.

"우리는 우리 선조들이 어떻게 그들의 맏배들과 수확의 첫 열매들, 그리고 흠과 결점이 없는 예물을 주님께 바쳐왔는지 성서에서 읽습니다. 우리 역시 한 해의 사역에서 그러한 선물들만을 골라 보고하며 우리 하나님의 영광을 찬양할 것입니다. 그러나 무엇이 남길만한 것이고, 무엇이 적합하지 않은 것인지를 구분하여 결정하시는 분은 오직 하나님이십니다. 우리가 그분의 것이니만큼, 언제나 우리의 일이 아닌 그분의 일을 하고 있다는 것을 기억했고, 그분의 뜻에

▲ 배화학당의 초기 모습

더 가까워지려 했습니다."[234]

여선교부 본부의 일과 배화학당에 관련한 일들이 산재해 있는 일상이었지만, 캠벨은 그 속에서 일의 성과와 성공의 여부보다 더 중요한 것이 있다고 생각했다. 그것은 바로 자신이 '하나님께 속한' 존재라는 것이다. 행위보다 중요한 건 존재 그 자체다. 캠벨은 자신의 존재가 어디에 속해 있고, 어떠한 일을 위하여 선교지에 와 있는지를 잊지 않았다. 따라서 그 행보들은 존재에 근거한, 다시 말해 하나님의 뜻에 부합해 가는 일들이었다. '사랑받는 존재'가 되지 않고는, '사랑하는 행동'을 할 수 없다. 캠벨이 많은 사람에게 사랑을 부어줄 수 있었던 건, 하나님의 사랑에 뿌리내린 삶이었기 때문이다.

배화학당은 나날이 발전하고 있었다. 캠벨과 도라 유의 번역작업으로, 처음에는 한문과 한글밖에 배울 수 없었던 배화학당의 교과과정도 변화를 맞이했다. 캠벨과 도라 유는 1901년에 생물학 과정을 한국어로 번역했고, 1902년에는 지리학 교과서를 번역했다. 여러 가지 번역이 완료되어서, 1903년에는 교과과정에 성경, 교리문답, 한자, 산수, 지리, 생물학, 영어, 한국 고전, 작문, 그리고 산업 등이 포함되었다. 이 중에는 생계와 직접적으로 연관되는 산업들이 포함되었고, 몇몇 사람에게는 캠벨과 도라 유의 지도로 의술도 배우는 기회가 있었다. 다음은 캠벨의 보고내용이다.

"4시부터 6시까지 있는 도라 유의 산업 수업에서, 그녀는 무릎을 꿇은 채로 그들을 가르치기도 하는데, 코바늘 뜨개질과 자수, 그리고 각종 손으로 하는 일을 가르치고 있습니다. 우리는 그것이 몇 년간 학생들의 생계에 도움이 되기를 바랍니다. 저는 저의 학생 중 두 명을 수업의 조수로 만들어 다른 이들을 가르칠 수 있도록 기초부터 지도하고 있습니다. 두 명의 학생은 도라 유의 감독하에 아픈 이들의 간호를 맡게 되었고, 세 번의 심각한 병이 발생했을 때, 그들은 자신들의 재능을 증명할 수 있었습니다. 그들은 온도 재는 법과 호흡법, 세밀하게 지도하는 법을 배웠습니다. 바꾸어 말하면, 우리 병원이 완공된다면, 우리 학교에서 일부 간호사를 공급할 수 있길 바랍니다."[235]

캠벨은 특히 가난에 시달리고 있는 한국 여성들을 위해 생계에 도움이 되는 산업들을 교육과정에 넣었다. 도라 유는 자수와 레이스 공예, 뜨개질 등을 가르쳤는데, 레이스 공예의 경우 수업이 빠른 속도로 진행되었지만, 자수 수업의 경우 기술을 배우는 데 많은 시간이 들곤 했다. 도라 유가 자란 양쯔강 하류 지역의 소녀들은 어린 시절부터 레이스, 자수와 다른 예술품들을 만드는 것을 배웠다. 그래서 도라 유의 지도로 학생들이 제작한 작품들은 상품 가치 또한 높았다.[236]

그뿐 아니라, 쑤저우 여성병원의 첫 졸업생인 '의사' 도라 유가 두 명의 학생을 맡아, 의술을 가르쳐서 이들로 하여금 환자들을 다루도록 했다. 초기에는 단조로운 교육이었지만 시간이 지날수록 교과과정도 다양해졌고, 전문적인 소양을 갖춘 학생들을 배출해낼 수 있었다.

그리고 캠벨은 교육을 통해 성경을 더 지성적으로 아는 여성들을 배출하기를 원했다. 이러한 과정을 통해 기독교 가정을 만들어가고, 기독교 신앙을 지닌 여성이자 사역자로서 활약하기를 원했다. 배화학당의 교육과정은 이러한 캠벨의 비전에 따라 진행되었다. 학생 중 믿는 사람들이 늘어났고, 열정적으로 전도하는 학생들도 생겨났다. 캠벨의 바람대로, 학당을 떠난 학생들은 결혼하여 기독교 가정을 꾸려가거나, 선교 현장에 투입되어 사역자가 되기도 했다. 캠벨의 연회보고에는 이러한 사례들이 보고되어 있다.

> "나이 많은 학생들이 있는 학급에서 한 명씩 한 명씩 학교를 떠나고 있습니다. 우리는 그들이 기독교인 가정을 세우거나, 정규적인 사역에 동참하기를 바랍니다. 한 명은 곧 결혼할 예정이고, 한 명은 원산의 루씨여학교(Lucy Cunningham School)를 돕기 위해 떠납니다. 그리고 다른 한 명은 캐롤라이나 학당에서 정규 수업을 가르칩니다."[237]

배화학당은 이처럼 사역을 함께 할 수 있는 교육자를 길러내는 질적 성장을 이루고 있었다. 배화학당을 졸업한 학생들 일부는 기독교인 가정을 세우거나, 또는 교사가 되어 남감리회 학교들을 도왔다. 원산의 루씨여학교로 떠난 학생은, 캠벨에게 "하나님의 뜻이 이루어지기를 원하니, 그가 원산으로 저를 부르신다면 저는 기꺼이 가겠습니다"라고 대답했다. 이 학생의 이야기는 노울즈 선교사의 보고에 이어진다.

> "이쁜이(Nannie Winsett)는 캠벨의 학교에서 우리에게 보내준 소녀이며, 우리에게 가장 큰 도움이 되고 있습니다. 그녀는 공부를 계속하면서 어

린아이들의 수업을 도왔고, 바느질도 가르쳤습니다. 무엇보다도 그녀는 성실한 기독교인으로서, 일상생활에서 하나님을 경외하는 법을 가르쳤습니다. 저는 아이들이 그녀를 보면서 더 나은 삶을 살도록 영감을 받았다고 확신합니다. 우리는 전도부인으로서 이 젊은 여성에게 큰 기대를 걸고 있습니다. 물론 지금도 그녀는 어리지만, 그녀가 여성들을 가르칠 때 성령의 권능이 그녀에게 임하는 것 같습니다. 그녀는 자신조차 잊을 정도로, 주변의 구원받지 못한 영혼들에 대한 열정만을 가지고 있습니다."[238]

루씨여학교를 돕기 위해 파송된 '이쁜이'라는 이름의 여학생은 배화학당에서 양육된 여성이었다. 그녀는 학교 수업에도 큰 도움을 주었을 뿐 아니라, 삶 속에서 성숙한 그리스도인으로서의 면모도 발휘했다. 자신이 "살과 피로 만들어진 것을 잊은 것"처럼 보였던 캠벨처럼, 이 여학생 역시 "자신조차 잊을 정도로" 열정적인 모습을 보였다. 기숙학교였던 배화학당에서 자연스럽게 캠벨과 교사들을 통해 성실한 그리스도인의 삶이 전수된 것이다.

1902년 서울 지역에 새롭게 파송된 하운셀(C. G. Hounshell, 한운설) 목사는 배화학당 학생들을 중심으로 모인 한 크리스마스 전야 예배의 풍경을 보여준다.

"이곳에 온 후, 캠벨 여사의 학교와 붙어 있는 현지인 교회 성탄 전야 예배만큼 기쁜 일은 없었습니다. 학생들이 회중의 대부분을 차지했습니다. 그들이 난생처음 보는 크리스마스트리 주위에 모여 그 아름다움을

> 바라보는 장면은 재미있고 신선했습니다. 오, 그들은 매우 행복했습니다! …… 이 아이들은 깨끗하고 단정한 옷차림을 하고 있습니다. 그들 중 대다수는 귀여운 어린이들입니다. 이들은 홍조 띤 갈색 피부에, 눈동자와 머리칼은 검고 윤이 납니다. 오르간에 앉아있던 캠벨 여사 곁에 모여 행복한 목소리로 '기쁘다 구주 오셨네' 찬양을 부르는 모습은 제가 본 것 중 가장 행복한 장면이었습니다. …… 놀라운 기억력을 가진 36명의 학생은 함께 예수의 탄생과 관련된 성경 구절을 반복했습니다. 그들은 감사한 마음으로 선물을 받고, 천군들과 함께 찬양한 기분으로 집에 돌아왔습니다. '지극히 높은 곳에서는 하나님께 영광이요 땅에서는 하나님이 기뻐하신 사람들 중에 평화로다.' "[239]

어린 학생들은 거리의 다른 어린이들과 다르게 깨끗하고 단정한 모습을 하고 있었다. 학교의 설립자이며 교사였던 캠벨이 오르간을 연주하며 어린이들과 함께 찬양하는 모습을 하운셀 목사는 '행복한 장면'이라고 표현했다. 학생들은 저마다 기독교 교육의 영향 아래 성장해가고 있었다.

2. 건축 이야기

트루하트에 이어 남감리회 해외여선교부 총무가 된 콥(Mrs. J. B. Cobb & Alice Culler Cobb)은 자골선교부와 배화학당을 방문하여 그 모습을 다음과 같이 묘사했다.

"캠벨 여사의 집[선교부]과 학교는 도심 한가운데에 있으며 그 주변을 둘러싼 한국의 초가집들과 현저하게 대조를 이룹니다. 건물은 크지 않지만 몇 그루의 웅장한 나무들이 있습니다. 집으로 걸어가는 길은 활짝 핀 접시꽃으로 둘러싸여 있고, 현관 한쪽은 인동초 덩굴로 수놓아져 있는데, 지금은 달콤한 향기가 나는 꽃으로 뒤덮여 있습니다."240

서울은 쿱이 방문했을 당시 자동차와 자전거가 도입될 정도로 발전하기 시작하였지만, '그 외관과 관습이 여전히 한국적인' 모습을 유지하고 있었다. 선교부와 학당의 영내에 세워진 2층 벽돌 건물들은 주변의 초가집들과 대조를 이루는 외관이었다. 지금은 건물의 흔적이 남아 있지 않지만, 『배화 육십년사』의 기록을 통해 1915년 이전의 자골선교부와 배화학당의 대략적인 당시의 모습을 만날 수 있다.

학당의 배치도를 말하면 장흥교를 건너 개천을 끼고 북향하여 가다가 서향으로 돌아서면 학당의 정문 앞이 된다. 문에 들어서서 우측의 대문간채에 수위실과 남학생 방이 있고, 좌측의 문간채에는 전도부인이 들어있었다.

정문에서 바로 바라다보며 층대를 올라가서 캠벨 여사의 사택이 있고 층댓길 좌측 아래로는 루이스워커 기념관이 있었다. 캠벨 여사의 사택 우측에는 그때 돈 3,000불로 건축한 2층 벽돌집 강당이 있는데 아래층에는 학당 교사들이 거처하고 교사실이 있고 2층이 강당, 예배실이며 기념관을 짓기 전에 집회하던 곳이다.

강당에서 서향으로 우편에는 식당과 주방이 있고 식당에서 서남향으로

▲ 자골선교부 안에 있던 느티나무
▶ 자골선교부의 선교부 건물. 오른편으로 강당 및 기숙사 건물이 보인다.

쑥 들어가서 여러 채의 조그마한 초가들이 있었는데 이 초가가 여학생들이 거처하는 기숙사 방이었다. 그런데 식당의 양편에는 교실 방이 있어서 여기서 공부하였고, 기념관과 캠벨 여사의 사택 사이로 동향에 딸기밭이 있었다. 여학생들의 기숙사 방 앞의 남쪽에 우물이 있고, 느티나무가 있었다. 행사 때에는 이 느티나무 밑의 잔디 마당에서 집회하였던 것이다.[241]

입구 양쪽의 남학생 방과 수위실, 전도부인 숙소를 지나면 '캠벨 여사의 사택'이라고 불리는 남감리회 여선교부의 2층 벽돌 건물이 보인다. 사택을 중심으로 오른쪽에는 2층 강당 및 기숙사 건물(이후 교사 숙소), 왼쪽에는 붉은색 벽돌의 루이스워커 기념예배당이 있었고, 강당 뒤편에는 식당과 주방, 그리고 교실 건물이 있었으며, 이 건물의 안쪽에는 나중에 기숙사로 사용된 초가집들이 있었다. 이렇게 선교부 건물과

학교 건물이 세워지게 된 데에는, 두말할 것 없이 캠벨의 지도력과 추진력이 있었다.

배화학당이 세워진 후, 재학생은 점차 늘어났다. 문제는 수용할 수 있는 건물이었다. 처음 학당은 'ㄱ'자 모양의 큰 한국식 기와집이었지만 수용 인원의 한계에 도달했다. 캠벨은 인접한 몇 개의 가옥들을 새로 구입해 새로운 건물을 세울 계획을 세웠다. 당시 서울에는 서양식 건물을 지을 수 있을 만한 사람이 없었고, 선교사역을 하던 남성 선교사들은 그들 자신의 사역에 분주했기 때문에, 건축은 캠벨과 한 한국인 목수에게 맡겨졌다. 이 한국인 목수는 흙으로 된 초가집 외에는 어떤 건물도 지어본 적이 없었던 사람이었는데, 그가 2층 벽돌집을 만들어야 했다.[242] 캠벨은 이 건물에 대해 다음과 같이 말했다.

"이 건물과 건축에 얽힌 재미있는 사건들은 코미디 영화의 소재가 되기 딱 좋습니다. 궁궐의 망루가 학교 부지 바로 앞에 있었고, 미신에 현혹된 황제는 그의 제국에 일어나는 불행이 서양인들의 존재 때문이라고 생각하게 되었지요. 그는 이 2층짜리 건물이 하늘의 신을 화나게 하고 있다고 생각했습니다. 그리고 궁에서 시중을 드는 여인들은 때때로 찾아와서 2층 창문으로 밖을 내려다볼 수 있게 해달라고 요구했습니다. 그들의 목적은 누가 보아도 분명히 궁궐 안쪽을 들여다보는 것이었습니다."[243]

1900년에 봄에 한국식 집들을 허물고 만든 2층짜리의 벽돌 건물인 기숙사가 완공되었다. 서십자각의 바로 앞에 지어진 건물은 2층으

▲ 루이스워커 예배당

로 지어졌기에, 궁궐의 안쪽이 내려다보였다. 조선 시대는 음양오행론에 따라, 전 국토의 3분의 2를 차지하는 산지의 양기를 다스리기 위해 가옥은 단층으로 지어졌다. 단층 가옥들이 즐비해 있는 수도에 등장한 2층 건물은 많은 이의 주의를 끌었고, 캠벨이 기록한 것처럼 때론 호기심 많은 궁녀들이 찾아와 궁궐 안쪽을 볼 수 있게 해달라는 요청을 하기도 했다. 기숙사는 실제로 8×16(feet) 크기[약 3.6평]의 방 6개와 8×8(feet) 크기[약 1.8평]의 온돌방으로 만들어졌다. 1902년의 보고에 따르면 방 한 칸에는 일곱 명의 학생이 사용했고, 뜨거운 온돌방은 몸이 아픈 학생을 위해 쓰였다고 한다. 2층에는 강당으로 사용할 수 있는 공간이 있었으며, 예배당 건물이 지어지기 전까지 예배 장소가 되었다.

또 1900년 12월 31일에 남감리회 여선교부로 발송된 분기 보고서 속에 '캠벨 여사의 집' 사진이 수록된 것으로 보아, 비슷한 시기에 2층 벽돌 건물인 선교부 본부도 세워진 것으로 보인다. 1898년 연회보고서에서 캠벨이 "다른 건물이 우리에게 허락된다면, 선교사들을 위한 집(선교부 본부)을 마련하는 것이 가장 좋을 것입니다"라고 언급한 것처럼, 한옥 주택이 새로운 선교지에 적응하는 미국 선교사들에게 적합하지 않았기 때문이다. 이는 한국에 처음 들어와서 1년의 적응기와 어학연수 기간을 가져야 하는 여성 선교사들이 건강하게 지낼 수 있도록 지어진 본부 건물이었다.[244]

캠벨은 1901년 루이스워커 기념예배당을 건축하였는데 이는 2층짜리 벽돌 건물로, 1층과 2층 사이를 조선식 기와로 둘러 동서양의 건축미가 조화를 이룬 아름다운 건축물이었다. 그리고 1902년에 좁았던 식당을 넓혔으며, 1903년에는 식량을 저장할 수 있는 창고를 지었다.[245] 특히 2층 건물이었던 기숙사와 루이스워커 기념예배당의 건축은 종교교회와 자교교회의 모체가 되는 자골교회와 연결되어 있기에 중요한 의미가 있다.

3. 전도부인과 자골교회

한국의 여성 선교에 있어서 '전도부인'의 영향력은 매우 컸다. 이에 대하여 남감리회 선교사였던 왓슨(Alfred W. Wasson)은 다음과 같이 말했다.

> "한국인 여성들을 전도부인으로 고용하게 되면서, 선교적 영향력은 배가되었다. 이들은 집집마다 찾아다니면서 복음 이야기를 들려주었고,

복음서를 팔거나 소책자들을 나누어주기도 하였다. 그들은 선교사에게 매일 사역을 보고했고, 선교사가 사람들의 가정을 방문할 때 동행했다. 기독교 단체들이 시작된 곳에서는 전도부인들이 여성 신도들의 집을 찾아다니며 글자를 알려준 뒤 성경을 가르쳤다."[246]

자유롭게 문밖을 출입하지 못하는 한국의 여성들을 전도하는 데 있어, 전도부인은 가장 효율적인 방법이었다. 유급으로 고용된 전도부인들은 매일 여러 가정을 방문하며 복음을 전했다. 그리고 필요하다면 여성 신도들이 성경을 읽을 수 있도록 글자를 가르치기도 했다. 한글로 번역된 성경을 신도들이 읽을 수 있도록 교육하면서, 복음전파와 동시에 문맹률을 낮춰가는 효과도 있었다.

▲ 자골교회 교인들(1906년)

미국 남감리회 여선교부 소식지 〈Woman's Missionary Advocate〉에는 분기별로 한국의 선교 현황 보고서가 실려있다. 그중 캠벨이 보고하는 부분은 크게 두 개의 영역으로 나뉘었는데, 하나는 '배화학당'에 관한 보고이며 다른 하나는 '전도부인'에 대한 보고다. 캠벨은 선교 초기부터 김세라, 백루이스 두 명의 전도부인들과 함께 활동한 바 있다. 도라를 포함한 이들은 미국 선교본부의 후원을 받으며 활동했고, 캠벨은 이 전도부인들에 대한 후원이 더 늘어나기를 바랐다. 초기에 활동한 유급 전도부인들은 김세라(Lydia Murray or Mrs. Chung), 백루이스(Fannie Bumpass or Mrs. Kim No. 2), 도라 유, 조씨 부인(Jessie or Mrs. Pang) 등이다.

캠벨은 전도부인 양성이 바깥출입이 자유롭지 못했던 안방 안의 여성들을 찾아갈 수 있는 좋은 방법이었기에, 이를 위하여 이들을 교육하며 가르쳤다. 1901년의 보고에는 이 전도부인들이 한해 총 1,492번 여성들을 방문했고, 1902년 보고에는 2,125번, 1903년 보고에는 2,540번 방문했음이 기록되어 있다. 캠벨은 전도부인들을 교육하기 위해 국제주일학교 교재와 성경 내용을 가르쳤고, 성경 읽기와 교리 교육도 병행했다. 그리고 가정방문 시 들려줄 수 있는 성경의 주요 구절들을 가르치기도 했다.

한편 1899년 2월 윤치호가 덕원 감리로 발령받게 되면서, 윤치호 부부는 남송현 본부를 떠나게 되었다. 게다가 리드 부인의 건강이 악화함에 따라 4월에 리드 가족도 미국으로 떠나게 되었다. 개성에 있던 하디(Robert Alexander Hardie, 하리영) 선교사가 8월에 서울로 옮겨오기는 하였으나, 강원도와 새로 개척된 원산 선교까지 맡아야 했으므로 남송현 선교부와 서울 사역에 많은 시간을 할애할 수는 없었다. 남송현 선교사업이 침체됨에 따라 캠벨은 자골에 교회를 세우려는 생각을 품게 되었다.[247] 그래서 배화학당 학생과 교사, 전도부인들, 즉 자골여선교부를 중심으로 새로운 교회가 세워지게 되었다. 1900년 4월 15일 부활절, 2층짜리의 벽돌 건물인 기숙사 건물의 예배실에서 '자골교회'의 공식적인 첫 예배가 열렸다. 다음은 캠벨이 기록한 그날의 기억이다.

> "부활주일에 우리는 새로운 본부 건물의 예배실에서 첫 예배를 드렸습니다. 외부에서 온 여성은 140명이었습니다. 학교의 학생들과 전도부인들을 합하면 175명이 넘는 사람들이 복도와 식당과 예배실 바닥에 앉아있었습니다. 하디 박사는 우리에게 도움을 주는 설교를 했습니다. 소녀들은 그 자리를 위해 준비한 찬송가를 불렀고, 우리는 하나님께서 우리에게 주신 모든 축복을 바라보며 진심을 담은 찬양을 드렸습니다."[248]

175명이 넘는 인원이 기숙사 건물의 예배실에 모여 공식적인 첫 예배를 함께했다. 공간이 협소한 탓에 예배실은 차고 넘쳐서 복도와 식당에도 앉아야 했다. 자골교회는 여선교부 안에 설립된 배화학당 예배실에서 여성 선교사들과 배화학당 학생들, 전도부인들과 전도된 여성들을 중심으로 시작한 교회였다. 이렇게 여성들을 중심으로 세워진 자골교회에, 당시 서울 지역을 담당하던 하디(Robert Alexander Hardie, 하리영)가 담임자로 세워져 공식적인 첫 예배 때 설교하였다. 자골교회는 오늘날의 종교교회와 자교교회의 전신이기도 하다. 따라서 종교교회와 자교교회는 이날, 바로 1900년 부활절을 교회의 시작으로 보고 있다.[249]

하디는 "캠벨과 그 협력자들의 노력으로 70명가량의 여성이 학교 건물에서 매 주일 아침 정기적으로 집회를 하고 있음"을 보고했다.[250] 1900년 9월, 서울 지역 선교부를 담당했던 하디는 새로 시작된 원산 지역 선교부에 배치되었고, 후임으로 무스가 한국 선교를 감독하게 되면서 서울 지역의 담임도 함께 맡게 되었다. 그렇다고 해도, 무스는 한국 내 전체 선교를 관장하여야 했기 때문에 자골교회에 전념하기는 어려웠다. 여전히 자골교회는 캠벨의 책임과 영향력 아래 있었다. 다음은 선교사 저다인의 말이다.

> "캠벨의 성격은 매우 강인하였고, 그것은 그녀가 수행한 일들과 떼놓고 생각할 수 없는 것이다. 그녀는 한국인들에게 '강부인'으로 알려져 있으며, 그녀가 살았던 잣골 지역에서는 그녀를 모르는 사람이 없었다. 그녀가 조직한 학교, 그녀가 출석한 교회, 그리고 그녀에게 지도받은 전도부인들은 각각 공식적 명칭이 있었지만, 한국인들에게는 '강부인 학교', '강부인 교회', '강부인의 전도부인'이었다."[251]

'배화학당', '자골교회', '자골교회 전도부인'이었지만, 한국인들에게는 '강부인 학교', '강부인 교회', '강부인의 전도부인'이라는 칭호가 자연스러울 정도로 캠벨은 강한 영향력을 발휘해 배화학당과 자골교회를 이끌어갔다.

물론 그 과정이 언제나 원활하지는 않았다. 캠벨은 성과에 집중하여 빠른 결과를 얻는 것보다는 최선을 다해 한 명 한 명의 영혼을 세우는 데 집중했다. 그것은 더디고 때론 많은 인내가 필요한 일이었다.

1902년 보고서에 캠벨은 사역자들이 한계에 다다르고, 불만족스러워한다는 이야기를 듣고, "성공에 주목하면 그것을 얻지 못한다"고 꼬집어 말한 바 있다. 선교에 있어서 눈에 보이는 성과도 중요하겠지만, 그것은 부차적인 일이기 때문이다.[252] 1903년 캠벨의 보고서에는 다음과 같이 기록되었다.

> "올해 확연하게 드러난 하나님 섭리의 특징 중 하나는, 바로 그가 막으신 것입니다. 우리는 우리의 성과에 대해서 쉽게 즐거워하는 경향이 있지만, 후퇴하는 것에 대해서는 기뻐하지 않습니다. 그러나 우리의 늦춰짐은 하나님의 지혜로 된 정확한 시간이었습니다. 우리는 하나님의 영광을 높이는 이들을 우리의 명부에 기록하는 데 최선을 다했습니다. 많지 않아도 진실하고 순수한 이들이 한국 성도들로 더해졌습니다. 일부는 유다와 같이 그들의 길에서 실족하기도 했지만, 한편으로는 더 신뢰할 수 있는 성도들을 축복받았습니다.[253]

때론 늦춰지거나 후퇴하는 것처럼 보이고 성과가 드러나지 않을 때도, 캠벨은 최선을 다해서 영혼 구원에 힘썼다. 양적 성장보다 질적 성숙이 중요했기에, 많은 수의 성도가 아니어도 그들이 진실하고 순수한 신앙으로 나아갈 수 있도록 도운 것이다.

자골교회는 아주 빠르게 성장하지 않았지만, 확실하고 순수한 신앙을 가진 성도들이 점차 모이기 시작했다. 이에 따라 자골교회는 초기부터 예배실 공간이 부족한 상황에 맞닥뜨렸다. 그렇게 마련하게 된 것이 1901년 루이스워커 기념예배당이었다. 자골의 오름직한 언덕은 두 채의 서양식 건물과 기숙사 건물에 한옥 건물들이 조화롭게 세워져, 이 안정적인 기반 아래 계속 성장해 나아갔다. 무스는 이에 대하여 다음과 같이 보고했다.

> "서울에서는 캠벨에 의해 운영되는 캐롤라이나 학당에 속한 건물로 새로운 예배당을 지었습니다. 이것은 우리 선교부가 한국에서 소유한 최고의 예배당이고, 이 교회는 우리의 가장 유력한 교회 중 하나가 될 것입니다."[254]

4. 작은 선교사에게 일어난 일

우리가 앞서 살펴본 것처럼, 배화학당과 자골교회의 초기 역사에 빠질 수 없는 인물이 바로 도라 유다. 도라는 양어머니인 캠벨과 내한하여 '전도부인'으로 사역하다가, 1901년에는 공식적인 직책이 '선교사'로 전환되어 활동했다. 의사였던 도라에게 있어 첫 번째 임무는 여성 환자들을 돌보고 치료하는 것이었다. 동시에 한국어 기초를 다지면서 이웃 여인들에게 복음을 전하였다. 그리고 배화학당의 교사로 학생들을 가르치며 교재번역과 교과과정 준비를 도왔다.

그러나 도라는 1899년 4월에 중국으로 돌아가게 되었다. 자세히는 알 수 없으나, 의사의 진단에 따르면 신경계, 척수 또는 심장계에 관련된 심각한 질병일 가능성이 있었다고 한다. 쑤저우 병원의 의사들은 그녀의 병이 완전히 치유될 수 없고, 지병으로 평생 감수해야 할지도

▲ 1928년 도라 유(오른쪽)

모른다고 진단했다. 그 후에 도라는 다시 선교의 자리로 나아갈 수 있도록 치유를 위해서 기도했고 놀랍게도 건강은 회복되었다. 1900년 1월, 도라는 다시 선교활동을 재개하기 위해 한국으로 돌아왔다.[255]

도라가 서울로 돌아온 후, 전도는 물론 교육과 의학 분야에서 활발한 사역을 재개했다. 다음은 선교사로서 작성한 도라의 연회보고 내용이다.

"여성들이 영혼의 구원에 대한 어떤 것을 듣지 않고 돌아가는 일은 거의 없었습니다. 평일 방문객은 무려 1,601명을 기록했습니다. 오, 그들에게 하신 모든 말씀이 열매 맺기를! 1년 동안 거듭된 방문으로 인해 낯익은 얼굴이 꽤 많았고, 그중 일부는 친구처럼 느껴지기도 해서 그들을 위해 기도하고 있습니다.

한국 여성들은 우리가 그들과 이야기 나눌 때 주의를 기울이지만, 그들의 귀신 숭배를 포기할 준비가 되어있지 않습니다. 우리는 그들의 슬픔에 대한 많은 이야기를 듣고, 앞으로 다가올 세상에 관해 이야기해 줍니다. 한 가지 사례가 떠오릅니다. 지난 부활주일에 일흔이 넘은 할머니가 오셔서 우리 종교에 대해 질문했습니다. 그녀는 아들도 딸도 없이 너무

▲ 도라 유가 설립한 '성경 공부와 기도의 집(장완 사경 기도처)'

오래 살았기 때문에, 자기가 우리 주님을 믿으면 당장 죽을 수 있느냐고 물었습니다. 그 문제에 대한 간절함은 감동적이었습니다. 그녀는 이것을 묻기 위해 도시를 가로질러 걸어왔습니다."[256]

도라는 한국 여성들과 깊은 대화를 나누고 그들에게 복음을 전해 주었다. 보고서에서도 한국 여성들을 친구처럼 여기거나, 그들의 상황을 깊게 공감하는 도라의 애정 어린 마음을 엿볼 수 있다.

자골교회가 세워진 뒤에, 도라는 일요일 예배 모임을 인도했다. 1년 반 동안 도라는 자골교회 예배의 주요 설교자였다. 도라는 캠벨과 남감리회로부터 오랫동안 훈련받은 설교자였고, 현대 기독교와 비교한다면 '목사의 조력자'가 아니라 '여성 목사'에 가까웠다.[257]

그 시기에 도라와 함께 일했던 다른 세 명의 전도부인 중 김세라와 백루이스는 병중에 있는 시어머니 간호와 개인적인 건강의 이유로 전적으로 일하기 어려웠다. 세 번째 전도부인의 자리는 세 명(조씨 부인, 고씨 부인 등)이 분담해왔으나 그 또한 전도에 큰 역량이 있는 사람이 없었다. 자연히 도라가 가장 유력한 전도부인으로 남았고, 거의 모든 것을 혼자서 진행해야 했다. 1903년의 보고 가운데 여성 방문객 1,653명과 어린이 방문객 244명 중 925명의 여성과 211명의 어린이를 도라가 수용했다. 60%, 90%를 홀로 짊어진 셈이다.[258]

또 남감리회 선교부에서 유일한 여자 의사였기 때문에, 도라는 학생들을 돌볼 뿐 아니라 지역사회 여성들에게 필요한 경우 무보수 치료를 제공했다. 윤치호의 부인 마슈전이 병원에 입원했을 때도 학교의 일을 제쳐두고 간호해야 했고, 화상 입은 소녀를 위해 두 달 동안 매달려 치료에 전념할 때도 있었다. 학교의 학생들에게, 또 전도부인들에게 건강상 문제가 생겼을 때 도라에게 가중된 업무량은 무거웠다. 1902년에는 학생들 사이에 독감과 인후염이 돌아, 사망한 학생도 있었는데 이 모든 책임이 도라에게 지워졌다.[259]

앞서 살펴보았듯 도라는 캠벨과 함께 교과서 번역작업을 이어갔고, 수업을 담당하여 학생들을 가르쳤다. 캠벨은 1903년 연회를 통하여 도라가 건강이 좋지 않아 중국으로 돌아갔다고 하였다. 이 모든 일을 감당하는 데 있어 체력적인 부담이 막중했을 것으로 보인다. 캠벨도 이 점에 대하여 사역자들이 각자 "하나님께서 맡겨주신 일의 3배를 하고 있다"라고 언급한 바 있다.[260] 이후 도라의 기록들을 살펴보면 건강상의 이유만 존재하는 것 같지 않다.

1901년 중반에 시작하여 거의 2년 동안 도라는 심각한 불면증에 시달렸다. 그녀의 수면 문제는 자연스럽게 그녀의 정상적인 삶에 영향을 주었다.

> "물론 밤에 자주 잠 못 이루는 시간 때문에 낮에는 제대로 일을 할 수 없었다. 내 신경이 너무 예민해서 작은 일 때문에 울었다. …… 나는 브로마이드[진정제]를 복용하기 시작했고 거의 2년 동안 그것에 전적으로 의존했다."
>
> "종종 잠 못 이루는 밤을 보낸 후, 나는 두려워하고 떨리는 아침이 오면 일어나 그날을 마주하고 극도로 쇠약해진 나 자신을 억지로 일으켜 세워야 했다. 내 방을 떠나기 전 평소 기도할 시간을 갖기엔 너무 늦었을 때, 나는 주기도문만 하고는 그것이 내가 넘어지지 않게 해주기를 바랐다."[261]

도라는 분주한 나날들 속에서 겉으로 드러나지 않게 우울증을 앓고 있었던 것으로 보인다. 그러한 마음 상태는 때론 삶을 끝내는 생각들에까지 이르렀고, 도라는 자신이 인생의 끝자락에 도달했다고 느꼈다.

도라의 전기를 기록한 실라스 우(Silas H. L. Wu)는 이 상태의 원인을 '김영준'에게서 찾는다. 김영준은 친러파 군부대신이었는데, 1901년 반역 음모를 꾀한 주모자로 지목되어 3월 18일 사형을 선고받았다. 윤치호의 일기에는 김영준의 처형에 대한 간략한 언급이 있다. 바로 그 맥락에서 윤치호는 도라에 대해서도 언급했다. 그는 처형당한 김영준이 "캠벨 여사와 함께 지내는 젊은 중국인 여성 도라와 결혼하기 위해 열심히 노력했다"라고 썼다. 김영준은 중국인 부인인 마슈전을 둔 윤치호의 모습을 보고 영향을 받아, 도라와 결혼하기 위해 애썼던 것으로 보인다. 그리고 윤치호는 일기에서 도라가 김영준의 구애를 '거부했다'라고 언급하지 않았다. 도라의 불면증이 시작된 시점이 1901년 중반임을 고려하면 실라스 우의 주장도 타당하다. 자세한 이유는 알 수 없으나 자신에게 구애하던 상대가 처형당하면서 도라에게 정서적 불안이 찾아온 것으로 추정된다.[262]

이러한 도라의 상태는 여러 가지 면에서 양어머니인 캠벨에게 큰 걱정거리가 되었음은 당연했다. 캠벨은 도라를 '전도부인'에서 '선교사'로 세우기 위해 노력하였는데, 토착인 전도부인을 '선교사'의 반열로 올리는 경우는 흔하지 않다. 연회보고에서도 캠벨은 도라에게 보고하는 기회를 주는가 하면, 도라에 대한 칭찬과 격려 또한 아끼지 않았다. 캠벨은 도라를 선교사로 세워 주도적으로 선교사역을 이어나가기를 바랐다. 공식적으로 언급한 바는 없으나 캠벨은 도라의 정서적 문제에 대해 인지하고 있었을 것이다. 그러나 마음에 찾아온 문제를 캠벨도 어찌할 수는 없었다.

캠벨은 도라의 귀국에 대하여 연례회의에서 다음과 같이 보고했다.

> "안타까운 사건들이 발생하였는데, 그중 하나는 유 양이 건강 악화로 중국으로 돌아가야 하는 것이었습니다. 슬프게도 우리 사역에 있어 그녀의 빈자리가 크게 느껴질 듯합니다. 유 양은 언어에 능통했고, 그녀의 모든 소원은 주님을 섬기는 것이었으며, 지금도 그러하기 때문

입니다."[263]

한국 사역의 초기부터 좋은 조력자로서, 또 의사와 전도부인, 선교사로서 큰 역할을 해 온 도라의 부재는 캠벨의 여선교부에 큰 타격을 주었다. 그리고 딸과 같이 여기며 도라를 '선교사'의 반열에 합류시키려 애썼던 캠벨에게는 아쉬움이 남을 수밖에 없었다.

그러나 이때까지 캠벨이 도라에게 쏟은 애정과 열정은 의미 없는 것이 아니었다. 중국으로 돌아간 도라는 회복의 시간을 거쳐, 복음 전도 활동을 이어나갔다. 도라는 모든 교파를 초월하여 복음을 전하는, 20세기 초반 중국 남부지역에서 '가장 유명한' 복음 전도자, 부흥사로 기록되었다. 도라는 중국 남부지역을 다니며 부흥회를 인도하였는데, 몸집이 작은 여성이었던 도라에게는 군중의 관심을 사로잡는 힘이 있었다고 한다. 1920년 중국 푸저우에 있는 천국평화교회에서 부흥회를 인도했을 때, 17세의 한 소년이 중생의 체험을 하게 되었다. 이 소년은 이후 중국의 영향력 있는 종교 지도자가 된 워치만 니였다.[264]

또 도라는 상해 남부 장완에 '성경 공부와 기도의 집(장완 사경 기도처)'을 설립하여 수많은 설교자를 양산하였다. 그리고 1927년에 열린 '국제 기독교 선교 회의'에서 중국인으로서는 유일하게 주 연설자로 강연한 바 있다.[265] 도라가 한국을 떠났을 때 캠벨은 매우 아쉬워했지만, 결국 캠벨의 손길로 자라난 한 사람이 시대를 풍미하는 복음 전도자가 된 것이다.

5. 여선교부의 어머니

배화학당과 자골교회 관련된 일 외에도, 캠벨은 남감리회 여선교부의 한국 사역을 이어갔다. 캠벨의 지휘 아래, 남감리회 여선교부의 송도, 원산 개척 선교가 시작되었다. 콥의 *The Story of the Years in Korea*에서는 캠벨의 지도력에 대하여 다음과 같이 평가한다.

> 한국에서의 성공은 그 모든 것을 하나님의 손길이 인도하신다는 것을 분명하게 보여주었다. 캠벨은 계획과 실행에 있어서 가장 효율적으로 일했으며, 하나님 안에서의 첫해의 번영은 거의 캠벨의 덕분이었다. 서울에서 기차로 56마일 떨어진 송도(개성), 또 몇 해 뒤의 한국 북쪽 항구인 원산도 곧 사역의 길이 열렸다.
>
> 캠벨 선교사가 사역을 감독하면 만족스러운 결과가 있었다. 서울·송도, ·원산은 중요한 거점이었는데, 본부의 자원이 충분하다면 이는 무제한으로 늘릴 수도 있었다. 나라가 정치적으로 안정되지 않아 혼란스러운

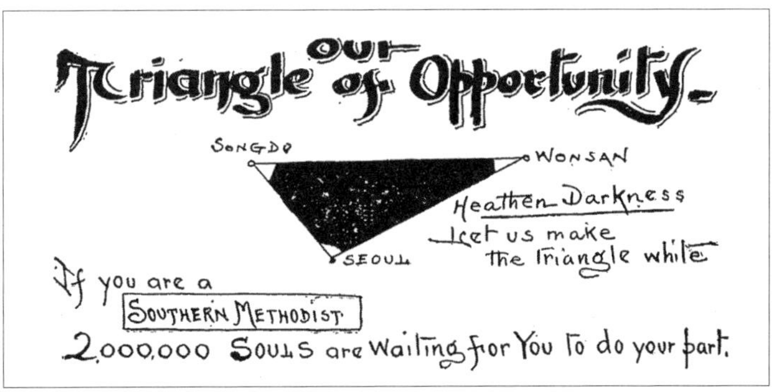

▲ 선교사 소식지 〈Missionary Voice〉 1912년 3월호에 실린, 한국 선교에 관한 캠벨의 삽화

가운데서도, 사역은 끊임없이 확장되었다.[266]

캠벨의 감독은 여선교부 사역의 부흥과 확장으로 이어졌다. 캠벨의 풍성한 경험은 선교지에서 새로운 일들을 계획하고 구현해내는 데 큰 도움이 되었다. 1899년에는 송도에, 1900년에는 원산에 남감리회 여선교부의 진출이 이어졌고, 캠벨은 이 일들이 가장 효과적으로 움직일 수 있도록 도왔다. 『조선 남감리회 30주년 기념보』에서도 캠벨이 한국 여선교부의 전 분야를 담당하는 총책임자로서, 송도와 원산에 건물을 세우는 일을 도우며 계획했다고 전한다.[267] 다음은 송도의 호수돈학교와 관련된 일화다.

> 이 학교는 홀스턴(Holston)연회로부터 후원을 받았기에 호수돈학교라고 이름 붙여졌다. 그 건물은 도시 중심부에 우뚝 솟은 언덕 위에 위치한 멋진 회색 석조 건물이었다. 이 장소를 매입했을 때, 송도의 가장 부유한 한국인이 캠벨 여사를 불렀다. 그는 한국에서 가장 악명 높은 귀신 숭배 장소를 구했으니 귀신들이 활개를 치고 다녀서 어린이들을 겁주어 쫓아낼 것이라고 농담조로 말했다. 그녀는 하나님이 믿는 사람들의 대의를 변호하시기에, 그것이 하나님의 전능함을 증명할 좋은 기회가 될 것이라고 대답했다.[268]

여선교부 산하 기관의 운영과 건축에 관하여 캠벨이 깊이 관여하고 있음을 알 수 있는 대목이다. 호수돈학교의 건축과 관련하여 송도의 부유한 유지가 캠벨을 불러냈다는 것은, 캠벨이 이 모든 일을 관리하고

▲ 〈조선남감리회 30주년 기념보〉에 실린 캠벨

담당하는 감독자였다는 것을 보여준다. 다소 무례해 보일 수 있는 농담에도 캠벨은 재치있게 대답하면서 이들과 평화롭게 공존해 나아갔다.

그리고 캠벨은 남감리회 여선교부 내의 선교사들을 어머니의 손길로 돌보았다. 자골 선교부 내에 선교사들을 위한 서양식 건물을 가장 먼저 건축한 이유는 한국에 파송된 여성 선교사들이 정규 활동을 시작하기 전에 1년간의 어학연수 기간을 보낼 수 있는 장소가 필요했기 때문이다. 캠벨은 새로 파송된 여성 선교사들의 건강과 한국 생활에의 적응을 도왔다. 특히 외국에서의 첫해에 바뀐 환경 속에서 건강에 주의를 기울여야 한다는 것을 인식하고, 이러한 방향으로 도움을 주려 노력하였다. 캠벨이 한국으로 들어온 뒤, 1898년에는 힌즈(Fannie Hinds), 1899년에는 캐롤(Arrena Carroll), 1901년에는 하보(Sadie Harbough)와 노울즈(Mary Knowles), 1902년에는 하운셀(Josephine Hounshell, 하운셀 목사의 여동생) 등이 한국으로 파송되었고, 이들은 모두 선교사 숙소에서 캠벨의 돌봄을 받았다. 그래서 캠벨의 일상은 '아픈 선교사들을 곁에서 돌보는 사람, 그녀의 집으로 나아오는 모든 사람에게 사랑과 관심을 주는 어머니'로 채워졌다.[269]

한국 본부에서의 사역은 늘 일손이 부족한 상황이었지만, 캠벨은 사람들의 상황을 우선으로 살폈다. 일례로 1898년 12월 힌즈 선교사가 내한했을 당시 긴 여행으로 인하여 상당히 지쳐있었고, 심한 감기에 시달리고 있었다. 힌즈는 송도에 배치되었으나, 캠벨은 한겨울에 좋지 않은 건강 상태로 옮겨가는 것이 적절하지 않다고 생각하였기에, 감독에게 전보를 보내어 힌즈가 서울 본부에 더 머무를 수 있도록 배려하였다.[270] 캠벨이 '해야 할 일이 너무 많을 때는 사역의 한도를 지키기가 너무 어렵다'라고 말할 정도로 당시 본부에는 업무가 넘쳐났어도, 여선교부를 관리하는 캠벨에게는 사역자의 회복과 안정이 우선이었다.

1903년 한국 사역의 개척 동역자였던 도라가 중국으로 돌아가고, 초기부터 함께했던 전도부인 김세라가 시어머니의 병간호를 위하여 사역을 잠시 그만두게 되면서 서울 여선교부의 전반적인 사역에 공백이 찾아왔다. 김세라는 리드 박사가 본국으로 돌아가 한국 선교에 대하여 보고할 때도, 도라와 함께 소개된 바 있던 유망한 전도부인이었다.[271] 이로 인하여 캠벨에게는 더 많은 무게가 지워졌다. 당시 캠벨에게 휴식이 필요하다는 것은 누가 보아도 분명하였으나, 캠벨의 다양한 일들을 대체할 수 있는 인력이 없는 것 또한 사실이었다. 그러나 어머니와 같은 캠벨의 도움으로 한국 선교에 적응했던 선교사 중 일부가 원산과 송도에서 서울로 옮겨오게 되어, 이들의 권유로 캠벨은 안식년 휴가를 지낼 수 있었다.[272] 1904년 5월 25일, 캠벨이 두 번째 안식년 휴가를 보내기 위해 미국으로 떠났을 때, 하운셀은 캠벨에 대하여 다음과 같이 언급한다.

"우리의 '어머니'인 캠벨이 우리를 떠난 지 2주 이상이 지났음에도, 우리는 여전히 고아 같은 느낌을 받습니다. 여선교부는 현재 네 명의 선교사 훈련생들로만 구성되어 있는데, 캠벨이 본부에 없다는 것이 상당히 낯설어 보입니다. 그녀가 이제 쉼의 시간을 갖게 되어 기쁩니다. 그리고 주님께서 그녀를 사용하셔서, 이 땅의 큰 갈망을 고국에 있는 사람들에게 보여주시기를 바랍니다."[273]

캠벨은 1904년 4월 중순에 업무들을 내려놓으면서 캐롤에게는 전도부인 사역과 두 개의 상급반 수업을, 하보에게는 여선교부와 배화학당의 재무관리를, 노울즈에게는 몇 개의 수업과 학당의 급식 및 자원관리를, 하운셀에게는 학당의 전반적인 관리와 보고를 맡겼다. 캠벨의 휴가와 함께 자골선교부는 독신 여성 선교사들로 붐비게 되었고, 이들을 통하여 안정적으로 성장해갈 수 있었다.[274] 하운셀의 보고에서 우리는 캠벨이 그들의 '어머니'와 같은 존재였음을 발견할 수 있다. 캠벨의 어머니와 같은 돌롬 아래 성장한 여성 선교사들이 이제는 캠벨의 사역을 함께 할 수 있는 역량을 갖추게 된 것이다.

6. 휴가를 떠난 이유

캠벨이 미국으로 떠난 시기는 러일전쟁이 맹위를 떨치던 때였다. 미국 공사 알렌은 1904년 2월 7일 러일전쟁이 시작되기 바로 전에, 선교사들의 안전을 위해 전보를 쳐 일체의 여행을 금지했다. 그러나 캠벨은 이러한 불안의 시기에도 안식년 휴가를 가야만 하는 이유가 있었다. 캠벨

MRS. CAMPBELL TALKS OF THE KOREAN WOMAN

MATURITY

The Alabama Home Building & Loan Ass'n

..The.. Thrifty Housewife

JNO. W. O'NEILL CO.

GENUINE GAS HOUSE COAK

$3.00 TON Delivered

The Carolina Portland Cement Co.

BIRMINGHAM BOILER WORKS,

Fire Insurance!

SAPOLIO

For Convenience

White Swan Laundry.

JUDGE PARKER IS AGAIN ON THE FARM

ITALIAN CABINET IS ALL RE-ELECTED

We Repair

Rubber Stamps

Get the Habit of Using KENNY'S Finest Teas

C.D. KENNY CO.

ONE CENT A WORD

Land Titles.

TITLE INSURANCE.

LAND TITLES

Central Trust Co.

FOR SALE.

BROWN BROS. & CO.

Mattresses

▲ 미국 일간지에 실린 캠벨의 강연 기사(The Birmingham age-herald. 1904년 11월 8일 자)

이 처음 안식년 휴가에 그러하였듯이, 한국 선교를 위해 강연하고 사람들의 관심을 환기하는 동시에 기도를 부탁하며, 재정적인 후원 또한 얻기 위해서였다.

캠벨은 선교사역에 있어서 기도가 중요한 역할을 하고 있다고 여겼다. 1902년도 남감리회 보고서에도 다음과 같이 적은 바 있다.

“우리가 하는 사역은, 미국에서 긍휼한 마음으로 기도하는 수천 명의 사람이 하는 일이기도 합니다. 우리는 한 소녀가 학교에 입학할 때, 그 아이가 어떤 기도자의 응답이라는 것을 느낍니다. 그리고 오래지 않아 우리의 사역을 위해 명확하게 기도하고 있었던 어떤 기도자의 마음이 움직여서, 그 아이에게 필요한 것을 공급하겠다는 편지를 받습니다."[275]

캠벨은 선교 현장의 일들이 사적인 일이 아니라 같은 마음으로 기도하고 있는 사람들과 함께하는 일이라고 생각했다. 학생들이 늘어남에 따라 학당의 재정적인 부담도 커졌지만, 미국에서 기도하던 사람 중 마음의 감동으로 후원을 작정하는 사람들 또한 늘어났다. 배화학당과 자골 전도부인 사역에 더 많은 여성이 합류하기 위해서는 기도와 재정의 뒷받침이 필요했다. 그래서 캠벨의 안식년 휴가는 이전에도 그러했듯이, 개인의 쉼보다는 한국의 선교 상황을 알리는 데 더 초점이 맞추어져 있었다. 다음은 캠벨 가족의 증언이다.

"그녀는 단 한시도 한국을 잊을 수 없었어요."

한 번은 그녀의 자매가 이렇게 말했다.

"그녀는 돌아갈 때까지 한국을 위해 강연을 하러 다니고 선교 자금을 모았기 때문에, 우리와 함께 있었던 시간은 한 달 정도뿐이었습니다."[276]

캠벨은 늘 휴가 중에도 한국 선교를 위해 강연을 다니고, 후원자를 모집하며, 또 함께 사역할 사람들을 모집했다. 그래서 실제로 오랫동안 떨어져 있었던 가족들과 함께 있을 수 있었던 시간은 짧을 수밖에 없었다.

이 시기 캠벨의 미국 내 모든 활동을 추적할 수는 없겠지만, 미국 일간지와 연회보고에 강연과 관련된 내용이 간혹 보도된 것을 확인할 수 있다. 1904년 일간지 보도에 따르면 11월에 앨라배마주의 버밍엄을 방문하여, 2일 저녁에는 퍼스트 감리교회와 4일 저녁에는 파이브 포인츠 감리교회에서 한국 선교에 대하여 강연했다.[277]

> 한국의 감리교 본부[여선교부]를 대표하는 조세핀 캠벨 여사는 버밍엄을 방문하는 동안 여러 차례 유익한 강연을 하였다. 그녀는 한국에서 여러 해 동안 거주했고, 인생의 많은 부분을 동양에서 보냈기에 극동의 관습과 동향에 완전히 정통하다. 한국 여성들의 상황에 대해 물었을 때, 캠벨 여사는 고인이 된 황후가 그들에게 자유를 주었다는 선언[갑오개혁을 뜻하는 것으로 보인다]을 이용했던 여성들은 거의 없었고, 그들은 거의 변하지 않았다고 말했다.
>
> …… 한국 여성들의 지위와 비교해본다면, 우리는 우리 집에서 절대적인 권력을 가진 안주인이며 남편에게 존경받고 자녀들에게 숭앙받는 것이라 한다.[278]

버밍엄에서의 강연 중 캠벨은 한국 여성들에 대하여 나누게 되었는데, 여전히 관습에 매여 노비와 같이 살아가는 한국 여성들의 상황을 알렸다. 위의 기사 내용에서도 보듯이, 한국 여성에 비하면 미국 여성의 지위가 매우 높다는 것을 언급하며 이들의 관심을 촉구했다. 1905년 7월의 일간지 보도에 따르면, 켄터키주 볼링 그린에서 열린 연회에서도 캠벨의 강연 기록을 찾아볼 수 있다.

한국 선교사인 조세핀 캠벨은 꽤 크고, 갈색 머리에 푸른 눈동자와 밝은 얼굴이었으며, 수줍은 태도와 오월의 산들바람처럼 부드러운 목소리를 지녔다. 하지만 그녀는 영웅적이고 선교활동의 어려움을 견뎌내는 법을 알고 있다. 일요일 밤에 그녀는 한국에 2층 벽돌 건물을 세우게 된 이야기를 들려주었다.[279]

기사는 캠벨의 모습을 상당히 구체적으로 설명하고 있다. 큰 체구, 갈색 머리에 푸른 눈을 가진 선교사는 생기 넘치는 얼굴로 청중들에게 한국에서의 선교 여정을 들려주었다. 쉬운 날이 없었던 한국 개척 선교 이야기는 가히 '영웅적'이라 할 수 있었고, 이들은 관심을 기울여 이 '놀라운 일'을 들었다.

남감리회의 연회보고에서도 캠벨의 흔적을 찾을 수 있는데, 1904년에서 1905년으로 이어지는 겨울에는 캠벨이 조지아주 토머스빌에서 한국에 대해 강연을 한 기록이 있다.

"겨울에 캠벨 선교사를 모시고 저녁 집회를 함께하며 한국의 소녀들에 대하여 들을 수 있었던 것은 큰 축복이었습니다. 우리는 그녀가 씨를 뿌리는 그곳에서 그들의 마음이 하나님의 역사로 돌아서기를 기도하고 있습니다. 이제까지 그가 부어주신 은혜를 찬양하며, 앞으로도 행하실 일들을 기대합니다. 그분은 우리의 믿음을 시험하고 연단하기 위해 우리를 어떤 시련의 장소로 인도하실 수도 있지만, 결국 우리를 넓은 곳으로 인도하시고, '우리가 구하거나 생각하는 모든 것에 더 넘치도록 능히 하실 것'입니다."[280]

그 외에도 로스앤젤레스에서 머무르며 활동하는 등 캠벨은 한국의 선교 상황에 대하여 알리면서, 미국에 있는 성도들에게 함께 기도하기를 요청했다.[281] 기도의 요청은 많은 기도자를 모으는 동시에 직접적인 재정 후원을 가져왔다. 안식년 휴가의 결과는 캠벨이 돌아온 후 드러났는데, 『Women and Missions』은 다음과 같이 전한다.

> 러일전쟁이 발발하자, 미국 각료들은 모든 선교사에게 평화가 이루어질 때까지 서울에 머물 것을 명령했다. 캠벨 여사는 학교를 현장에 있던 5명[4명]의 사역자의 손에 맡기고 미국으로 돌아왔다. 그리고 미국에서 송도 선교본부 건축과 서울 선교부지 매입에 필요한 재정을 확보하였다. 이 학교는 규모가 불어나 당시 등록 학생 기숙사생 78명과 다수의 매일학교 학생들이 있었다.[282]

선교본부의 양적 성장은 새로운 건물과 부지의 필요성을 느끼게 했고, 캠벨의 안식년 휴가는 이를 채우는 결과가 되었다. 안식년 휴가를 통하여 얻게 된 재정적 후원으로, 송도의 선교본부 건축과 서울의 새로운 선교부지 매입이 가능했다. 그뿐 아니라 캠벨은 1905년 8월 15일 여선교부에 새로 합류하게 된 선교사 어윈(Cordelia Erwin), 아이비(Mattie Ivey)와 함께 서울에 도착했다.[283] 늘 사역자의 부족으로 어려움이 많았던 선교부에 새로운 선교사들이 합류하게 된 것이다.

Ⅶ. 한국 선교 - 부흥

1905~1910

VII. 한국 선교 - 부흥(1905~1910)

1. 부흥

1903년 8월, 한국 교회의 흐름을 바꾸는 사건이 일어났다. 그 중심에는 자골교회 및 서울 지역을 담당하다가 원산 선교부로 옮겨간 목사, 하디가 있었다. 당시 일곱 명의 선교사가 원산에서 만나 일주일간 성경공부와 기도 모임을 진행했다. 하디는 기도에 관한 세 번의 강의를 준비하

▲ 배화학당 학생들(1906년)

기로 하였는데, 이 일을 준비하면서 자신의 죄에 대한 깊은 마음이 그를 압도했다. 그는 선교사 모임에서, 나중에는 한국 성도들 앞에서 자신의 실패와 실패의 원인을 인정하고 싶은 충동을 느꼈다. 그래서 다음 일요일 아침, 그는 한국 성도들 앞에서 "부끄럽고 혼란스러운 얼굴"로 자신의 "자만심과 굳은 마음, 그리고 믿음의 결여를 고백"했다. 이는 '원산 부흥 운동'으로 불리는, 한국 교회 영적 각성 운동의 시작이었다.[284]

한국 교인들은 하디에게 밀려온 회심에 크게 감동되었다. 얼마 지나지 않아 한국 성도들을 위해 매일 성경공부와 기도를 위한 모임이 열렸고, 그들 역시 각자 자신의 삶을 돌이켜 보면서 회개하기 시작했다. 공개적인 죄의 고백은 모임에서 두드러지는 현상이었다. 하디는 다음과 같이 보고했다.

> "모든 모임을 통해 사람들은 제일 처음 회개한 사람들의 선례를 따랐고, 공개적으로 그들의 죄를 고백했습니다. …… 성령의 능력은 죄를 깨닫게 하였고 그들은 죄를 자백해야 한다는 강한 압박을 느꼈습니다. 그들은 그 이후로도 사탄이 자신의 삶에서 우위를 점할 때마다 그렇게 하기로 결단했습니다. …… 이 원칙을 지켜낸다면 도둑질, 거짓말, 악독, 분노, 화, 소란, 험담은 곧 사라질 것입니다."[285]

부흥회가 진행되는 동안 성도들은 공개적으로 죄를 고백했을 뿐 아니라, 저지른 죄와 잘못에 대해 실질적인 배상을 하기도 했다. 이러한 현상은 이후 다른 지역에서 일어난 부흥에도 유사하게 나타났다.

'성령 충만한' 부흥회를 통해 성도들은 회심을 경험하고 비로소 '성도다운' 삶을 살게 되었다. 부흥은 한국 교회 전체로 확산하여, 수천 명이 회개하는 결과를 가져왔다.[286]

남감리회 선교사 왓슨에 따르면, 이 부흥의 첫 번째 큰 성과는 성도들의 삶의 변화였다. 부흥은 교인들의 도덕성을 전에는 얻을 수 없었던 성실과 순결의 차원으로 끌어올렸다. 그리고 선교사와 한국 교인들은 이 공통된 종교적 경험을 통해 서로를 존중하며 신뢰하는 형제애로 끈끈하게 연결되었다. 또 신앙의 열정이 높아졌으며, 부흥에 따른 감격은 기독교인들의 삶에 새로운 열의를 불어넣었다.

왓슨이 제시한 부흥의 또 다른 성과는 교회의 수적 성장이 가속화되었다는 것이다. 그 후 3년 동안 기독교인의 수는 세 배로 증가했다. 부흥에 의한 삶의 변화는 새로운 개종자들을 불러왔다. 그리고 부흥은 교회에 초자연적이고 신비로운 매력을 부여했다.[287]

부흥은 질적, 수적인 성장뿐 아니라 시대를 바라보는 새로운 시각을 부여했다. 원산과 서울에서 부흥의 현장에 함께 있었던 노울즈는 다음과 같이 말했다.

> "부흥의 축복은 한국인들에게만 국한되지 않았고, 우리가 하나님을 기다리며 보낸 나날들이 풍성한 부흥의 축복으로 이어졌습니다. 우리의 마음은 하나님께서 과거에 우리에게 행하신 일들을 찬양하며 벅차올랐습니다. 그리고 우리가 믿어온 그분을 알기에, 험악한 날들 가운데에서도 우리의 사역들을 지키실 것이라고 확신하며 앞으로 나아갑니다."[288]

부흥은 이제까지 선교사들이 한국에서 보낸 시간이 헛되지 않았음을 보여주는 사건이었다. 선교사들은 부흥을 통하여 이제까지의 은혜를 돌아보며 찬양했으며, 앞으로의 일들에 대해 염려하기보다는 믿음으로 담대하게 나아갈 수 있게 되었다. 동료 선교사인 캐롤은 "부흥은 지금 이 격동의 시대에 기독교인들이 고난과 두려움에 맞서 더 강건해질 수 있게 했다"라고 말했다. 부흥은 과거와 미래를 희망 안에서 바라보는 시각을 갖게 했고, 어려운 시대 속에 오히려 기독교인들의 신앙을 새롭고 성숙하게 했다.[289]

부흥의 열기는 자골선교부에도 찾아왔다. 캠벨이 안식년 휴가를 떠나기 직전인 1904년 3월, 러일전쟁의 발발 직후 선교사들은 사역지를 떠나라는 지시를 받고 서울로 모이게 되었다. 선교사들은 약 2주간 매일 기도회로 모였다. 그리고 3월 말부터 4월 초까지 자골교회에서 부흥회가 열리게 되었는데, 강사는 하디였다. 이때 서울에서 이전에 보지 못했던 '하늘문을 열고 복을 부어주시는' 부흥 현상이 일어났다. 이 일로 인하여 '학당의 소녀들, 교사들, 하인들, 또 여러 사람이 회심' 했다.[290] 배화학당을 맡았던 하운셀은 다음과 같이 보고했다.

> "하나님께서 올해 우리와 학교에 주신 가장 큰 은총은 4월의 부흥이었습니다. 각기 다른 선교지역으로부터 우리 선교사들이 도착한 후, 우리는 2주 동안 매일 선교사 기도 모임을 했고, 하디 박사가 우리 교회에서 성령의 능력으로 1주일 동안 설교했습니다. 말씀은 빠르고 강력했으며, 각각의 심령을 찔러 쪼개고[히브리서 4:12], 놀라운 방법으로 죄를 깨닫게 했습니다. 그래서 한 선생님이 그것을 표현하기를 "사람들이 그저

그들의 죄를 고백할 수밖에 없었고, 다른 어떤 것도 할 수 없었어요"라고 했습니다. 우리 학생 중 많은 수가 회심했고, 기존 신자들은 더욱 열정이 넘쳤으며, 일부는 성령을 받았다고 고백했습니다. 우리 학교의 선생님 두 분이 회심한 후 교회에 등록하였고, 우리 학생 중 다섯 명도 등록하였습니다. 학교에서 일하는 직원들과 보조인들도 모두 변화되었습니다. 그래서 부흥회를 마친 후 학교를 열었을 때, 학생들은 "새로운 학교가 되었어요"라고 말했고, 정말로 그렇게 보였습니다. 우리는 이제 많은 이들이 충실하게 성장하고 있다는 것을 믿게 되었습니다. 하나님을 찬양합니다.[291]

자골교회의 부흥회를 통해 학당의 많은 학생이 회개하고 거듭나는 체험을 했다. 학당의 교사 두 명도 개종하고 교회에 출석하기 시작했으며, 학교 직원들까지도 새로운 사람들이 되었다. '새로운 학교'가 되었다고 고백할 정도로 이전과는 다르게 변화된 모습들이 드러났다. 이러한 변화는 학교뿐 아니라 자골교회 성도들 안에도 일어났다.

자골교회에는 캠벨이 자골여선교부를 세운 초기부터 배화학당의 학생으로 재학하다가 배재학당으로 옮겨간 남학생, 유경상이 있었다. 그는 이 집회에 참석했다가 성령에 이끌려 자신의 죄를 고백했다. 그리고 며칠 후에 "내가 전에는 느껴보지 못한 새 마음을 받았습니다. 저는 제 삶을 하나님께 드렸습니다. 내가 사는 날 동안 하나님만을 위해 살겠습니다"라고 고백하였다. 유경상뿐 아니라 배재학당에 재학 중이던 김계명·지수돌도 집회를 통해 회심하였고, 이들의 변화는 '모범적인 그리스도인의 삶'이 무엇인지를 보여주었다.[292]

부흥은 도라와 김세라의 부재로 전도부인 사역에 있었던 큰 위기를 극복하는 기회가 되었다. 그리고 전도부인 사역 안에 풀리지 않았던 문제를 해결하는 계기이기도 했다. 전도부인 관련 일을 담당했던 캐롤은 다음과 같이 보고했다.

> "김씨 부인[백루이스를 지칭][293]은 스스로 인정하지 않은 죄들로 몇 달 동안 근신을 지시받았습니다. …… 지난 4월 하디 목사에 의해 부흥이 일어났을 때, 이 집회에서 김씨 부인은 자신의 죄들을 공개적으로 고백했고, 그녀의 진심 어린 회개로 인하여 그녀의 직책을 회복시키기로 했습니다. …… 지난 4월에 있었던 부흥으로 전도부인 모두가 큰 은혜를 받아, 지금은 영혼에 대한 새로운 사랑으로 사역을 하고 있습니다."[294]

백루이스의 경우 이전에 자백하지 않은 죄들로 근신처분을 받았으나, 부흥회를 통하여 진심으로 뉘우쳐 다시 전도부인으로 임명되었다. 다른 전도부인들도 이 시기를 거치면서 큰 은혜를 경험한 뒤 열정적으로 사역에 임했다. 그래서 오히려 캠벨의 안식년 휴가 시기를 지난 후인 1906년 12월 보고에서 두 명이 추가된 유급 전도부인 명단을 확인할 수 있다. 이러한 자골교회의 변화는 1905년 캠벨이 안식년 휴가를 마치고 다시 돌아왔을 때도, 확연하게 나타났다. 캠벨은 그들의 모습에 대하여 "전도부인들은 아주 바람직하고, 이전보다 더 영적인 삶을 살고 있으며, 그리스도의 필요를 더 많이 느끼고 있습니다"라고 표현했다.[295]

2. 새로운 도약

1907년은 남감리회 여선교부에서 한 가지 중요한 결정을 내린 해였다. 캠벨은 연회보고에서 다음과 같이 말했다.

> "여러 어려움에도 불구하고 사역은 성장해왔습니다. 이에 따라 더 많은 교실과 기숙사, 교회 모임 공간에 대한 요구가 계속 있습니다. …… 물론 우리는 사역을 현재의 규모에 국한시킬 수도 있고, 가장 좋은 결과를 위한 경쟁에 뛰어들지 않을 수도 있습니다. 하지만 반대의 경우라면 우리는 주님의 재정에서 우리 몫의 지출을 승인할지에 대해 결정해야 합니다."[296]

배화학당은 1898년 개교 당시 6명이었던 학생 재적인원이 1900년은 24명, 1902년은 40명으로, 캠벨이 안식년 휴가를 떠나기 직전에는 50명으로 증가했다. 러일전쟁을 거치면서 학생들이 흩어진 시기도 있었으나, 1906년에는 53명, 1907년에는 56명으로 늘어났다. 학당에 입학하고자 하는 학생들은 점점 많아졌지만, 학생들을 수용할 수 있는 건물이 부족했다. 1907년 여름에 3천 달러의 예산으로 4개의 교실과 8개의 기숙사 방, 넓은 홀로 구성된 2층 건물을 완공했으나, 이 또한 정원의 문제를 다 해결할 수 없었다. 당시 자골선교부는 개천과 인접해 있었기 때문에 더 이상의 부지 확장은 어려웠다. 그러나 학당에 입학하고자 하는 학생은 여전히 많았고 이들을 다 수용할 수 없기에, 매해 10명 안팎의 학생들만을 입학시킬 따름이었다. 캠벨은 '사역

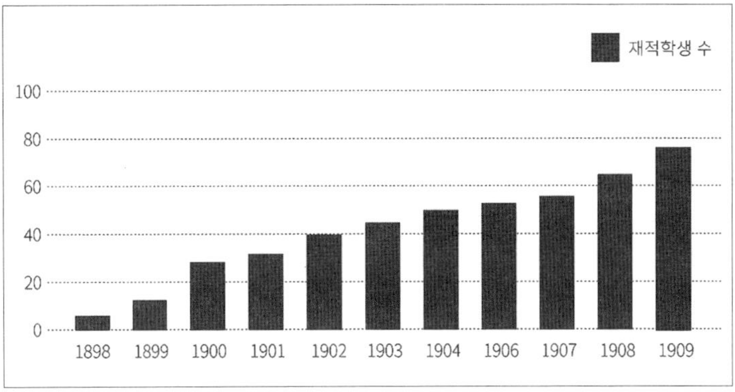

▲ 배화학당의 재적 학생 증가 추이

을 현재의 규모에 국한'시킬지, 아니면 더 좋은 결과를 위하여 확장할지에 대한 선택의 기로에 서 있었다.

학당에 입학하고자 하는 학생들이 계속 늘어난 데에는 당시의 정치적 상황과도 연관이 있었다. 1905년 9월 일제는 러일전쟁의 승리를 발판 삼아 같은 해 11월 9일 군대를 동원해 궁궐을 포위하고, 고종과 대신들을 위협한 후 강제로 을사늑약을 체결했다. 을사늑약이 체결된 뒤, 백성들은 정부를 일본의 꼭두각시로 여겼으며 일본인들을 싫어하는 감정이 차 있었기에 관·공립학교들을 신뢰하지 않았다. 그리고 1905년 이후 애국계몽운동이 확산되면서 자강운동의 일환으로 사립학교들이 우후죽순처럼 설립되기 시작했고, 또 기존의 사립학교들로 학생들이 몰리게 되면서 학당에 입학하고자 하는 학생들은 더욱 늘어났다.[297]

1907년 여름 남감리회 해외여성선교부의 총무인 콥이 서울을 방문하면서, 새로운 부지의 구입과 관련된 논의가 활발하게 이루어지기 시작했다. 그러나 램버드 박사 등 몇몇 선교사들은 새로 선교부지를 구입하더라도 기존 자골선교부 부지를 서울 여선교부 본부로 유지하기 원했다. 이들은 자골선교부 위치가 기독교 사역을 위한 도시의 전략적 요지 중 하나이기에 기존의 건물이 반드시 존재하고 있어야 한다고 주장했다.

이에 응수하여 쿱은 두 가지로 대답했다. 첫째는 학교의 규모에 비해 입학하길 원하는 학생들의 수가 월등히 많기에, 부지는 더 넓은 곳으로 옮겨가야 한다는 것이다. 두 번째는 언덕 위에 있는 부지를 구입하고 학교와 기숙사, 선교부 건물을 짓기 위해서는 적어도 1만 5천 달러가 필요했다. 이를 위한 방법은 후원으로 비용이 마련되거나, 기존에 보유한 자골선교부를 매각하는 것이었다.[298]

캠벨은 그해 도시 전경이 한눈에 내려다보이는 언덕 위의 부지, 용각골(필운동)의 4천여 평 토지를 매입하였다.[299] 남송현에서 자골여선교부로 옮겨올 때와 같이, 여선교부의 새로운 도약을 위하여 급진적인

▲ 용각골 배화학당 전경(1930년대)

결정을 한 것이다. 이 자리에 선교사 사택, 기숙사, 학교 건물이 완공되어 봉헌식을 거행한 것은 1915년 1월 9일의 일이었다. 캠벨은 1910년까지 교장직을 수행했지만, 배화학당과 관련해서는 필운동 부지에 건물이 안정적으로 세워질 수 있도록 재정을 후원받고 건축이 완성될 때까지 이를 지원했다. 새로운 학당 건물은 200명을 수용할 수 있는 2층 벽돌 건물로 지어졌고, 기숙사는 한옥으로 지어졌다. 학당의 이전과 관련된 효과는 곧 드러났다. 필운동으로 옮겨간 뒤에 배화학당의 재적인원은 계속 늘어나, 1928년 40회 창립기념일에는 1,017명의 학생이 등록하였다. 이마저도 수용할 수 있는 교실이 부족하여, 그 해 입학하고자 했지만 돌아간 학생이 400명이었다.[300] 필운동으로 이전하는 결정은 당시에 급진적 행보였으나, 더 많은 학생에게 교육의 기회가 주어지는 긍정적인 결과를 가져왔다. 당시 선교부 이전 결정은 쉽지 않았지만, '가장 좋은 결과'를 위해 재정을 들여 더 많은 이들에게 도움을 주기 원했던 캠벨의 안목이 드러나는 부분이다.

필운동으로 차차 옮겨가기 시작하면서 자골선교부 내 건물 공간에 여유가 생기자, 자골교회 내 매일학교가 시작되었다. 1909년의 보고에 따르면 18명의 여자 매일학교와 담임 교역자인 하운셀(한운설, C. G. Hounshell)이 시작한 40명의 남자 매일학교가 운영되고 있었다. 캠벨이 이를 이따금 감독하거나 수학과 영어회화, 음악 등의 수업을 가르쳤다. 이 학교와 관련된 야학도 열렸는데, 캠벨의 손에 자라난 유경상이 영어를 가르치며 이끌어갔다. 선교부의 이전 결정이, 결과적으로 더 다양한 학생들이 공부할 수 있는 환경을 만들어 준 것이다.[301]

캠벨은 여선교부 전체를 감독하면서, 서울뿐 아니라 각 지역의 선교를 위하여 후원 자금을 관리하며 건축을 추진했다. 콥은 다음과 같이 서술한다.

"캠벨은 그녀의 보고서 중 하나에서, 친구에게서 온 후원에 대한 흥미로운 이야기를 들려준다. 송도의 매일학교 토지 매입을 위해서 필요한 금액은 800엔이었다. 다른 사람들이 그 토지를 구하려고 하고 있었기에, 한 번에 사들여야 했다. 그녀와 캐롤과 엘라수 와그너는 어느 날 저녁 함께 모여 그들의 간구가 응답될 것을 믿으며, 부지에 대하여 기도했다.
다음날은 캠벨의 생일이었다. 본국에서 편지가 도착했는데, 그녀가 원하는 일에 쓰라고 200달러를 보냈다는 소식이 들어있었다. '그들이 부르짖기 전에, 내가 응답하겠다.' 이로써 그 금액은 400엔이 되었고, 세 사람은 나머지 400엔에 대해 보증했다."[302]

이 일화의 시기를 특정할 수는 없지만 엘라수 와그너의 내한 시기(1904)와 학교 건축 시기(1907) 사이에 있었던 이야기다. 캠벨은 여선교부와 관련된 영적인 부분과 재정적인 부분의 지원을 아끼지 않았다. 남감리회 여선교부 산하였던 송도의 호수돈학교뿐 아니라, 원산의 루씨여학교 건설 역시 캠벨의 책임 아래 이루어졌다.[303] 캠벨은 미국에서 지원되는 재정적인 부분을 효율적으로 관리하며, 각 선교본부의 필요에 따라 이를 사용했다.

캠벨은 결코 자신을 아끼지 않았으며, 끊임없이 새로운 일에 손을 내밀었습니다. 선교본부는 서울을 넘어 하나하나씩 세워져 갔습니다. 여선교부가 개입한 기간에 토지는 매우 현명하게 구매되었고, 때때로 일부를 매각하여 새로 세워지는 건물에 자금을 조달하기도 했습니다.[304]

캠벨은 선교본부의 운영을 위하여 끊임없이 새로운 일들을 시작했다. 이는 각 지역 선교본부들이 기초를 다지며 새로운 건물을 세우고 새로운 도약을 할 수 있는 근거가 되었다. 남감리회 한국 여선교부 관리자였던 캠벨이 각 선교본부의 상황을 살피고 재정을 적절히 관리하였기에 이러한 일들이 가능했다. 시대의 어둠이 깊어져 가는 가운데에서도 꿋꿋하게 세워지는 학교들은, 실력과 힘을 기르기 원하는 한국 사람들에겐 등불과 같이 빛나는 곳이었다. 그렇기에 캠벨이 세워간 것은 그저 눈에 보이는 건물들이 아니라, 시대를 밝히는 희망이었다.

3. 신여성들의 등장

배화학당이 세워진 지 9년째 되던 해인 1906년 여름, 배화학당의 시험에 관한 기사가 〈황성신문〉에 실렸다.

> 장홍동 배화학당은 미국 부인 강씨(캠벨)가 창립한 여학당인데 영어, 산술, 한문, 국문, 지리, 역사, 자수 등 과정으로 열심 교육한 지 오늘날까지 근 10년째다. 작년 여름 시험에 각 반의 우등생이 22명이나 되었다. 자신의 사랑하는 딸 세 자매를 이 학당에 취학시킨 지 오래된 정상혁 씨가 그날 참석하였는데, 강부인의 열성적인 주무와 교사 이중혁 씨의 진심 어

▲ 배화학당 창립 10주년 기념식(1908). 각 사진 중앙에 캠벨의 모습이 보인다.

린 가르침과 학생들의 높은 학업 성취도를 칭찬하여, 많은 물품으로 시상하였다 하니 듣는 사람들은 모두 축하해마지 않았다.[305]

이 기사의 제목은 '여학 점진(女學漸進)', 다시 말해 배화학당 여학생들의 학업이 점차 발전해가고 있는 모습을 기록했다. 배화학당 초기의 교육은 서당식 교육 형태였으나, 점차 근대화된 교육 형태로 바뀌어 갔다. 1903년에 2년 과정의 중학 예비과를 배화학당 정규 과정으로 운영하였다가, 1909년 3년제 고등과와 4년제 보통과를 병설하여 인가를 받았다.[306] 학당의 설립 초기에는 열악한 교육 환경이었지만, 설립한 지 10여 년이 지난 후에는 학업에 대한 열정을 가진 학생들이 학업에 정진하는 학교의 모습을 갖출 수 있었다. 다음은 1909년 캠벨의 보고내용이다.

"우리 학교는 매해 더 수준이 높아지고 있으며, 마침내 우리 소녀들은 학교에서의 학업에 대한 열망을 갖게 되었습니다. 그들은 학교의 명성으로 남들의 부러움을 사고 있습니다. …… 그것이 지향점이라고 할 수 있다면, 학교는 제국 내 어떤 학교에도 뒤떨어지지 않는 위치를 차지하고 있습니다."[307]

학년	교과 과정
고등과 1학년	성경, 산수, 편지쓰기 및 작문, 한국과 중국의 역사(한문), 세계 지리(한문), 영어, 생물학, 성경 공부
고등과 2학년	산수(비율) 및 대수학 입문, 세계 지리와 역사, 고대와 중세의 역사(영어), 생물학 완성, 음악(기악과 가창)
고등과 3학년	대수학과 기하학(영어), 다양한 분야의 작문, 고등 지리학(영어), 중세 및 현대사, 물리학과 식물학
기타 필수과목	음악, 체육, 자수, 가정, 바느질, 요리

▲ 1910년 *The Korea Mission Field*에 수록된 배화학당 교과 과정

학당의 위상이 높아지게 된 데에는 학당을 통해 배출된 학생들의 영향이 작용했다. 배화학당을 통해 길러진 학생들은 소위 '신여성'들로, 사회 각층에서 영향력을 발휘했다. '신여성'이라는 명칭은 1920년대에 들어 불리게 되었으나, 신교육을 받은 신여성들은 구한말에서 1910년대에 이미 형성되어 있었으며 배화학당을 수료한 학생들 역시 사회에 진출한 신여성의 모습이었다.[308]

1909년 학제가 개편되기 전까지는 학당의 재학 연수가 정해져 있지 않았기에, 일할 수 있는 곳을 찾아 나가거나 결혼하는 경우가 많았다. 1907년 〈대한매일신보〉에 따르면, 배화학당의 우수 학생들이 원산과 송도에 가서 교사가 되었으며, 또 재학생 중 교사가 될 재목이 여럿

있다고 보도되기도 했다.[309] 앞서 살펴본 '이쁜이'의 경우와 마찬가지로 학당에서 수학한 우수한 학생들이 남감리회 산하 학교들의 교사가 되어 활동하였다는 것을 알 수 있다.

그리고 캠벨은 피치 못하게 결혼과 관련된 일들을 맡는 경우가 있었다. 구혼자와 여성 사이에서 결혼을 중매하는 역할을 맡아, 조정하며 성사시키는 역할을 한 것이다. 다음은 캠벨의 보고내용이다.

> "결혼에 대한 문제는 이 지역에서 시간이 많이 드는 일입니다. 저는 구혼자를 대신한 중매인이 되고, 또한 소녀를 대신한 중매인이 됩니다. 모든 세세한 성격과 자격, 그리고 신랑으로부터 받게 되는 모든 혼수는 명확하게 표명되어야 합니다. 그것이 만약 소녀의 삶의 자리에 적합하지 않다면, 거부되며 더 좋은 것들이 요구됩니다. 이 모든 것에 귀중한 시간이 걸리며, 학기 중에는 결혼 중매인의 위치를 맡을 수 없었습니다. 나는 이 임무가 선교사의 삶에서 사라지기를 바랐지만, 아아—, 저는 이 피할 수 없는 것에 순종해야만 한다고 생각합니다."[310]

가정을 세우는 일이요, 많은 시간이 걸리는 까다로운 작업이었기에, 캠벨은 이 일이 선교사역에서 없어지기를 바랄 정도였다. 하지만 학당을 졸업하는 학생들이 기독교 가정을 세우고 선한 영향력을 발휘하기 위해서 꼭 필요한 일이라서, 캠벨은 이를 순종하며 받아들이기로 했다. 신앙이 가장 효과적으로 전수될 수 있는 곳은 다름 아닌 가정이었고, 캠벨은 기독교 교육을 받은 여성들이 가정 안에서 신앙을 잘 전달하며 살아가기를 바랐다.

이렇게 캠벨의 영향력 아래 학당을 수료한 학생들에 관하여 남감리회 선교사 크램 부인은 선교사 소식지 *Missionary Voice*에 다음과 같이 기고했다.

> "우리의 처음 매일학교 교사들은 캐롤라이나 학당에서 온 소녀들이었습니다. 캠벨 선교사의 가르침과 훈련의 영향력을 우리가 다 말할 수는 없겠지만, 여기저기의 한국 가정에서 그녀를 통해 그리스도께로 인도된 젊은 여성들을 만날 수 있습니다. 한 사람은 매서인의 아내이고, 다른 한 명은 교사의 아내이며, 다른 한 명은 교회 간사의 아내이고, 또 다른 한 명은 훈련된 간호사입니다. 우리는 이 명부를 끊임없이 나열할 수 있습니다."[311]

학당에서 수학한 학생들은 곳곳에서 캠벨의 가르침과 훈련을 실천하며 교사로, 간호사로, 또 각 가정을 일으키는 여성으로 세워졌다. 이는 기독교 신앙으로 교육받았을 뿐 아니라, 학문적 소양이 높은 신여성들이었다.

1908년과 1909년 보고에 따르면 당시 배화학당의 교과 과정은 한국 고전, 성경, 교리문답, 영어, 산수, 지리, 생물학, 자연과학, 음악(가창과 기악), 체육, 미술, 산업, 한자, 작문이었다. 다양한 분야의 수업을 통해 전문성을 갖춘 인재들로 세우려는 노력의 흔적이 보인다. 그리고 캠벨이 1910년 여선교부 본부에 보낸 편지에 따르면 배화학당의 학생들은 한문 고전 18권을 암기했으며, 영어와 모국어인 한국어를 기초부터 공부한 학생들이었기에 결과적으로 3개 국어를 공부한 셈이었다.[312]

배화학당에서 정식으로 졸업식을 거행한 것은 캠벨이 세 번째 안식년 휴가를 떠나기 전인 1910년 5월 26일이다. 첫 번째로 졸업장을 받을 예정인 학생들은 여덟 명이었고, 이 중 네 명은 학교에 남아 보조교사의 역할을 하게 되었다. 졸업식은 당시 완공된 자골교회의 새 예배당에서 열렸다. 졸업식 순서는 다음과 같았다.

1910년 배화학당 졸업식 순서[313]

사회 .... 저다인(자골교회 담임)

합창 .... 배화학당 고등과 학생들

개식사 .... 정춘수(자골교회 부담임)

기악곡 .... 김옥순

환영사 .... 하디(감리교 협성신학교 교장)

학당의 역사 .... 캠벨

▲ 배화학당 제1회 졸업식(1910). 뒷줄 오른쪽에서 두 번째 캠벨의 모습이 보인다.

第二號
卒業證書
安於真
年十八
居坡州郡文山浦
右人이本學校高等三年級에서卒業ᄒᆞ얏
기此證書를授與홈
新舊聖經 漢文 萬國史 植物學
算術代數 作文 英語 刺繡
音樂 唱歌 體操
隆熙四年 月 日
私立培花高等女學校校長康慕仁
教師閔馬太

▲ 배화학당 고등과 제1회 졸업장. '교장 강모인'이라는 이름을 찾을 수 있다.

기악곡 ………………………… 안어진

축하 연설 ………………………… 왓슨(송도보통고등학교 교장)

기악곡 ………………………… 배길순

인사말 ………………………… 안어진

기악곡 ………………………… 로우(E. Lowe 호수돈여학교 음악교사)

고별사 ………………………… 산클라리사

학급 노래

축도

캠벨은 *The Korea Mission Field*에 배화학당을 소개하면서, 졸업식을 앞두고 자신이 길러낸 학생들의 앞날에 대한 기대감을 표현했다.

"처음으로 졸업장을 받는 7학년 학생들이 학교생활에서 벗어나 경험해

보지 못했던 위대한 세상으로 나아갈 때, 우리의 기대를 충족시키기 바랍니다. 한국의 개화와 진보의 과정에서 젊은 여성들이 출현한다는 것은 상당히 흥미롭습니다. 그것은 다듬어지지 않았던 인간성이 훈련을 통해 인정받게 되는 훌륭한 일입니다. 이러한 학식을 세워가는 사람들에게는 막중한 책임이 지워져 있습니다. 바로 올바른 것을 강조하고 잘못된 것을 억제하는 일이며, 자신과 관계없는 혼란 속에서라도 문제에 대한 최소한의 생각을 품는 것입니다. 성숙한 여성으로 키워 달라는 부탁과 함께 어린이는 교사의 손에 맡겨집니다. 그러나 이는 우리가 그녀를 어떤 여성으로 만들어가느냐가 아니라, 하나님의 도움으로 어떤 여성이 되어가느냐에 달려 있습니다. 영혼을 구원하는 위대한 사명의 수레바퀴는 움직이기 시작했고, 또 하나의 세대가 시험대에 서 있습니다."[314]

캠벨은 이들을 길러낸 것이 전적인 '하나님의 도움'이었음을 인정하면서 동시에 세상으로 나아가는 젊은 여성들이 시대의 혼란과 혼돈 속에서도 바른 생각과 선을 추구하고 악을 억제하는 역할을 하기 바랐다. 이는 역사의 흐름에 수동적으로 순응하는 모습이 아니라, 적극적으로 그릇된 일에 맞서며 선한 일을 도모하는 여성의 모습이었다.

이 시기 한국 교회의 신학은 곧 선교사들의 신학을 의미했다. 선교사들의 표준이 한국인들의 표준이 되고, 선교사들의 행동이 한국인들의 행동이 되었다.[315] 캠벨은 자신의 글에 직접적으로 일본 제국주의에 대하여 반감을 드러내지는 않았으나, 일본과 한국의 비교선상에서 한국을 '동양의 선교사'로 표현하며 오히려 일본보다 더 중요한 위치에 두었다.[316] 그리고 위의 *The Korea Mission Field* 기사 내용에도 언급하였듯, 보고서의 곳곳에서 일본 제국주의가 통치하는 시대상을 '잘못된 것', '혼란', '당혹스러움'으로 간접 표현하였다. 이러한 캠벨의 성향은 배화학당 내 학풍과도 무관하지 않았다. 배화학당은 민족의식과 독립사상을 고취시켰던 교사 남궁억, 차미리사를 비롯하여 독립운동에 참여한 많은 학생을 배출하였으며, 3.1운동 1주년에 만세 시위를 벌여 24명의 학생이 수감된 바 있다.[317]

4. 자골교회 전도부인들

한편 자골교회의 여성 사역도 활발하게 움직이고 있었다. 1906년 12월의 보고에는 다섯 명의 유급 전도부인인 백루이스·김세라·안씨 부인·조씨 부인·윤씨 부인이, 1909년에는 일곱 명의 유급 전도부인인 백루이스·김세라·윤세라·조씨 부인·김씨 부인·정씨 부인·김간나가 활동하고 있음을 확인할 수 있다. 또 같은 해 보고 속에는 자골교회 소속으로 일곱 명의 유급 전도부인 외에도 여섯 명의 자원 전도부인이 있었다.[318] 이 중 윤세라의 경우는 양반 계급의 여성이었고, 하보 선교사를 통해 자골교회로 출석하게 되었다. 캠벨은 윤세라의 이야기를 다음과 같이 전해준다.

> "윤 부인은 어느 날 밤 산기슭에 서 있는 꿈을 꾸었는데, 산 정상에서 한 목소리가 계속 들려왔습니다. '윤 부인, 네가 나를 사랑하느냐? 너는 어

찌하여 내 백성들을 구하지 않느냐?'는 소리가 계속해서 들려왔습니다. 그녀는 머리부터 발끝까지 떨면서 깨어났고, 기도하기 시작했습니다. 그때부터 그녀는 사역을 시작하기로 결정했습니다.

그녀는 여느 전도부인들과 같이 시작했지만, 상류층 여성으로서 자신이 방문해야 한다고 느끼는 모든 집에 들어갈 수 없다는 것을 깨달았습니다. 그래서 그녀는 외국 의복을 입게 되었고, 그 옷을 입고 어떤 집이든 들어갈 수 있었습니다."[319]

상류층 여성이었던 윤세라는 모든 계층의 집에 들어가기 위해, 서양식 의복을 입었다. 그녀는 '백성들을 구하라'는 말씀에 순종하며 전도했고, 이로 인해 새로운 성도들이 유입되었다. 또 이 시기에 활동한 전도부인들 중 1906년에서 1915년까지 시무한 홍다비다가 있었다. 캠벨의 보고 속 이름으로는 확인이 어려우나, 『종교교회 70년사』에 그 활약이 기록되어 있다. 홍다비다의 모습을 통해 당시 전도부인들의 활동을 짐작해볼 수 있다.

홍(洪)다비다 전도사는 어느 부잣집의 청지기 내외에게 전도하기 시작하였다. 그들 내외는 예수 소리만 해도 듣기 싫다고 하면서 저 예수 미치광이 할머니 또 온다고 하면서 문을 닫아걸고 말 상대를 하지 않았다. 어느 때는 그 내외가 성을 내면서 저놈의 늙은이 때려죽이겠다고 달려들기도 했다.

그러나 매를 맞을 각오를 하고 열심히 두 내외를 위해 기도하면서 결사적으로 그들을 붙들고 열심히 전도하였다. 그랬더니 어느 날은 그 두 내

> 외가 교회를 찾아와 눈물을 흘리면서 우리도 예수를 믿겠다고 회개하였다. 홍다비다 전도사는 그 내외를 위해 기도해 주었다. 이들은 후에 남편은 남감리교회의 목사가 되었고 부인은 여전도인이 되었다. 그 목사가 바로 윤상은 목사였다. 윤 목사는 1909년 자교(紫橋)교회 초대 교역자로 취임하여 1912년 8월까지 시무하였다.[320]

매를 맞을 각오로 끈질기게 전도하던 홍다비다의 진심이 통하여, 한 양반집 청지기 내외가 그리스도인이 되었다. 청지기 윤상은은 16세까지 한학을 공부하던 선비였으며, 1907년 세례를 받아 매서인으로 활동하다가 1912년 전도사 직첩을 받고, 이후 남감리회의 목사(1918)가 되어 시무하였다.[321] 이렇게 당찬 전도를 하던 홍다비다는 "신유의 은사"를 받기도 하여서, 아픈 이들에게 손을 얹고 기도하면 "마귀가 쫓겨나며 중병이나 위암 환자들을 많이 고쳤다"라고 한다.[322] 홍다비다가 병자들을 위해 기도할 때, 치유되는 일들도 일어났다는 것이다. 캠벨은 전도부인들이 기도와 금식을 통해 영혼을 그리스도께로 돌이키게 하거나, 병든 자들을 고치게 되었다고 보고하기도 하였다.[323] 또 다른 기록에는 다음과 같은 이야기가 전해진다.

> 어느 때는 홍(洪)다비다 전도사가 늦도록 전도하고 집으로 돌아가면 자물쇠로 꽉 잠겨있는 방에 불이 환히 켜져 있어서 누가 문을 열고 불을 켤 사람이 없는데 이상하다 하고 문 앞에 와서 문을 열쇠로 열면 갑자기 환했던 불이 꺼지고 컴컴한 방에 다시 불을 켰었다. 윗방에서 방바닥을 딱딱 치는 소리가 나는 것이었다. 열심으로 기도하고 나서 윗방으로 칼을

휘두르며 이 멸망할 마귀야 예수의 이름으로 목을 잘라 죽이겠다고 크게 소리를 쳤다. 이것을 동리 사람들은 도깨비라고 했으며 다시는 그 집에서 이런 일이 없었다.
그때 시절에는 어찌나 늑대들이 자주 산에서 내려와 어린아이와 개와 돼지를 물어 가는지 동리 사람들이 밤이면 잘 나오지를 못했는데 홍전도사는 밤늦도록 전도하는 길에 늑대를 많이 만났으나 하나님의 보호를 받았다는 것이다.[324]

사실 여부를 떠나, 홍다비다는 성도들에게 '도깨비에게 담대하게 맞서는' 사람이자, '하나님의 보호'를 받는 사람으로 여겨졌다. 전해지는 이야기들은 용기와 믿음의 사람인 홍다비다가 전도하는 말과 행동에 더욱 권위를 부여했다. 그뿐 아니라, 홍다비다의 삶은 많은 이들에게 귀감을 주는 봉사와 섬김의 삶이었다.

[홍다비다 전도사는] 교인들의 가정에 온갖 어려운 일과 교인들의 시체를 다루는 일, 순산시키는 일 등 여러 가지 고생되는 일은 다 맡아서 봉사하였다.[325]

홍다비다는 집집마다 전도와 심방을 다니면서 때론 남들이 기피하는 어려운 일들을 맡아 헌신하였다. 장례에 있어 시신을 다루는 일과 산파가 되어 아기와 산모를 돌보는 일 등 궂은일을 도맡아 하는 삶은, 다름 아닌 삶으로 복음을 나타내는 일이었다. 홍다비다로 대표되는 당시의 전도부인들은 복음을 언어로 전하는 것뿐 아니라, 삶으로 본을 보이는 일에 앞장서는 사람들이었다. 캠벨은 이들이 맡은 일을 훌륭하게 하였기에 이들의 기도와 가르침으로, 사람들이 전도부인의 직분을 '가장 거룩한 직분' 중 하나라고 인식하게 되었다고 한다. 전도부인은 초기 한국 교회의 부흥에 있어 중추적인 역할을 했다.

이 전도부인들은 캠벨의 지도와 관리를 받았다. 때로는 전도부인들 사이에서 갈등이 일어나기도 했는데, 이들의 문제를 중재하고 조치하는 것 역시 캠벨의 몫이었다.

> "올해 세 명의 전도부인들이 시기심에 휩싸여 심각한 시간을 지났습니다. 그들의 사역은 5주 동안 중지되었습니다. 그리고 그들 스스로가 되돌아보고 바로잡을 수 있도록 하는 특단의 조치가 필요했습니다. 자골교회 전체가 그들을 위해 집중하여 기도했고, 부흥이 일어나면서, 그리고 저다인과 스톡스 선교사가 무릎 꿇고 회개하면서 그 일이 해결되었습니다."[326]

캠벨은 갈등을 묵인하지 않았으며, 또한 극단적인 해결방법을 사용하지도 않았다. 스스로 깨닫고 돌이킬 수 있도록, 사역을 중단시키고 기다리는 시간을 가졌다. 캠벨 특유의 온화함과 강인함이 동시에 드러나는 대목이다. 이 시기에 자골교회는 이 전도부인들을 위해 기도했고, 마침내 진심 어린 회개들로 문제는 해결되었다.

캠벨은 전도부인들의 활동을 감독할 뿐 아니라 이들의 교육 또한 주관했다. 자체적인 교육뿐 아니라, 1909년의 보고에 따르면 연합성경학교(Union Bible School)에서 전도부인들이 교육받게 하였는데 교과 내용은 성경과 교회사였다. 캠벨은 이렇게 훈련된 전도부인들과 직접 가정 방문을 하고자 하였으나, 학당 외 여러 일로 분주하여 할 수 없었다.

"우리에게는 아주 훌륭하게 사역 중인 여섯 명의 전도부인이 있지만, 이들을 감독하는 일은 잘 이루어지지 않습니다. 저는 그들과 함께 나가서 가정을 방문하며 이 전도부인들을 격려하고 싶지만, 그것은 불가능했습니다. 저는 그들의 보고서를 감독하고, 그들이 교회와 선교본부에 데려오는 여성들을 환영할 수 있을 뿐이었습니다. 그러나 사역자가 없다고 해도 기도는 응답되기에, 저의 인력거로 이동할 때나 활동적인 일을 하고 있을 때도 전도부인들을 위해 기도하며, 그들을 위해 일정 시간 기도하는 것 역시 시작했습니다. 아마도 하나님께서는 내가 함께 있지 않아도 그만큼 일하실 것입니다. 그분은 우리와 함께 일하시기도 하지만, 우리 없이 일하시기도 합니다."[327]

캠벨의 중보와 지도로 전도부인들은 새로운 신자를 전도하고 또 교회의 성도들을 양육해 나아갔다. 사실 이 시기 캠벨은 전도부인 사역보다 학교 사업에 더 많은 무게를 두고 있었지만, 이러한 생각은 전환을 맞이하게 되었다. 이어지는 내용은 캠벨의 보고이다.

"서울은 전도부인들에게 매우 훌륭한 사역지가 되고 있습니다. 저는 하나님께서 내게 이 사역을 허락하시고 부르신다는 것을 느낍니다. 저는 지금까지 학교 사역을 훨씬 더 좋아했기 때문에, 그 부르심에 반항했음을 고백합니다. 하지만 지금은 이 문제에 있어 그분의 뜻에 항복합니다.

지방의 사역들은 계속 추진되고 있는데, 그것은 제가 학당을 내려놓고 그 사역을 추진해야 한다고 말하는 것으로 보입니다. 우리 학생들이 가장 효율적인 전도부인이 되는 것은 아니었습니다. 물론 저는 이렇게 진실하게 사역에 대해 보고할 때, 고국의 교회들에게 놀라움을 안겨줄 것으로 생각합니다.

고국의 교회에, 전도부인들을 위해 매일 그리고 끊임없이 진실하게 드리는 기도를 요청합니다. 그 기도는 전도부인들을 특별하게 도울 것입니다."[328]

캠벨은 처음에 교육 사업을 선호하여 더 중점을 두었고, 학당의 교장직을 수행하는 데 많은 시간을 쏟았다. 상대적으로 전도부인의 관리가 소홀해질 수밖에 없었다. 그러나 한편으로는 전도부인들의 열정적인 활동으로 자골교회에 출석하는 성도들의 숫자가 크게 증가했다. 서울 지역 외에도 여성 선교사업은 계속 확장되고 성장하였기에, 캠벨의 마음에는 이 부분에 대한 부담감이 있었다. 시간이 지나면서 전도부인 사역에 대한 부르심을 확신하게 되었다. 캠벨은 1910년 7월 22일 세 번째 안식년 휴가를 떠나면서, 배화학당의 교장직을 니콜스(Lillian Nichols)에게 맡겼다. 니콜스는 1907년부터 배화학당의 교사로 재직한 여성 선교사였다. 그리고 캠벨은 배화학당의 교장을 내려놓은 안식년 휴가 이후 본격적으로 전도부인 사역에 집중하게 된다.

부흥의 영향과 전도부인들의 활약으로 자골교회의 교인 수는 계속 증가했다. 캠벨이 1906년 8월 미국 남감리회 해외여선교부로 보낸 편지에는, 기존의 루이스워커 기념예배당이 넘쳐나고 있다는 내용이 들어 있다. 신도들은 매우 가까이 붙어 앉아 예배를 드렸으며, 일요일마다 문과 창문은 자리를 찾지 못하는 사람들로 붐볐다.

그리고 여선교부가 1907년 필운동 부지를 사들이면서 자골교회도 근본적인 대책을 수립해야 했다. 엄밀히 말하면 루이스워커 기념예배당은 배화학당에 속한 재산이었기에, 학교가 이전하게 되면 자연히 사라지게 될 건물이었다. 또 여성 중심의 교회였던 자골교회에 남성 신도들이 늘어나게 되었는데, 특히 배화학당을 담당했던 여성 선교사 하운셀의 오빠인 하운셀 목사가 1904년부터 자골교회를 담임하고 1904~1905년 부흥회를 거치면서 이 현상은 가속화되었다. 그러나 자골교회의 예배당이 여학생들과 여선교사들이 거주하는 여선교부지 안에

▲ 〈조선남감리회 30주년 기념보〉에 수록된 종교교회, 자교교회, 석교교회

있었기에, 남성들이 여학교 경내의 교회로 나오기를 꺼리는 현상들도 있었다. 따라서 자골교회로서는 별도의 예배 공간에 대한 필요성을 느끼고, 당시 자골선교부에서 멀지 않은 위치인 종침교 부근의 도렴동으로 옮겨가기를 결정했다.

1908년 4월 26일부터 한옥을 개조한 도렴동 예배당에서 따로 모이면서, 이때부터 교회의 이름을 종교(宗橋)교회라고 부르기 시작했다. 새로 마련한 공간에는 매 주일 400~500명의 신도가 출석했고, 이는 서울에 소재한 감리교회 중에서 미감리회의 정동제일교회와 상동교회 다음으로 많은 숫자였다. 다음은 하운셀 목사가 1908년 *The Korea Mission Field*에 수록한 서울 지역의 보고다.

> "자골[종교]교회는 성장하며 새로운 삶을 시작했습니다. 예전의 오래된 예배당을 넘어 부흥하여 새로운 건물을 거의 다 채웠습니다. 140명의 세례교인과 300명의 주일학교 학생이 있습니다. 거의 모든 일요일에 400~500명 정도 모여 말씀을 듣습니다. 여선교부 소속 여성들은 이 교회에서 여성들을 위한 훌륭한 사역을 하고 있습니다. 우상은 허물어지고 귀신 숭배는 파괴되어, 많은 사람이 들어오고 있습니다. 집사들은 교회 재정을 돌보는 데 적극적이고, 그들은 현지인 전도사의 사례를 향상하고 있습니다. 도시의 이쪽 부분에는 적어도 두 개의 교회가 더 세워져야 합니다."[329]

하운셀에 따르면, 종교교회가 새로운 부지로 옮기면서 이전보다 더 성장하고 있으며, 이 지역을 위하여 최소 두 곳에 교회가 더 설립되어야 한다고 말한다. 이 보고서의 말미에는 "긴급 요청"이라는 제목으로, "① 현재 자골[종교]교회의 동쪽과 북쪽에 두 곳의 교회 설립을 즉시 추진할 것, ② 자골[종교]교회의 회중을 모두 수용할 수 있는 새로운 예배당을 건축할 것, ③ 동소문교회와 지방 사업을 위한 여선교사를 파송할 것, ④ 사직골에 서울지역과 지방의 사역을 할 남성 선교사들이 적어도 네 명이 살 수 있는 사택을 건립할 것" 등의 내용을 실었다.[330]

하운셀의 요청은 오래 지나지 않아 받아들여졌다. 하운셀의 후임으로 파송된 저다인은 1910년 6월 1,400명이 족히 앉을 수 있는 벽돌 예배당을 건축하였다.[331]

> "건물을 새로 짓는 기간에 예배에 적합한 건물이 없었음에도 불구하고 회중이 증가했습니다. 새 건물에 대한 필요성이 절실했고, 건물을 지음에 있어서 당시 출석하고 있던 약 200명의 회중만을 위해 건축하는 것은 현명하지 않다고 생각되었습니다. 남감리회의 교회 건축 위원회로부터 받은 지원과 다른 동역자들로부터 받은 선물들을 통하여, 최대 1,400명까지 수용할 수 있는 현재의 건물을 지을 수 있었습니다. 그 건물의 가격은 9,000엔입니다. 이 새 교회에서 예배를 드린 지는 몇 달 되지 않았는데, 예배 참석자는 지속적으로 늘고 있습니다. 지난 일요일 예배 때 정확하게 523명이 참석했습니다. 아직 빈자리가 있지만, 이미 참석자들은 충분히 많아서, 교회가 편안하게 채워진 것처럼 보입니다."[332]

종교교회는 도렴동으로 부지를 옮기면서, 또한 새롭게 건축하면서 성도들이 폭발적으로 증가했다. 종교교회는 배화학당의 기숙사 건물 예배실에서 작은 규모로 시작했지만, 이제는 당시 1천 명 이상을 수용할 수 있는 가장 큰 규모의 예배당을 건축한 것이다. 그리고 종교교회는 완전한 자립을 이루어, 선교사들의 지원을 받는 교회가 아니라 이제는 다른 교회들을 도울 수 있는 위치에까지 이르렀다.

그리고 종교교회로부터 북쪽에는 자교교회가 남쪽에는 석교교회가 설립되었다.[333] 자세한 내막은 알 수 없지만, 정춘수 전도사와 홍다비다 전도부인을 중심으로 종교교회가 형성되었을 때, 전도인 윤상은을 중심으로 한 일부 교인들은 계속 남아서 루이스워커 기념예배당에서 예배를 드리며 전도했는데, 이후 경복궁에서 가까운 창성동에 한옥을 구입하여 예배를 드리기 시작하였으니, 이것이 자교교회의 출발이었다.[334]

또한 '서대문 밖' 전도가 추진되면서 1910년 설립된 석교교회는 1914년 독립 구역이 되기까지 종교교회의 선교처로서 관리를 받았다.[335] 이후 서울 지역 여성 전도를 담당했던 마미 마이어스(Mamie Myers) 선교사의 1913년 보고에 따르면 종교교회의 산하에 '선교' 교회로 '자골교교회[자교교회]'와 '서문교교회[석교교회]'가 있음을 확인할 수 있다.[336] 캠벨이 설립한 자골교회가 남감리회의 초기 역사를 이끌어간 종교교회와 자교교회의 쌍둥이 교회로, 나아가 석교교회로 분리·발전하게 된 것이다.

5. 아들, 유경상

앞서 살펴본 대로, 초기 배화학당에는 유경상, 장용남, 김홍준 세 사람의 남학생이 있었다. 캠벨의 보고 속에서 그들의 이야기를 살펴볼 수 있다.

> "두 소년, 지오 포스켓(Geo. Fosk- ett)과 버버리 키(Beverly Key)는 처음 우리에게 올 때 작은 어린아이들이었지만, 규칙적인 습관들과 행동방식으로 빠르게 성장하여 이제 배재학당에 들어갈 준비가 되었습니다. 저는 그들의 삶에 지대한 관심을 기울일 것입니다."337

▲ 조선기독교청년회 학생연합 하기대사경회(1913년). 오른쪽 앞에서 세 번째 줄에 검은 양복을 입은 유경상이 있다.

1902년부터 남감리회가 미감리회와 공동으로 배재학당을 운영하게 되자, 배화학당에서 수학하던 남학생들은 배재학당으로 옮겨가 공부하게 되었다. 학교는 옮겨가게 되었어도 남학생들의 숙소는 여전히 배화학당 내부에 있었고, 이들은 자골교회에 출석하였다.[338] 이들에 대하여 콥은 한국을 방문한 뒤 다음과 같이 보고한 바 있다.

> "캠벨은 사람 본연의 모습에서 가장 좋은 것을 빚어내는 능력이 있습니다. 그리고 몇몇 훌륭한 젊은 남녀들은 그녀의 세련되고 발전적인 영향력의 흔적을 보여줍니다. 특히 이들 중에는 전도자로서 조국의 국민을 위하여 훌륭한 사역을 하고 있는 중국의 유양이 있습니다. 그리고 수년간 캠벨의 요리사로 일했던 서울의 한 청년은, 겉으로 보아도 완전한 신사로 자라나 지금은 치의학을 공부하고 있습니다. 세 번째의 사람은 그녀의 문간방에서 자랐고, 작년에 송도에 있는 윤치호 선생의 학교에서 가르치다가, 지금은 원산으로 가서 하디 박사의 성서학당 조수가 되었습니다."[339]

캠벨은 가는 모든 곳에서 '양육자'로서의 면모를 잘 보여주었다. 특히 그들의 '어머니'가 되어 양육하고, 훈련시키는 일을 해왔다. 특히 위의 글에서 세 번째로 제시된 사람은 바로 유경상이다. 콥은 자신의 책 *Story of the Years in Korea*에서 캠벨이 양육했고 양자 삼았던 두 사람을 제시하는데, 한 사람은 도라 유이고 다른 한 사람은 유경상이다. 중국에서 만나 수양딸로 삼았던 도라 유처럼, 한국에서도 유경상을 양자 삼은 것이다. 콥은 캠벨이 "그들을 양육하는 일 외에 다른 일을 할 수 있었다면, 대부분의 다른 사람들보다 훨씬 더 많은 일을 해냈을 것"이라고 말하며, 양육하는 일에 많은 시간과 노력이 필요했음을 말한다.[340] 콥은 이어서 설명한다.

> "두 번째 제자는 서울에 있는 캠벨의 문간방에서 자라났고, 캠벨이 직접 가르친 한국인 청년입니다. 캠벨은 그에게 명실상부한 어머니가 되었습니다. 그는 송도에 있는 윤치호 선생의 학교에서 수학하고, 하디 박사가 성서학당과 복음 전도사역의 조력자로 부를 때까지 그곳에서 가르쳤습니다. 그는 훌륭한 청년으로 주님의 일에 헌신하며, 신앙심이 강하고 기도 생활이 풍부한 데다 자신의 나라를 그리스도께 인도하기 위한 노력에 열심을 냅니다."[341]

유경상은 1886년 서울에서 출생하여, 배화학당이 남녀공학을 허용하던 초창기에 입학하였다가 배재학당으로 옮겨 수학했다. 그는 자골교회에 출석하면서 황성 기독교청년회(YMCA) 회장(1905), 자골교회 유사(교회 재정관리, 1906)로 활동하기도 했다. 이후 윤치호가 설립한 송도의 한영학원(韓英學院)에서 학교 과정을 마치고, 그곳에서 가르치다가 하디의 요청에 따라 그의 조력자로 일했다. 계속해서 연장 학업에 뜻을 두어 유학길에 올라 1909년 중국 동아대학(東亞大學), 1912년 일본 간사이학원(関西学院) 신학부를 졸업했다. 1913년에는 남감리회 전도사 직첩을 받았으며 1914년부터 4년간 감리교 협성신학교 교수로 봉직하여 후학을 양성했다. 그는 하디와 더불어 기독교 서적들을 번역했고, 신학 자료가 부족하던 시기에 폭넓게 서구 신학을 소개하는 일에 공헌했다.

또 오기선, 박희도 등과 함께 고등교육장려 운동을 전개하여 교회 인재 양성에 힘썼으며, 감리교와 YMCA, 엡윗청년회 등에서 청년들을 대상으로 강연회를 개최했다.[342]

유경상은 1917년에 석교교회 전도사로 시무하였고, 1918년부터 1919년까지 광희문교회의 담임목사로 시무하였다. 그리고 1919년 3월 1일 수표교교회의 담임이었던 신석구 목사가 태화관 독립선언 현장에서 연행되어 구속되자, 남감리회 연회는 투옥된 신석구 목사를 '휴직'으로 처리하고 교회를 비워둘 수 없어, 청년 운동에 관심이 많았던 유경상 목사를 담임으로 파송했다.[343] 유경상은 3년간 수표교교회를 섬기면서, 교회 내 영어 야학을 개설하여 청년들에게 영어를 가르쳤다. 또 미국 신학자를 초청하여 부흥회를 개최하고 청년들을 일깨우기도 했다. 이 시기 청년들의 수가 늘었으며, 만세운동 이후 극도로 무기력해진 청년들에게 새 희망을 불러일으켰다.[344]

캠벨은 전반적인 한국의 정치 상황과 개개인을 넘어선 민족의 신앙을 염려하며 걱정했고, 한국 여성들의 교육에 지속적으로 헌신했다. 교육을 통해 사람을 일으키고 세우는 것은, 캠벨의 선교사역에 있어 가장 특징적인 부분이다. 유경상 역시 고난받는 민족의 현실 속에서 교육에 전념했다. 1921년부터 해방 무렵까지 유경상은 중앙중학교 영어 교사로 봉직했다. 1929년까지 자교교회, 수표교교회, 종교교회 등에서 강연회 강사로 활약했으며, 1947년 동성중학교 교장직에 취임했으나, 혼란스러운 사회에서 순수한 교육을 추진하는 데 한계를 느껴 사임했다. 이후 미국에 체류하기도 하였으나, 후진 교육에 열정을 품고 귀국하여 보성중학교에서 교사로 활동했다.[345] 교육자인 캠벨로부터 영향을 받은 유경상은 암울한 시대 속에서도 교육의 등불을 밝히기 위하여 끝까지 노력했다. 콥은 다음과 같이 말한다.

> "그런 두 사람[도라 유, 유경상]에게 깊은 영향을 남길 만큼 복된 여인은 드뭅니다. 캠벨의 변하지 않는 믿음과 삶의 순수성, 성숙한 인격이 낳은 영향에 대하여, 이 두 명의 비범한 그리스도인들보다 더 강한 증거는 없을 것입니다. 이들은 중국과 한국의 부흥과 구원에 최고의 열정을 쏟아부으며, 자신을 드렸습니다. 그리고 각각 자신의 양어머니가 조세핀 캠벨이라고 자랑스럽게 말하곤 합니다."[346]

가족을 모두 잃고 시작한 선교사역이었지만, 캠벨은 가는 곳마다 버려지고 고통당하는 모든 이의 어머니가 되었다. 그중에서도 도라 유와 유경상은 당대의 특출한 기독교 지도자로 성장하였고, 이들은 캠벨이 '양어머니'라고 말하며 존경을 표했다.

Ⅷ. 한국 선교 – 달려갈 길

1910~1920

Ⅷ. 한국 선교 - 달려갈 길(1910~1920)

1. 지치지 않는 열정

미국 남감리회 해외여선교부의 1911년 회의록에는 다음과 같은 내용이 실려있다.

> 1887년 중국에 파송되어, 수년간 우리 한국 선교부와 동일시되어 온 조세핀 캠벨 여사는 은둔 왕국[한국]의 영적 굶주림에 대해 가슴 찡한 메시지를 들려주었다. 진정으로 듣고 받아들인 사람들은, 이전과는 다른 삶을 살아가게 될 것이다. 그녀의 호소는 다가오는 가을에 파송될 50명의 선교사에게 전해졌다.[347]

1910~1912년에 걸친 안식년 휴가 기간에도 캠벨은 한국에 대한 강연과 후원 요청을 계속했다. 많은 지역 연회에서 캠벨의 방문을 요청했기에, 캠벨은 미국에 남아 강연을 계속하며 한국 선교의 현황에 대하여 알렸다. 1911년 2월 16일에는 버지니아주 리치몬드에서, 3월 4일에는 아칸소주 리틀록에서, 3월 16일에는 버지니아주 스톤턴에서 강연을

▲ 서울 지역 남감리회 교인들(1910년대). 앞에서 두 번째 줄, 오른쪽에서 다섯 번째 자리에 캠벨의 모습이 보인다.

진행한 기사들이 실렸다. 이 외에도 노스캐롤라이나 등지에서 강연을 진행했으며, 캠벨의 메시지는 '명확하고 설득력이 있어서' 많은 사람에게 감동을 주었다. 이렇게 강연을 통해 모금된 선교비는 안식년 휴가를 마치고 돌아온 뒤 배화학당과 여선교부 관련 건축 및 운영에 사용되었다. 1911년 여선교부가 보고한 한국 선교 후원금 총액은 36,360달러였는데, 이는 다른 해에 비하여 3~5천 달러가량 많은 액수였다.[348]

캠벨은 1912년 8월에 다시 한국으로 돌아왔는데, 안식년 휴가를 떠나기 전과는 정치적인 환경이 확연히 달라져 있었다. 1910년 8월 22일 일제는 한일병합조약을 불법과 강제로 통과시켜 공포함으로 대한제국을 말살시켰다. 한반도는 이 경술국치로 일제의 통치를 받는 식민지가 되었다. 캠벨은 이러한 한국의 상황을 안타깝게 여기며 다음과 같이 보고했다.

> "이곳 사람들 가운데서 사역하는 것이 예전보다 훨씬 힘들어졌지만, 우리에게 찾아오는 사람들은 이전보다 훨씬 더 강한 믿음과 진실한 목적으로 나아올 것으로 생각됩니다. 우리가 이전에 품었던 것 이상의 당혹스러운 질문들을 건넬 때가 있습니다. 그리고 이 충격적인 결과들로 우리는 이전처럼 다른 선교지들에 비해 훨씬 앞서 나가지는 못할 것 같습니다. 하지만 전 세계는 그 어느 때보다도 영적인 부분에서 더 큰 투쟁을 하고 있는 것 같습니다."[349]

캠벨은 일제강점기의 식민통치 상황을 영적 전쟁으로 인식했다. 1915년 여선교부의 연회록에도 이러한 관점이 반영되어 있는데, 그 내용에 따르면 "일본의 유물론적 문명이 한국 사람들에게 영향을 발휘하기 전에, 한국을 도와야" 하며, "고통받고 있지만 섬기는 나라"인 한국의 "재건을 위해 사람들을 이끌어갈 수 있는 교육받은 기독교인 지도자가 절실하게 필요"하다는 입장이다.[350]

세 번째 안식년 휴가 이후 캠벨의 행보는 '자발적인 요청' 으로 이루어졌다.[351] 몸담고 있던 교회인 자골교회, 그리고 무엇보다 교장으로 있던 배화학당의 모든 지위를 내려놓는 것이었다. 남감리회 여선교부 보고서에서도 한국 선교에는 개척자인 캠벨의 이름이 늘상 빠지지 않았고, 한국 선교를 대표하는 사람은 단연 캠벨이었다. 자골교회와 배화학당에서의 입지 또한 말할 것도 없이 탄탄했다. 그러나 캠벨은 이 모든 것을 뒤로하고 또다시 새로운 삶의 자리로 겸손히 들어갔다.

이후에는 전도부인 사역, 주로 복음 안에서 사람들을 세우는 일에 집중되었다. 여성들의 깊숙한 삶 가운데로 들어가 그들에게 직접적인 도움을 주는 역할이었다. 캠벨은 서울에 있는 수표교교회와 광희문교회의 여성 복음 전도사역을 맡게 되었다. 당시 서울 안에 있는 남감리회 소속 교회가 광희문·종교·자교·수표교·석교교회였던 것을 감안한다면, 캠벨은 사실상 서울 내 남감리회 초기의 모든 교회와 깊은 연관이 있는 셈이다. 캠벨은 그곳에서 성경공부반을 운영하며, 성도들의 영적인 삶에 힘을 불어넣기 위해 전도부인을 훈련시켰고, 그들에게 예수 그리스도에 대한 비전을 갖게 하였다.[352]

남송현에 있었던 서울 교회는 1906년 수구문 안쪽 청녕교 부근으로 이전하여 수구문교회, 즉 광희문교회로 발전하였다. 그리고 수구문교회에 출석하던 성도들과 전도부인 김세라를 중심으로 기도처가 세워져 1909년 수표교 부근 묵정동에 수표교교회가 세워졌다. 두 교회는 가난하고 소외된 계층이 많이 사는 청계천을 중심으로 발전했다.[353] 초기에 두 교회의 여성 사역을 위하여 파송된 캠벨은 처음의 불편했던 심경을 솔직하게 표현했다.

> "하나님 아버지께서 통치하신다는 사실을 확신하고, 제 사역의 모든 세세한 부분에서 그분의 인도하심을 의식하여, 지난 9월에 수구문교회와 수표교교회에서 전도부인들과 함께 하는 사역으로의 파송을 수락했습니다. 저는 1903년 도시의 쓰레기 더미 한가운데 수구문교회를 건설하는 계획에 반대했었기 때문에, 이 10년 동안 그 교회를 방문한 적이 없었습니다. 저의 파송 결정이 낭독되었을 때, 이런 생각이 들었습니

▲ 『조선남감리회 30주년 기념보』에 실린 수표교교회(좌)와 광희문교회(우)

다. '음, 무엇보다도! 정말 빈민가에서 일하게 되었군요! 하나님은 분명히 제가 이 일을 통해 훈련받길 원하시기에, 저는 최선을 다할 것입니다.' "[354]

도심 하천으로서 청계천이 자연스럽게 가지게 된 기능은 하수도의 기능이었으며, 청계천으로 흘러들어오는 지천들을 통해 서울 시내 곳곳에 물이 원활하게 공급된 동시에 서울 곳곳에서 버려지는 더러운 것이 청계천을 통해 배출됨으로써 도시 전체가 깨끗하게 유지될 수 있었다.[355] 그러나 한편으로는 청계천이 하수도의 역할을 하게 되면서, 캠벨이 '빈민가'라고 표현하였듯이 주변에는 가난한 사람들이 모여 사는 환경이 조성되었다. 근대 소설인 『천변풍경』에는 청계천 빨래터에 모여든 사람이나 다리 밑에 모여 지껄이는 걸인 깍정이떼에 대한 묘사를 찾아볼 수 있다.[356] 물론 캠벨이 파송된 시기는 청계천 정비사업이 시작되던 시점이었기에, 캠벨의 기억 속 청계천보다는 더 발전되고 정비되어 있었다. 광희문교회로 통하는 길이 넓게 열렸고 교회 인근까지 전기선이 연결되었으며, 쓰레기더미들은 제거되어 이전에 비해 깨끗해져 있었다.

청계천 주변의 사람들은 대부분 제조업에 종사하는 사람들이었다. 그들은 캠벨과 전도부인들의 방문을 흔쾌히 수락하여도, 각자의 일을 놓을 수 없었다. 캠벨은 그들이 실을 잣고, 짜고, 면을 자르고, 실을 감고, 직물을 염색하고, 금속 작업을 하고, 신발을 만드는 등의 일을 하는 동안, 바닥에 앉아서 복음을 들려주기도 하였다.[357] 다음은 1915년 캠벨의 연회보고 내용이다.

> "2월에 우리는 일주일간 성경 공부를 위한 수업을 열었는데, 정규적으로 출석하지는 않았지만 93명의 여성이 참석했습니다. 저는 25개의 가정을 매일 방문하고 또 방문했습니다. 그중 10가정에서 성경과 교리문답을 가르쳤는데, 많은 여성이 관심 갖게 되었습니다. 이 부류의 여성들을 위한 한 명의 전도부인은 두 명의 설교자들보다도 가치 있고 귀합니다. 그들이 강단에서 설교하는 것을 이해하지 못할 때도, 우리는 그들의 집에서 그들의 생각과 소망을 끌어내어 그들을 가르칠 수 있기 때문입니다."[358]

캠벨은 전도부인 한 명의 가치가 두 명의 설교자들보다 더 있다고 믿었다. 전도부인들은 설교를 이해하지 못한 사람들의 집에 찾아가서 가르칠 수 있기 때문이다. 당시 예배에 참석한 여성들의 많은 수가 글을 쓸 줄 모르고, 준비된 설교의 언어들을 이해하기 어려웠기 때문이다.[359] 캠벨은 배움의 열정이 있는 여성 성도들을 성경공부반을 통해 가르치고, 또한 전도부인을 양성하여 복음 전도의 효율성을 더했다. 1917년에는 두 교회에서 온 25명의 여성이 전도부인으로 교육받고 있었다. 1917년 전도부인들이 방문한 가정은 비기독교인 3,352가정, 기독교인 4,843가정으로, 캠벨과 함께 곳곳을 다니며 전도했다. 이외에도 캠벨은 교회의 성경 수업과 야학 수업, 연합 주일학교 수업에서 강의를 맡았다.[360]

캠벨의 생애를 기록한 프린스의 증언에 따르면, 언제나 캠벨의 마음은 한국 여성들로 인하여 아픔을 품고 있었다고 한다. 캠벨은 일제의 식민 통치하에서 압제와 가난 속에 허덕이는 이들의 처지를 이해하고 공감하였다.[361] 캠벨의 삶과 사역에 대하여 기록한 크램 선교사의 부인인 로젤라 크램은 캠벨의 전도부인 사역에 대하여 다음과 같이 묘사했다.

> "캠벨은 종종 전도부인들과 함께 가정을 방문했습니다. 때때로 그녀는 아픈 사람들을 찾아가 그들을 보살폈습니다. 혐오스러운 피부병을 앓고 있던 한 어린 소녀가 치료를 위해 병원으로 이송된 것을 기억합니다. 그녀는 종종 힘없고 절망적인 사람들을 실제적이고 물질적인 방법으로 도왔습니다. 너무나 많은 지친 영혼에게 소망과 구원을 준, 작은 한국의 집에서 일어난 그녀의 모든 사역은 오직 기록을 담당하는 천사만이 알고 있겠지요."[362]

한국의 작은 집들 안에서 진행된 캠벨의 전도가 어떠하였는지 세세히 알 수는 없지만, 아픈 사람들과 절망적인 사람들에게 실제적인 도움을 주는 일이었음을 짐작할 수 있다. 성경에 대한 가르침뿐 아니라, 의학적인 지식을 통한 치유, 물질적인 도움 등 캠벨은 그들을 돕는 열정을 중단하지 않았다. 두 교회와 관련된 5년 간의 여성 사역을 돌아보며 캠벨은 다음과 같이 말했다.

> "이 두 교회와 5년 동안 긴밀한 인연을 맺으면서 저는 그들의 일부가 되었고, 하나님께서 그 안에서 제게 주신 일을 즐겼습니다. 저는 이 두 교회 여성들을 교회와 가정생활에서 알고 있으며, 그들은 기쁠 때나 슬플 때나 모든 경우에 저에게 의지해 옵니다. …… 길을 잃은 영혼을 찾아 헤매고 있을 때, 날씨는 너무 춥지도 덥지도 않았고, 거리가 너무 멀지도 않았으며, 방문의 횟수가 지나치지도 않았습니다. 이 두 교회에서 주신 5년이라는 시간, 하늘 아버지께 감사할 따름입니다."[363]

2. Amoni

1915년 남감리회 여선교부 보고서에 따르면 "다른 여선교부로부터 세브란스 병원과 연결된 연합 간호사 양성학교에 참여하라는 강한 청원"이 있었다. 당시 세브란스 병원은 20만 달러 규모의 시설을 갖추고 있었는데 6개의 교단 지원을 받게 되었고, 이 가운데는 남감리회 선교부와 남감리회 여선교부가 모두 참여했다. 남감리회 여선교부는 매년 간호사 양성학교의 유지와 간호사의 지원에 매해 후원금을 지급했고, 캠벨은 1917년부터 간호사 양성학교 일을 함께 맡았다.

캠벨이 간호사 양성학교로 파송된 데에는 세브란스 병원의 의사였던 허스트(Jesse W. Hirst, 허시태) 박사의 영향이 컸다. 당시 캠벨이 거주하던 곳의 집세가 올라가면서 친구인 허스트와 논의했을 때, 그는 "그럼요, 우리 간호학교의 사감님, 방은 준비되었습니다. 바로 들어가시죠. 말씀만 하시면 바로 내일 준비하겠습니다"라고 익살스럽게 말했다.[364] 그리고 캠벨은 25명의 한국인 간호사들이 거주하던 기숙사로 이사했다. 캠벨은 그곳에서의 일에 대하여 다음과 같이 말했다.

"소녀들은 사려 깊고 순종적이었습니다. 제 손은 계획하고, 감독하고, 인도하고, 가르치는 일들로 가득 차 있습니다. 외국인 간호사들을 위한 가사도우미 외에도, 병원의 환자복 관리, 외국인 환자들을 위한 음식 준비도 하고 있습니다. 저의 소원은 그분에 대한 저의 일을 하는 것입니다. 하루에 60명에서 100명의 환자가 있는 병상에 서서 야간 근무를 교대

▲ 캠벨이 사감으로 있었던 세브란스 간호사 양성학교의 1918년 졸업식 사진. 제일 뒷줄에는 허스트, 쉴즈, 세핑, 에비슨이 있다. 중앙에 앉은 사람이 캠벨이다.

하는 이 간호사들에게는 많은 공감과 배려가 필요합니다. 저는 그들과 가창, 성경, 그리고 영어 수업을 합니다."[365]

늘 많은 일로 가득 찬 손이었던 것처럼, 세브란스 병원에서도 여전히 캠벨의 그 손은 가득 차 있었다. 캠벨은 세브란스에서 간호사 양성학교 사감으로 지내면서, 외국인 간호사들과 환자들을 위한 일들과 간호학교 수업을 담당했다.[366] 간호학교의 수업은 주로 음악과 성경, 영어 수업이었다. 캠벨은 중국 쑤저우 여성병원에서 근무한 바 있기에 많은 병상을 돌보며 야간 근무를 교대로 하는 이 간호사들의 삶에 대하여 누구보다 많이 공감했다. 그래서 궂은일도 마다하지 않고 나서서 도왔다. 캠벨의 배려와 온유한 성품에 대하여는 저다인이 자신의 글에서 표현한 바 있다.

"캠벨 부인은 천성이 강하고 적극적이었지만, 애교 있고 관대한 성품도 지녔다. 매력적인 여주인으로서 그리고 다른 사회적 관계에서 그녀는 최상이었다. 때때로 그녀의 식탁에서 대접을 받은 사람들은, 쓸데없는 이야기나 무자비한 비난이 없는 유익한 식사 대화와 즐거움을 기억으로 간직하고 있다."[367]

인격적 매력은 선교의 시작부터 계속되어온 캠벨의 특징이었다. 캠벨을 만나는 사람들은 강한 지도력을 넘어서 공감하며 품어주는 그녀의 모습에서 어떤 이들은 '언니'의 모습을 보았고, 어떤 이들은 '어머니'의 모습을 보았다. 세브란스 간호학교 교장이었던 에스더 쉴즈는 "그녀는 제게 언니 같았고, 너무나 현명하고 강했습니다. 그리고 우리는 함께 보낸 시간 속에서 많은 즐거움을 느꼈습니다"라고 회상했다. 캠벨은 세브란스 간호학교 학생들과의 관계에 대해서 다음과 같이 말했다.

> "여러분, 제 일의 작은 세부 사항들은 여러분들의 생각 속에 저를 확대하기 위한 것이 아니라, 저의 사역을 더 확대하기 위한 것이니, 여러분들이 그것을 마음에 두고 기도해주십시오.
> 우리 소녀들은 저를 amoni(어머니)라고 부릅니다. 저는 그들의 마음을 얻기를 간절히 바랍니다."[368]

세브란스 간호학교에서 캠벨의 칭호는 'amoni', 어머니였다. 이곳에서도 학생들을 어머니의 모습으로 품었기 때문이리라. 자신을 아끼지 않고 희생하며, 최선을 다해 매일매일 분투하는 캠벨의 모습은 학생들에게도, 동료 선교사들에게도 큰 귀감이 되었다. 그것은 한국 선교의 처음부터 20년이 지난 후에도 동일한 모습이었다. 캠벨의 죽음 후 그녀를 회상하며 로젤라 크램은 다음과 같이 말했다.

> "그녀는 우리가 의지할 수 있는 사람이었습니다. 당신이 어떻게 생각할지는 모르겠지만, 그녀가 본향으로 그리 급히 갔어도, 한국으로 돌아와서 다행이라 생각합니다. 이 땅에 묻힌 그녀의 육신은 한국에 큰 의미가 있을 것입니다. 후원받은 돈의 가치보다 더 큰 것들이 너무나 많습니다."[369]

3. 강부인기념회

▲ *The Korea Mission Field* 1917년 12월호 표지에 실린 캠벨의 사진

여성 사역과 병원 사역, 교육 사역 등 캠벨은 여러 분야의 사역을 담당하면서 말년까지도 한국을 위해 헌신했다. 이러한 캠벨의 노력과 수고는 한국인들이 모르는 바 되지 않았다. 1917년 캠벨이 내한하여 선교사업을 펼친 지 20년이 되던 해 10월 6일 오후 8시 수표교교회에서 '강부인기념회(姜夫人紀念會)'가 열렸다. 이 행사는 캠벨이 20년 동안 한국인들에게 준 헌신적인 봉사에 대한 보답으로, 한국인들이 그녀를 존경하고 사랑하는 마음으로 자원하여 준비했다.[370]

기념식에 참석했던 철원지방 장로사 히치(J. W. Hitch, 허아각)는 당시 기념식의 상황을 다음과 같이 묘사했다.

"기념회가 진행되면서 특히 제 주의를 끌었던 한 가지는 캠벨 여사가 이곳에서 교회에 봉사한 수년 동안 도움이 되도록 어루만질 수 있었던 많은 삶이었습니다. 지금은 우리의 가장 저명한 목사님의 고귀한 아내가 되어 기념회를 주재한 그 젊은 여성은 캠벨 여사의 제자 중 한 명이었습

> 니다. 캠벨의 생애를 약술한 글을 낭독한 젊은이[유경상]는 현재 현직 목사이며, 우리 교회에 매우 중요한 구성원입니다. 그는 소년 시절에 캠벨로부터 영어를 배웠고, 그가 교육을 마치게 될 때까지 많은 부분에서 그녀의 도움을 받았지요. 축하를 위해 특송을 부른 여덟 명의 전도부인은 모두 캠벨로부터 일부분 또는 전적으로 훈련받았던 이들입니다. 역할을 맡은 모든 이들과, 많은 청중의 거의 대부분이, 캠벨을 한국에 보내주신 하나님께 감사하는 특별한 이유에서, 봉사를 하거나 도움을 주기 위해 모였습니다. 이러한 사실들은 연설들과 기도들에서 한 번 이상 언급되었죠.
>
> 특히 윤치호의 연설은 캠벨 여사에 대한 훌륭한 찬사였습니다. 매우 잘 된 연설이었기에 저는 그것을 충분히 여기에 재현해내고 싶었습니다."[371]

당시 기념식의 분위기는 캠벨의 한국 선교 20주년을 기념하며 감사하는 마음을 전하며 축하하는 분위기였다. 당시 참석했던 모든 이들은 캠벨의 헌신에 감사하는 마음을 갖고 있었고, 이러한 마음은 모든 순서 가운데 필수적으로 언급되었다. 기념회를 개최한 여성은 배화학당 출신이자 남감리회 목회자의 아내였고, 캠벨의 양아들이었던 유경상은 캠벨의 생애에 대해 청중들에게 소개했다. 그리고 축하를 위해 특송을 부른 여덟 명의 전도부인은 모두 캠벨의 훈련과 가르침으로 성장한 이들이었다. 기념식이 거행되는 중에, 한국인들의 감사한 마음을 담은 인상적인 선물 또한 전달되었다.

"캠벨 여사에게 수여된 선물들은 며칠 전에 이와 같은 축하의 일부로 진행되었던 야외 축하 파티의 사진이었습니다. 그리고 크고 단단한 금메달(혹은 이곳의 문화 속에서 '장신구'라고 부르는 것)이었는데, 심장 모양으로 생겼고, 그 중심에는 20개의 별로 둘러싸인 횃불이 새겨져 있었습니다. 이것은 20년 동안에 캠벨 여사가 그들의 마음에 밝고 빛나는 빛이 되었음을 상징합니다. 이 메달은 이조 왕실 왕자의 전속 금세공인에 의해 만들어지고 새겨졌으며, 확실히 아름답게 만들어졌습니다. …… 섬기던 사람들로부터 이와 같은 사랑의 선물을 받은 것은, 분명히 그들의 마음이 충분히 넘치도록 채워졌기 때문일 것입니다. 그것은 왕이나 황제로부터 어떤 훈장이나 장신구를 받은 것보다 훨씬 더 만족스러운 것이었습니다."[372]

1917년 〈매일신보〉에 실린 사진을 참고해 보면, 캠벨에게 수여되었던 것은 금으로 만들어진 브로치였다. 이 브로치 안에는 한국의 별과 횃불이 되었던 캠벨의 사역을 기념하는 무늬가 새겨져 있었다. 한국인들 스스로가 넘치는 마음으로 이 브로치를 만들어 선물했다는 것은, 일제 치하의 어려운 상황 속에서도 기꺼이 마음을 모아 값진 것을 선물할 만큼 그들이 캠벨에게 감사하는 마음이 컸다는 것을 의미한다. 이에 대해서는 로젤라 크램도 자신의 글에서 다음과 같이 언급한 바 있다.

"얼마 전 서울에서 캠벨 선교사의 한국 선교 20주년 기념행사가 있었습니다. 한국인들은 교회에 모여서 축하 행사를 진행했습니다. 연설도 하고 축가도 불렀습니다. 그리고 캠벨 선교사에게 동양적인 디자인의 금색 메달 형태의 '장신구(브로치)'가 수여되었습니다. 그것은 20년 동안 주님을 위해 신실하게 섬긴 것과 20년 동안 지칠 줄 몰랐던 사역을 기념하는 것입니다. 그녀는 주님을 위해 자신의 생명을 귀하게 여기지 않고, 사랑스러운 희생으로 드린, 이긴 영혼이었습니다. 그녀는 부끄러움이 없는 일꾼입니다. 그래서 그녀는 주님의 추수를 위하여 매일매일 분투하며 나아갑니다. 그가 올 때, 그녀는 기쁨으로 단을 거두지 않겠습니까?(시편 126:5-6)"[373]

로젤라 크램의 눈에 캠벨은 '이긴 영혼'이었다. '부끄러움이 없는 일꾼'이라는 것은, 그녀의 삶에 거리낄 것이 없이 순전하게 걸어왔다는 의미일 것이다. 캠벨은 그렇게 20년을 한결같이, 사역을 자신의 생명보다 귀히 여기고 분투하며 나아왔다.

4. 조선은 우리 집이올시다

기념식을 마치고 나서, 한 달 뒤에는 음악회도 열렸다. 이때 〈매일신보〉의 한 기자가 캠벨을 찾아가, 선교 20주년에 대한 소감을 인터뷰했다. 다음은 〈매일신보〉에 실린 인터뷰 전문이다.

남감리교파의 부인 선봉군으로 조선에 건너와서 배화학당을 창설하고 종교예배당을 세우기에 진력하여 조선 예수교계에 부인 교직의 원로라 할 캠벨 부인-예수교 사회에서 강부인이라면 모를 이가 없는-이 조선에 건너와서 전도한 지 이십 년 됨을 기념하기 위하여 창녕교 아래의 수구문예배당에서 십일 오후 일곱 시부터 부인을 경모하는 유지의 발기로 기념음악회를 연다 함은 미리 보한 바이어니와, 기자는 이와 같이 조선의 종교계를 위하여 다년 분투한 부인이 노년을 보내는 제중원의 간호부 기숙사에 찾은즉, 육십 가량 되어 보이는 부인은 유쾌히 맞아들이며,

'내가 조선에 오기는 1897년 10월 6일이니까 금년 10월 6일로서 만 이십 년이 되었고 그전에 지나[중국]에 와서 십 년을 있었으니까 실상 내가 아시아에 와 있기는 금년 시월 십삼일로서 만 삼십 년이 되었습니다. 내가 이십 년 전에 조선에 처음 왔을 때에는 우리 남감리교파에는 부인이 나 하나뿐이었습니다.

지금은 종교예배당이 교도도 많고 교당 집도 훌륭하지마는 우리가 처

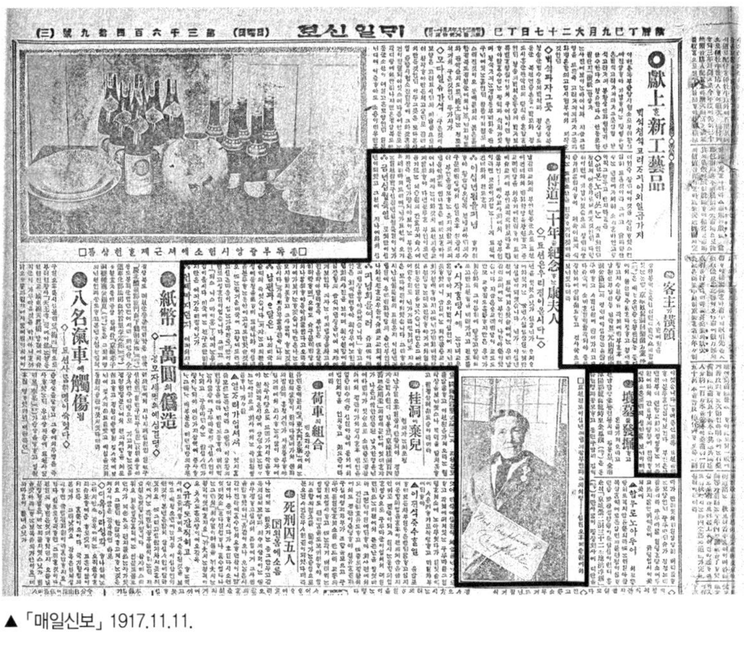

▲「매일신보」 1917.11.11.

음 와서 그 이듬해 장홍교 앞에서 조그만 조선 집을 빌려서 전도를 시작할 당시에는 남녀 교우를 합하여 겨우 이백이십 명에 지나지 못하였더니 금일에는 저만큼 종교교회가 성대하여지고 또 내가 가르친 처녀도 지금은 모두 어른이 되었습니다. 그리하여 지난 10월 6일 조선에 온 지 이십 년 기념일에 우리 배화학당의 출신 부인과 나와 친한 교우들이 수표교교회에서 기념회를 열어 주고 또 이러한 기념장을 하여 주었습니다.' 하고 부인은 화색만면하여 책상 위에 놓인 기념회의 사진을 보이며 책상 서랍에서 심장 모양의 금속 기념장을 내어 기자에게 보인다. 기자는 이 기념장을 차고 사진을 박아달라 한 즉, 부인은 또한 상쾌히 허락하며

'오늘도 수구문[광희문]예배당에서 나를 위하여 음악회를 연다고 오라 하기에 가보기는 하겠습니다마는 나는 도무지 알지 못하고 그 사람이 하는 것이올시다.'

가족의 유무를 물은즉

'나의 남편과 아들은 내가 미국 있을 때에 죽었습니다.'

기자는 그의 전반생에 동정을 표하며 조선 나와 이십 년을 분투하는 동안에 고생도 많았을 것이오. 또는 즐거운 미국에 고향으로 돌아가고 싶은 마음이 없는가 물은즉

'아니오. 별로 고생한 일이 없습니다. 그리고 또 …… This is my Home. ……… 여기는 우리 집이올시다. 미국에는 친구도 많이 있지마는 여기가 우리 집이니까 언제까지든지 여기서 지내겠습니다.' 하며 종신토록 조선을 위하여 분투할 결심이 보인다. 부인은 삼 년 전부터 연합교회가 경영하는 제중원에 와서 간호부의 양성에 진력하며 평화로운 노년의

생애를 보내더라.

'조선은 우리 집이올시다'라는 제목으로 보도된 위의 기사에서 캠벨의 한국에 대한 애정을 엿볼 수 있다. '집'은 가족들과 함께 지내는 곳이다. 가족들을 잃어버린 후, 빈손을 하나님께 드린 캠벨은 선교활동을 통해 새로운 가족을 만났다. 그리고 그 사랑하는 가족들과 함께 20년의 세월을 동고동락해왔다. 그곳은 낯선 땅이 아니라 가족들이 함께 사는 '집'이었고, 언제까지든지 지내고 싶은 사랑하는 곳이었다.

교부 아우구스티누스(St. Augustinus)는 인간 안에 채워지지 않는 결핍과 인간의 실존에 대해 다음과 같이 고백한 바 있다. "당신은 우리가 당신을 향하도록 창조하셨습니다. 그러므로 우리 마음은 당신 안에서 안식하기까지 계속 불안합니다." 사람의 마음속에는 이 모든 불안과 결핍을 채움 받을 수 있는 그 무언가를 향한 갈망이 존재한다.[374] 이를 다른 표현으로 한다면 우리는 세상 속에 유랑하면서도, 우리의 마음을 뉘여 계속 머무는 영원한 '집'을 갈망한다. 누가복음 15장 '잃어버린 아들의 비유' 속 둘째 아들은 세상에서 유리하다가 아버지의 집에 대한 향수를 느끼고 집으로 다시 돌아온다. 유랑과 표류의 끝, 아버지와 함께 거하는 곳이 바로 집이다. 집의 바깥에서는 나그네 신분이지만, 집에서는 더 이상 불안하거나 방황할 필요가 없다. 그곳은 평안한 마음으로 언제까지나 머무는 곳이다. 캠벨에게 한국은 그저 나그네로 머무는 선교지가 아니라, 아버지의 품 안에서 아버지와 함께 살아가는 집이었다.

4. 마지막 숨까지

캠벨은 1918년 네 번째 안식년 휴가를 고국으로 떠났다. 특히 네 번째 휴가 기간에 캠벨은 한국 여성들을 위한 새로운 사업들을 구상했다. 그녀는 한국 여성들이 참혹한 가난에서 벗어나기를 원했다. 1915년 보고에는 캠벨의 안타까워하는 마음이 드러나 있다.

> "일본인들은 한국인들의 집을 사들여 일본식으로 건물들을 재건축하고 있습니다. 우리는 한국식 집을 발견하기 전에 2~3개의 정방형 집을 지나야 합니다. 일본인들은 한국인들을 하인뿐 아니라 모든 종류의 산업에서 고용하고 있습니다. 그들은, 부모를 고용함으로써 많은 수의 어린이들을 관립학교에 데려오고, 그들에게 일본어를 가르치고, 그들을 지배하기 위해 모든 것을 하고 있습니다."[375]

실제로, 경술국치 이후 한국 사회에는 많은 변화가 있었다. 본격적인 식민 통치가 시작되면서 한국 민족을 완전히 말살하고 지배하기 위한 정책들이 추진되었다. 캠벨이 지적하였듯이, 일본인들은 한국인들을 하인과 노동자로 고용하여, 이들의 자녀들까지 관립학교에서 일본어를 배우도록 강요하였다. 특히 늘어나고 있는 일본인들의 공장에 여성의 많은 수가 노동자가 되었는데, 캠벨은 그러한 환경 가운데 일하게 되면 금방 몸과 가정이 망가진다는 것을 인식하고 있었다. 따라서 한국 여인들에게 독립된 공장을 만들 수 있는 기술을 전수해 주어, 그들이 자체적으로 공장을 운영하기 원했다.

그래서 캠벨은 마지막 2년의 안식년 휴가를 한국 여성들에게 양계업과 양봉업을 가르치기 위해 준비하며 보냈다. 특히 양봉업은 한국에서 특별히 큰 수요를 갖기 때문에, 캠벨은 이러한 사업을 통해 한국 여성들이 더 나은 경제적 상황을 갖게 될 것이라고 확신했다. 또한, 한국 남성들을 위해 낙농업을 도입하는 것에 대해서도 같은 결론을 얻게 되었다.[376]

캠벨이 한국에서 헌신한 기간에 그녀는 단 한 번 환자 목록에 들어갔다. 그만큼 다른 이들에 비해 건강했기 때문일 것이다. 그러나 1918년 캠벨은 발의 부상으로 수술을 받아야 했다. 아직 발목의 부상이 완치되지 않았을 때, 다시 디프테리아를 앓으면서 몸이 쇠약해졌다. 집에서 안정을 취해야 했고, 먼 여행을 하기에는 위태로운 상황이었지만, 캠벨은 한국에 몇 년 더 헌신할 수 있다는 소망을 갖고 1920년 한국행을 다시 결정한다.[377]

1920년 4월 15일 캔자스시티에서 열린 연회에 참석한 캠벨은 "자신의 사역을 마치기 위해 한국으로 돌아가기를 원한다"라고 발언했다. 그리고 다시 한국으로 돌아오려는 발걸음을 주변 사람 모두가 만류했을 때, 캠벨은 "나는 한국을 위해 헌신하였으니, 죽어도 한국에 가서 죽는 것이 마땅합니다"라고 대답했다.[378]

1920년 8월 캠벨은 한국으로 다시 들어와 세브란스 간호대학 기숙사에 거주했다. 한국에 들어온 후 연회 기간 즈음에 건강이 회복되는 듯하여 의사들은 캠벨이 몇 년 더 봉사할 수 있으리라고 전망했으나 건강은 다시 악화하였다. 그럼에도 캠벨이 한국으로 돌아왔다는 사실을 알게 된 이들이 끊임없이 찾아왔다. 에스더 쉴즈는 당시의 모습을 다음과 같이 기록했다.

"그녀가 이곳에 있다는 것을 알게 된 한국 친구들은 크게 기뻐했고, 처음에 돌아왔을 때는 많은 친구를 만났지만, 이후에는 너무 약해져서 오는 사람들을 자주 만날 수는 없었어요. 그녀는 그들과 다른 사람들을 위해 할 일들을 끊임없이 제안했고, 그들을 위해 기도했습니다."[379]

캠벨은 병상에서도 찾아오는 이들에게 조언을 아끼지 않았으며, 그들의 삶을 이해하며 기도해 주었다. 캠벨의 마지막 날들에 대하여 또 다른 기록은 다음과 같이 전한다.

"제가 이 글을 덧붙이는 건, 당신께 그녀[캠벨]의 마지막 날들에 대해 말씀드리기 위함입니다. 그들은 그녀가 고통에서 해방되기를 기도하며, 왜 그녀가 그렇게 고통을 받아야 하는지 궁금해했지만, 그녀는 계속 기도하고 있었습니다. 주님께서 친히 오셔서 응답하신 것처럼 보였을 때, 그녀는 그분이 보시기에 완벽하게 기꺼이 고난을 받아들였습니다. 그녀는 우리에게 기회가 있을 때, 끝까지 우리가 할 수 있는 한 최선을 다해 섬겨야 한다고 우리에게 충고해주셨지요. 그분은 마지막까지 구원받지 못한 이들을 위해 계속 기도했고, 마지막에는 두려움이나 떨림이 없는 평화로운 순간에 돌아가셨습니다. 그들은 그녀가 마치 잠든 것처럼 보인다고 말했지요."[380]

캠벨은 한국에 다시 돌아온 지 넉 달 만인 1920년 11월 12일 별세

하여 16일에 양화진 서양인 공동묘지에 묻혔다.[381] 장례식은 16일 오후 2시경 종교교회에서 거행되었다. 캠벨과 중국에서부터 만나 각별한 관계였던 윤치호는 장례식에 참석한 이야기를 다음과 같이 남겼다.

> "오후 2시 종교교회에서 캠벨(Campbell) 여사의 장례식이 엄숙하게 거행되었다. 1894년 중국에서 캠벨 여사를 처음 만났다. 처음 캠벨 여사를 만났을 때만 하더라도 그녀의 장례식이 조선의 수도에 있는 교회에서 거행될 것이라고는 꿈에도 생각하지 못했을 것이다. 어쨌든 유능하고 부지런한 여사의 삶은 이제 막을 내렸다. 여사는 이제 자신의 삶보다 더 소중한 이들, 여사보다 먼저 이 세상을 떠난 남편과 자녀들이 있는 곳으로 갔을 것이다. 캠벨 여사는 이제 양화진 묘지에 누워있는 천사 같은 나의 전처 옆에서 평화롭게 잠들었다."[382]

캠벨은 죽음을 하루 앞두었던 날, 함께 있던 한국인 간호사에게 다음과 같이 말했다.

> "아 - 이날은 산천초목이 다 슬퍼보이며 일기조차 암담한 기운이 보이더라. 당내는 순백의 한국화로 장식하였고 생전에 친지와 다년 여사에게 훈도를 받든 배화 졸업생들의 귀중한 화환은 보는 사람으로 느낌을 주며 인연 깊은 배화 학생은 수미를 들지 못하고 정숙히 들어와 자리를 정하고 평소의 지구들은 드문드문 왼편 가슴에 상장을 붙여 애도의 정을 표하고 구석구석이 고인의 행장을 이야기하더라."[383]

장례식에서 하디는 캠벨의 이웃들을 향한 고귀함과 하나님을 향한 믿음에 대한 말씀을 전했으며, 게일도 캠벨의 삶에 대하여 회고했다. 광희문교회의 전재풍 목사가 예문을 낭독하고, 윤치호도 '한국 여성의 교육 사업에 대한 인식'이 대중적이지 않았을 때, 여성 교육 사업에의 끈기와 믿음을 가졌던 그녀의 기억들을 나누며 경의를 표했다. 그리고 다수의 찬송가를 작사 작곡한 모리스 부인은 캠벨의 장례식에서 찬송가 239장 '저 뵈는 본향집'을 처음부터 끝까지 흐느끼며 불렀다고 한다.[384] 캠벨은 무덤을 완전히 뒤덮은 수많은 국화의 환송을 받으며, 양화진 외국인 선교사 묘원의 루비 켄드릭과 마슈전의 사이에 안치되었다.[385] 향년 67세였다.

캠벨의 마지막 말은 죽음을 하루 앞두었던 날, 함께 있던 한국인 간호사에게 건넨 말이었다.

> "오, 저는 한국인들을 너무나 사랑합니다. 그들을 위해서라면 어떤 일이든 하겠어요. 필요하다면 생명도 내어주겠습니다!"[386]

고통받는 땅, 한국을 위하여 자신의 모든 것을 아낌없이 내어 준 푸른 눈의 어머니, 캠벨의 모습을 지금은 볼 수 없지만, 그 정신과 마음은 살아 오늘도 우리에게 말을 건넨다.

후기

기독교, 교회는 기억과 기념, 기적의 공동체이다.

캠벨 선교사가 하나님께 드린 '빈손'이 어루만지고 그 헌신의 발길이 머물렀던 조선 선교 사역지는 주로 학교와 교회, 그리고 병원이었다. 학교로서는 배화학당(현 배화학원), 교회는 종교교회·자교교회·수표교교회·광희문교회·석교교회가 있고 의료기관으로서는 세브란스 병원이 있다. 그동안 캠벨 선교사의 한국 선교, 특히 여성 교육과 여성을 위한 교회를 위해 헌신한 업적을 기억하고 기리고자 했던 노력이 없지는 않았지만, 주로 배화학원과 종교교회, 그리고 자교교회가 어우러져 함께 했던 추모 행사 위주로 '기억과 감사의 의식'을 치러왔다.

기념의 의식(儀式, ritual)을 치르는 것만으로는 '기억의 감사'가 충분하지 않다고 느껴지던 때, 2020년 소천 100주기를 기념하는 추모회 준비를 시작으로 '캠벨 기념사업회'가 종교교회 최이우 목사의 주도로 발족되었다. 기념사업회의 공론(公論)에 따라 소천일인 11월 12일 배화여자대학교의 캠벨홀에서 기념 학술제를 열었고 캠벨 선교사 묘역에 기념 동판을 설치하였으며 11월 15일 주일 오후 5시에 종교교회에서 '서거 100주기 추모예배'를 드렸다. 이후 기념사업회의 활동이 계속되기를 바라는 열망에서 '캠벨장학회'의 운영을 결의하고, 캠벨 선교사의 전기를 평전(評傳) 형식으로 출판하기로 하여 권지영 목사에게 집필을 이덕주 교수에게 내용 감수를 전병식 목사에게 편집체제에 대한 감수를 맡게 하였다.

권지영 목사는 이미 2009년도 석사학위 논문인 「캠벨 부인의 선교와 신학에 관한 연구」와 2020년도 캠벨 서거 100주기 기념학술제에서 발표한 〈캠벨의 선교 사역〉을 통하여 캠벨 전기를 대체하고도 남을 기록과 자료들을 확보하여 우리에게 제공하였음에도, 이번 평전을 완전히 새로운 '기억과 기록'으로 남기기 위해 놀라운 열정과 성실함을 보여주었다. 그 결과 이전에 미처 찾아내지 못한 조세핀(결혼 전 캠벨의 이름)의 가족사(家族史)와 남편 알론조 캠벨, 그리고 "부르심"에 관한 이야기 등을 소개하게 되었고 중국 선교에 관한 부분과 배화학당 이외의 교회와 기관에서 헌신한 기억 등을 더한 기록을 만나게 해주었다. 기존 자료의 보충이나 보완을 넘어선 새로운 '이야기보따리'를 풀어내었다.

역사학자로서의 사명과 자부심으로 스승 이덕주 교수와 제자 권지영 목사가 쉼 없이 밀어붙인 합력(合力)의 결과는, "저의 빈손을 주님을 위한 일을 채워달라고 하나님께 간구했습니다"라든가 "나는 한국을 위해 헌신하였으니, 죽어도 한국에 가서 죽는 것이 마땅합니다"라는 캠벨 선교사의 대표적인 어록을 이 평전을 통해 "여기가 우리 집이니까 언제까지든지 여기서 지내겠습니다"로 바뀌게 하였다. 또한 권지영 목사의 통찰에 의해 "조선은 우리 집이올시다"가 캠벨 선교사를 더욱 친근하게 기억하는 대표적인 지칭어(指稱語)가 되었다.

기록은 기억을 재현할 뿐만 아니라 과거를 전달하고 기억하는 일에 기운을 일으켜 새로운 기적의 기세를 모은다. 모쪼록 이 평전이 캠벨 선교사의 헌신을 기념하면서 선교사의 선교활동을 계승하여 세상 곳곳에 또다시 펼쳐지는 캠벨 후예(後裔)의 선교에 활력을 제공하는 기적의 기록이 되기를 바란다.

2023년 봄,

전병식 목사

(배화여자대학교 교목실장)

부록

- 연표
- 미국 감리교 역사기록보관소 보관자료

1. 캠벨의 자필 편지 및 선교사지원 문답서

1) *Dear Miss Rankin* (1886. 7. 14)
2) *Dear Mrs. McGavock* (1886. 7. 24)
3) *Dear Mrs. McGavock* (1887. 1. 5)
4) *Answer to Questions in the Missionary Manual*

2. 캠벨의 생애에 관한 글

1) Mrs. A. E. Prince, *Planting the Gospel in Korea : Story of Josephine Peel Campbell*
2) *Mrs. J. P. Campbell*
3) *Entering Korea*
4) *Pioneering in Korea*
5) Rosella Hogan Cram, *A Pioneer for Christ in the Hermit Kingdom*

3. 캠벨의 부고 전보

1) *Nov. 18. 1920*
2) Esther Lucas Shields, *My Dear Miss Howell* (1920. 12. 5)
3) Rosella Hogan Cram, *Dear Miss Bennett* (1920. 11. 14)

▪연표

1853년	4월 1일 미국 텍사스(Texas)주 샤펠힐(Chappell Hill)에서 아버지 브라이언트 필(Bryant Lorenzo Peel)과 어머니 안나벨(Annabel Ruter Peel)의 1남 3녀 중 둘째 딸로 출생
1868년(추정)	캘리포니아주 로스앤젤레스로 이주
1878년	1월 18일 조지아주 출신의 목사이자 교육자 알론조 캠벨(Alonzo. M. Campbell)과 결혼
1881년	조지아주 애틀랜타로 이주
1881~1885년	둘째 아들 사망
1885년	8월 7일 남편 알론조 캠벨 사망 이후 캘리포니아 주립 사범학교 로스앤젤레스 분교(오늘날 UCLA)에 입학
1886년	첫째 딸 루이스 사망(추정) 중국 선교사 로라 헤이굿(Laura Askew Haygood)이 중국 선교를 제안함
1887년	남감리회 해외여선교부 중국 선교사로 파송 3월 14일 샌프란시스코에서 출발하여 4월 12일 상하이에 도착 5월 클럽튼(Clopton)학교 음악 교사로 임용
1888년	10월 상하이에서 쑤저우로 파송, 쑤저우 남감리회 여선교부 감독자, 쑤저우 여성병원(Soochow Woman's Hospital, 또는 박습의원, 博習醫院) 행정 담당, 이스트사이드 기숙학교(Eastside Boarding School & Lambuth School), 쑤저우 매일학교 관리자 역임
1891~1893년	여의사 부재 기간에 쑤저우 여성병원 전체 감독 및 쑤저우 여성 의학교 교장 역임
1895년 5월	첫 번째 안식년 휴가를 미국으로 떠남
1895~1897년	미국을 순회하며 동양 선교에 대해 후원 요청 및 강연
1897년	남감리회 해외여선교부에서 캠벨을 한국 여성 선교의 개척자로 파송키로 결정

	수양딸 도라 유(Dora Yu)와 함께 10월 8일 제물포항에 도착 후 10월 9일 서울 남송현 선교부 도착
1898년	고양읍과 남송현에서 매일학교 시작
	8월 장흥고 앞 자골로 선교부지 이전, 시약소 설립 및 운영
	10월 2일, 6명의 학생으로 배화(캐롤라이나)학당 개교
1900년	배화학당 내 기숙사 건물(2층 벽돌 건물) 완공
	4월 15일 부활절, 기숙사 건물 예배실에서 자골교회 첫 예배를 드림
1901년	9월 15일 루이스워커 기념예배당 봉헌
1902년	배화학당 남학생들 배재학당으로 흡수, 순수 여학교로 운영
1903년	수양딸 도라 유 중국으로 환국
	10월 2일 배화학당 2년 과정의 중학 예비과 인가
1904년	5월 25일 두 번째 안식년 휴가를 미국으로 떠남
1904~1905년	미국을 순회하며 한국 선교에 대해 후원 요청 및 강연
1905년	8월 17일 안식년 휴가를 마치고 귀국
1907년	용각골(필운동)에 배화학당의 새로운 부지 4천여 평 매입
1908년	4월 26일 종침교 부근 도렴동에 종교교회 분립
	배화학당 창립 10주년 기념식
1909년	배화학당 3년제 고등과와 4년제 보통과 인가
1910년	5월 26일 배화학당 제1회 졸업식
	6월 종교교회 벽돌 예배당 건축
	7월 세 번째 안식년 휴가를 미국으로 떠남
1910~1912년	미국을 순회하며 한국 선교에 대해 후원 요청 및 강연
1912년	8월 안식년 휴가를 마치고 귀국
	수표교교회, 광희문교회 여성 사역 담당
1915년	1월 9일 필운동 새 교사 봉헌식
1917년	세브란스 간호사 양성학교 사감 역임
	10월 6일 오후 8시 수표교교회에서 선교 20주년을 기념하여 '강부인기념회' 개최
	11월 11일 광희문교회에서 '강부인기념음악회' 개최
1918년	네 번째 안식년 휴가를 미국으로 떠남
1920년	8월 안식년 휴가를 마치고 귀국
	11월 12일 별세
	11월 16일 양화진 서양인 공동묘지에 안장

▪미국 감리교 역사 기록 보관소 보관자료

1. 캠벨의 자필 편지 및 선교사지원 문답서

1) *Dear Miss Rankin* (1886. 7. 14)

최근에 로라 헤이굿과 알렌 박사로부터 중국에서의 선교활동에 헌신하지 않겠느냐는 편지를 받았습니다. 로라는 제가 그 일에 적합한 사람이라 확신했다고 말하였는데, 저는 처음에 그것이 내 하늘 아버지로부터 온 부르심 같았습니다. 제 딸이 죽은 후에 저는 저의 삶을 다시 새롭게 주님께 드렸고, 외국이나 국내에서 쓰임 받는 데 어떤 주저함도 없이 담대하게 나아가기를 결심했기에, 그 모든 것이 주님의 인도하심이라 느꼈습니다.

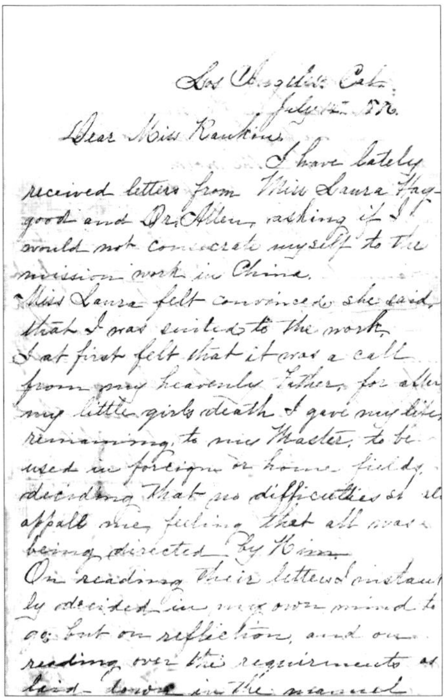

Los Angeles Cal.
July 14th 86.
Dear Miss Rankin,
I have lately received letters from Miss Laura Hag-good and Dr. Allen, asking if I would not consecrate myself to the mission work in China.
Miss Laura felt convinced, she said, that I was suited to the work.
I at first felt that it was a call from my heavenly Father, for after my little girl's death I gave my life, remaining, to my Master, to be used in foreign or home fields, deciding that no difficulties should appall me, feeling that all was being directed by Him.
On reading their letters I instantly decided in my own mind to go, but on reflection, and on reading over the requirements as laid down in the manual

▲ 캠벨의 편지글

저는 그들의 편지를 읽으면서 즉시 가기로 마음먹었습니다. 하지만 다시 생각해보며 선교사지원 심사 규정에 적힌 자격조건들을 읽어보았는데, 선교지에서 무엇이 필요한지에 대하여 아마도 당신께 더 나은 견해를 들을 수 있을 것 같아서, 그리고 혹시 그 사역을 하는 데 있어 제가 지적인 역량이 부족할 수도 있기에 이렇게 적습니다.-예를 들면, 저는 몇 년간 교편에 있었지만, 학교 과정을 마친 적이 없습니다.- 규정에는 '좋은 영어 교육'을 요구하고 있습니다.-제 생각에, 저는 그런 영어 교육을 받지 않았습니다.- 저는 공립학교에서 문법 과목을 가르치며 준비했고, 프랑스어와 스페인어를 공부하며 번역하기도 했습니다. 스페인어의 경우, 한때 매우 쉽게 이해하며 의사소통도 할 수 있었는데, 주립사범학교에서 이제 막 한 해 공부를 마쳤습니다. 제가 가르치고 싶은 분야에서 좀 더 철저한 교사로 준비하기 위함이었습니다. -중국 선교에 있어 제 지적인 능력을 좀 더 잘 판단하실 수 있도록 말씀드립니다.- 저는 정확하게 무엇이 필요한지 잘 모르지만, 선교 준비를 시작하기 전에 로라의 편지를 하염없이 기다리는 것은 곤란하다고 느꼈습니다. 그리고 당신의 사역 관련 경험을 알기에, 제 최선의 계획은 당신께 편지를 쓰는 것이었습니다.

제가 그 일에 적합하지 않다고 생각하는 이유가 조금이라도 있다면, 주저 말고 말씀해 주세요. 제가 그곳에 도착한 이후 그 일에 적합하지 않다는 것을 알게 된다면 후회하게 될 테니 말입니다. 인격적인 부분, 건강 외에도 당신이 필요하다고 생각되는 다른 자격 요건이 있다면, 제게 꼭 말씀해 주세요. 그 부분에 대한 제 염려를 쉽게 이해해주실 것 같은데, 묻고 싶은 것이 많기에 글보다는 직접 이야기를 나눌 수 있으면 좋겠습니다.

제가 당신의 소중한 시간을 방해해서 귀찮지 않기를 바랍니다.

진심을 담아, 캠벨

2) ***Dear Mrs. McGavock*** (1886. 7. 24)

제가 이 편지를 쓰게 된 것은 유감스러운 일입니다.

저는 주님께 더 많은 헌신을 할 수 있는 자리에 있기를 오랫동안 기도해왔기에, 중국으로 간다는 희망을 품고 기뻐했습니다. 로라의 편지를 받자마자, 저는 선교 사역에 저 자신을 드리기로 결단했기 때문입니다.

하나님께서 그 길을 열어주시는 것이 최선이라고 생각해서, 저는 그에 대한 준비를 시작했습니다. 저는 아버지께 편지를 썼습니다. 아버지는 현재 애리조나에 살고 계시는데, 저의 정체성에 대하여 조언을 구할 수 있는 유일한 분입니다.

아버지는 그 결정을 몹시 반대하셨는데, 저는 그분의 동의가 없다면 선교지에서도 후회하게 될 것 같았습니다. 그래서 내년 봄까지 머물면서, 그것을 생각하기로 했습니다. 그동안 그분이 로스앤젤레스로 돌아와, 언니와 함께 살 수 있도록 설득하려 합니다. 그렇게 되면 선교지로 나아가는 그 발걸음을 자유롭게 뗄 수 있을 것입니다. 그리고 아버지의 동의를 충분히 얻으면 그곳에서의 사역이 더 행복해질 수 있을 것 같습니다. 저는 천국의 아버지께서 사람의 일을 부차적인 일로 여기지 않으실 거라 느낍니다.

기다리는 동안에, 아직은 아니지만 모든 과정을 수료한 후 교사 자격증을 받을 예정입니다. 1월에 교원자격시험에 통과하게 되면 문법 분야에서 가르칠 수 있는 자격증을 받을 수 있습니다. 그러면 그곳에서 학교를 충분히 운영할 수 있겠지요.

봄에 가도 괜찮을까요? 그러면 당연히 함께 가는 것처럼 즐겁지는 않겠지만, 그때 홀로 가겠습니다. 저는 전에 비슷한 길이의 대양 항해를 한 적이 있고, 홀로 여행도 충분히 다녀보았기 때문에 홀로 가는 것은 특별히 문제가 되지 않을 것입니다.

그러니 자매님, 그것이 하나님의 뜻이라면, 모든 일이 적절하게 잘 이루어질 수 있도록 기도해주십시오. 저는 기꺼이 갈 준비가 되어있고, 저의 삶이 더 이상 제 것이 아니라 하나님의 것임을 느끼고 있습니다.

당신의 소식을 기다리며
진심을 담아, 캠벨

3) ***Dear Mrs. McGavock*** (1887. 1. 5)

당신의 편지와 전보를 모두 받았습니다.-전보에는 제가 중국으로 가겠다고 대답했었지요.- 저는 매일 그 주제에 대해 아버지를 만나 이야기할 수 있기를 기대하며, 당신의 편지에 대한 답장을 미루었습니다. 저의 태만으로 답장을 보내지 못한 듯하여 죄송합니다.

아버지가 오셨고, 뉴욕에 있는 여동생과 제부로부터 편지를 받았습니다. 중국에 3년 동안 황무지로 두었던 땅을 보기 위하여, 3월에 중국으로 출발할 예정이라는 내용이었어요.-아버지는 중국에 함께 도착한 여동생과 제부가 동의하지 않는다면, 아버지의 비용으로 다시 되돌아오는 조건아래 허락하셨습니다.-

제가 가게 된다면, 제게 주어진 일들을 온 힘을 다해 감당하며 제 헌신이 의미 있는 한 오래 머무르려 합니다. 추정컨대 알렌 박사님은 제가 그 일에 적합하지 않으면 주저하지 않고 말씀하실 것 같아요.

제가 그 자리에 적합한지 결정하기 전에 고려해야 할 두세 가지 질문이 있습니다.-당신이 쓴 편지에서 로라와 캘러웨이 부인의 편지는 충분한 증언이라고 하셨죠.- 저는 그분들이 저의 어떤 점을 보고 적합성을 판단하는지는 잘 모르겠습니다. 로라는 제가 선교에 대해 애정이 있는 것은 알지만, 언어를 습득하는 부분에 대한 저의 두려움은 잘 모를 거예요.

켈리 박사님과 이야기하시는 게 좋지 않을까요? -제가 그분께 그 주제에 대해 제 생각과 느낌을 전달했기에, 그가 더 좋은 결론을 내도록 도울 수 있을 것입니다. 그 문제에 대해 그분이 주신 의견에 감명받았거든요.- 아마도 그분은 제가 그 일에 적합한지에 대해 당신과 더 자유롭게 이야기할 수 있을 것 같아요.

다시 말씀드리자면, 캘리포니아주 시험위원회가 열리기 전 시험을 끝마쳤는데, 교원 자격 신청을 하였지만 불합격했습니다.-프랑스어와 스페인어를 공부했지만 둘 중 어느 것도 통달하지는 못했습니다.- 회화에 익숙하고, 학교에서는 두 권 정도의 책을 번역했었어요. 선교사지원 심사 규정의 나머지 질문들은 만족스럽게 대답할 수 있을 것 같습니다.

질문에 대답하기 위한 세 가지 사실들을 말씀드렸고, 오해가 없으시도록 솔직하게 글을 썼습니다. 규정에 나와 있는 질문 이외에 추가로 물어보실 것이 있으시면 기꺼이 답변해 드리겠습니다.

이 모든 문제 위에 하나님의 인도하심을 간구하며,
진심을 담아, 캠벨

4) *Answer to Questions in the Missionary Manual*

① 해외 선교 사역을 맡는 데 있어 성령께서 당신의 마음을 움직였다고 느낍니까?

– 그렇습니다.

② 이 일을 당신의 주업(life-work)으로 삼을 것입니까?

– 이것이 저의 온전한 결심입니다.

③ 당신은 어떤 곳으로든 갈 의향이 있습니까?

– 저 자신을 드리는 사역이기에, 같은 분야에서 사역하신 분들로부터 건너 들었습니다.

④ 기독교 사역 경험이 있습니까?

– 성도로 있었던 15년 동안 교회 안팎에서 그리스도의 복음을 전

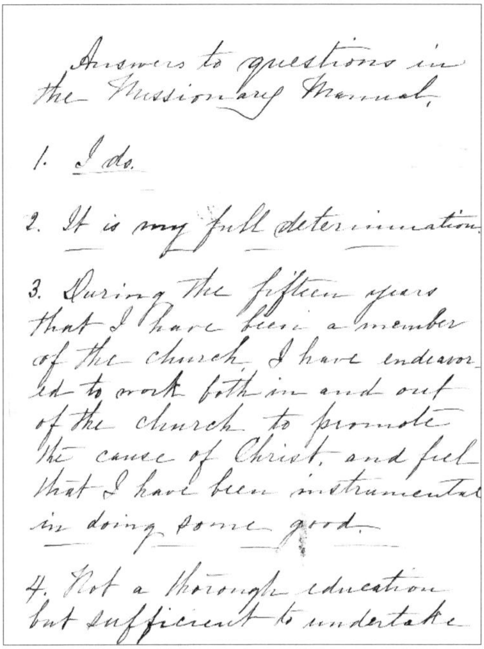
Answers to questions in
the Missionary Manual.

1. I do.

2. It is my full determination.

3. During the fifteen years
that I have been a member
of the church I have endeavor-
ed to work both in and out
of the church to promote
the cause of Christ, and feel
that I have been instrumental
in doing some good.

4. Not a thorough education
but sufficient to undertake

▲ 캠벨의 선교사지원 응답서

하기 위해 노력해왔고, 제가 선한 일을 하는 데 있어 도구가 되어 왔다고 느낍니다.

⑤ 철저한 영어 교육을 받았습니까?

– 충분한 교육을 받지는 못했지만, 수행할 수 있을 만큼 충분합니다.

⑥ 고대나 현대 언어를 공부한 적이 있습니까? 그리고 그 자격을 획득하였습니까?

– 저는 프랑스어와 스페인어를 공부했습니다. 비록 숙달되지는 않았으나 지금까지 노력한 만큼 배우는 데 어려움은 없었습니다.

⑦ 당신은 학교에서 가르친 적이 있습니까? 그리고 어떤 성과가 있었습니까?

저는 3년 반 동안 학교에서 가르쳤고, 선교사로 지원하지 않았다면 평생의 일이 될 정도로 성공적이었습니다.

⑧ 당신은 음악-가창 또는 기악-을 가르칠 수 있습니까?

– 성악과 기악을 모두 공부했습니다. 학교에서 가르친 것 외에는 둘 다 별도로 가르쳐본 적은 없습니다.

⑨ 당신의 건강상태는 어떻습니까? 그리고 유전병이나 유전적인 정신질환이 있습니까?

– 제 평생 엄청나게 건강했고, 제가 아는 바로는 현재 완벽하게 건강합니다. 제가 확인할 수 있는 바로는 양가에 유전적인 질병은 없었습니다.

⑩ 당신의 나이는?

– 33세 9개월입니다.

2. 캠벨의 생애에 관한 글

1) Mrs. A. E. Prince, ***Planting the Gospel in Korea: Story of Josephine Peel Campbell***

조세핀 캠벨이 한국 여선교부 사역을 개척한 것은 그녀의 탁월함이었다. 그녀는 신앙적인 유전, 큰 개인적인 슬픔, 그리고 다른 선교지에서의 오랜 견습 기간을 통해 섭리 안에서 준비되었다. 지적인 면에서 그녀는 미국 감리교 설교자로서 최초로 신학박사 학위를 받은 외할아버지 마틴 루터 목사를 닮았음이 틀림없다. 그는 텍사스가 미국에 합병되기 전에 텍사스 선교사로 활동하였기에, 그녀의 영혼에 대한 사랑도 그와 같았다. 그녀의 인생에서 어려움과 고난에 대한 두려움을 전혀 나타내지 않았으며, 이 점에서 그녀는 의심의 여지 없이 그녀의 아버지와 어머니를 닮았다.

조세핀의 아버지 브라이언트 필은 변호사였고, 테네시 출신으로 텍사스로 이주해 온 사람이었다. 그녀의 어린 시절은 웨이코에서 보냈지만, 그녀가 아홉 살이 되던 해 가족들은 파나마지협을 거쳐 캘리포니아로 여행하여 로스앤젤레스 근처에 정착했다(미주 10번 참조). 그리고 건강이 좋지 않아 서부의 온화한 기후를 찾아왔던, 북 캐롤라이나 출신의 감리교 목사 알론조 캠벨과 1878년에 결혼했다.

그들의 결합은 이상적이고 행복했지만, 곧 부서져 버렸다. 두 아이, 딸과 아들이 태어났다. 아들이 태어난 직후 알론조의 건강 때문에 조지아주 애틀랜타로 돌아가야 했고, 그곳에서 작은아들이 죽었다. 얼마 지나지 않아 그의 아버지가 그를 따라갔다. 두 사람을 여읜 어머니는 어린 딸을 데리고, 곧 만나게 될 깊은 슬픔을 알지 못한 채 로스앤젤레스에 있는 그녀의 가족들에게로 돌아갔다. 2년 후, 어린 루이스는 성홍열에 걸려 어머니의 품을 떠났다.

그리하여 조세핀 캠벨은 고통을 통해 인류의 기쁨과 슬픔을 이해하게 되었다. 그러나 그녀의 정신이 슬픔에 굴복하기에는 너무나 담대했고 그리스도와 같았다. 애틀랜타에 있는 동안 그녀는 로라 헤이굿과 안나 뮤즈가 중국에서 개척 사역을 시작하기 전에 그들을 만났고, 사랑하는 법을 배웠다. 그리고 그녀와 닮은 영혼들을 통해 선교에 동참하기를 결심하는 것보다 더 자연스러운 일이 어디에 있겠는가? 단호한 행동이 특징이었던 그녀는 즉시 자신을 선교사로 헌신하였고, 파송되어 동양으로 향했다.

그녀는 1887년 4월에 중국에 도착했고, 한 달이 안 되어 상하이에 있는 클럽튼 학교의 음악 교사가 되었다. 그녀는 모든 사람의 마음을 얻었다. 알렌 박사는 맥개복에게 다음과 같이 열정적으로 편지를 썼다. "캠벨은 매력적인 여성이며, 어디에서나 어떤 선교에서나 받아들여질 만한 사람입니다." 곧 그녀는 윌슨 감독에 의해 쑤저우로 옮겨져 그곳에서 여선교부를 책임지고 얼마 전에 문을 연 병원을 돕게 되었다. 그녀의 일은 다양했지만 보기 드문 적응력을 보였고, 병원 업무 외에 매일학교를 지도했으며, 도시의 서쪽 지역에서 사역을 시작한 것 외에도 요한복음을 지역 방언으로 번역했다. 비록 자격을 제대로 갖춘 의사는 아니었지만, 파크 박사 밑에서 공부하였기에 그녀는 의사의 공백 시기에 병원을 성공적으로 운영할 수 있었다.

중국에서 10년간 지속된 섬김은 캠벨을 유능한 선교사로 만들었다. 그만큼 능력 있는 사람이었기에, 1897년 그녀는 해외 여선교부에 의해 한국 여성 사역의 개척자로 파송되었다. 그것은 사랑하는 친구들에게서 멀리 떨어지는 일이었고, 새로운 나라의 관습을 다시 배워야 하는 일이었다. 그리고 많은 여성이 새로운 지적 모험을 피하는 중년의 나이에, 새로운 언어를 배워야 하는 것을 의미했다. 하지만 캠벨은 주저하지 않았다. 그녀의 마음은 두 나라 사람들을 받아들이기 충분했고, 그녀는 그것이 하나님의 약속임을 믿어 의심치 않았다.

남감리회 해외 선교부는 여선교부에 앞서 4개의 지역, 즉 인구 30만여 명의 도시인 수도 서울, 약 50마일 떨어진 성곽도시 송도, 동해안의 가장 중요한 항구인 원산, 그리고 내륙의 산골 마을인 춘천에서 사역을 시작했다. 캠벨은 서울에서 그녀의 사역을 시작했고, 그녀와 그녀의 수양딸 도라 유는 리드 박사의 집에서 함께 살고 있었다. 얼마 지나지 않아 두 여인은 물이 새는 기와지붕과 진흙벽이 있는 매우 열악한 전통가옥으로 이사했다. 가구는 두 개의 캔버스 침대, 커튼으로 덮은 상자, 요리를 위한 숯불 '화로'가 전부였다. 캠벨은 화로 위에 석유통을 활용한 오븐을 고안하여, 숯을 태울 때 발생하는 유독한 연기를 제거했다.

캠벨이 도우러 온 여성들의 상태는 매우 안타까웠다. 관습은 그들이 견딜 수 없는 짐을 지게 했고, 그들을 아버지와 남편과 시어머니의 노예로 만들었다. 그들은 태어날 때부터 교육을 받을 수없는 운명에 처해 있었고, 가장 끔찍한 미신의 먹잇감이었다. 심지어 그들의 종교조차도 그들에게 위안을 주지 못했는데, 이는 복음이 들어오기 전 동양인 교사들은 여자들에게 영혼이 있거나 도덕성을 갖고 있다고 가르치지 않았기 때문이다. 한국의 여성들은 이름조차 없었고, 집안에서 그들의 위치에 따라 김씨 집안의 딸, 이씨 부인 등과 같이 불렸다. 대다수 사람은 믿을 수 없을 정도로 가난하게 살았으며, 한국 남자들은 흰옷을 입었다. 흰옷은 그들이 선택한 것이 아니라 흰색은 애도의 상징이었고, 오래전에 잊혀진 어떤 황제는 국가가 그를 영원히 애도해야 한다고 명령했다. 수천 명의 가난한 사람들이 겉옷을 하나 밖에 가지고 있지 않았고 그것이 얼룩 하나 없이 유지되어야 했기 때문에 빨래는 밤에 해야만 했다. 물론 이것은 여성들에게 추가적인 어려움을 주었는데, 그들은 밤이 깊도록 어둠 속에서 나무 방망이로 옷을 두들겨야 했으며, 밤새도록 들리는 다듬이질 소리는 선교사들에게 한국 여성들의 힘든 운명을 상기시켰다.

서울에 도착한 지 6개월이 조금 지난 후, 캠벨은 로스앤젤레스의 토버만 여사가 결혼 다이아몬드를 선물한 덕분에 독자적인 여선교부를 열 수 있었다. 본관은 잘 지은 한옥이었고, 그 밖에도 학교 목적으로 개조할 수 있는 다른 건물들도 있었다. 캠벨은 자비로 작은 시약소를 마련했다. 1898년 10월, 여학교가 개교되면서 본격적으로 사역이 시작되었다. 처음에는 학생이 세 명뿐이었는데(미주 214번 참조), 그중 한 명은 리드 박사 사택 관리인의 어린 딸이었고, 그녀는 수년 후 선교에서 가장 유능한 전도부인 중 한 명이 되었다. 부모가 하인이었던 집에서 벗어나고자 했던 다른 어린이들이 학생 수를 채우기 시작했고, 높은 계층의 한국 여성들은 "이 교육 받은 낮은 계층의 소녀들이 곧 지적으로 뛰어나게 되어 더는 '종'으로 보이지 않는 것"을 알게 되었다. 이 학교는 건물을 위해 봉헌한 두 캐롤라이나주의 어린이들을 기리기 위해 "캐롤라이나 학당"이라는 이름이 붙여졌다. 이 학교는 설립된 지 18년 동안 크게 확장되었고, 현재는 도시가 내려다보이는 언덕 위의 아름다운 부지에 위치해 있다. 학교 건물 외에도, 기숙사, 매일학교 건물, 그리고 선교사 숙소가 포함되어 있습니다.

캠벨은 결코 자신을 아끼지 않았으며, 끊임없이 새로운 일에 손을 내밀었다. 선교본부는 서울을 넘어 하나하나씩 세워져 갔다. 여선교부가 개입한 기간에 토지는 매우 현명하게 구매되었고, 때때로 일부를 매각하여 새로 세워지는 건물에 자금을 조달하기도 했다. 캐롤라이나 학당이 순조롭게 발전하고 있을 때, 캠벨은 다른 이의 손에 학당을 맡기고 세브란스 병원과 간호 본부에서 사역을 시작했다. 이외에도 그녀는 전도부인들의 사역을 감독했고, 서울 수표교교회에서 여성들과 어린이들을 위한 복음 전도사역에 매진했다. 그녀의 마음은 항상 한국 여성들로 인하여 아파했다. 그녀는 그들을 잘 이해했고, 한 번은 이렇게 표현한 적이 있다. "그들과 같이 온유한 사람들을 만나서 다행입니다. 이들에게는 다른 사람들에게 영향을 미치는, 매우 독특한 힘과 결합 된 부드러움이 있습니다. 그러나 한국적인 기질의 온유함은 복종에서 생겨납니다. 그래서 지금 제가 보기에, 자기 자신이나 남을 위해 무언가를 성취하기는 어렵습니다."

그녀는 동양에 헌신한 31년 동안 환자 목록에 단 한 번 오른 바 있다. 그러나 1918년에 발을 다쳐 수술을 받아야 했다. 그녀가 목발을 떼기도 전에 심각한 디프테리아 발작을 앓으며 그녀의 심장이 약해졌고, 결국 본국으로 돌아가라는 지시를 받았다. 그러나 그녀만의 불굴의 의지는 나약해지지 않았다. 그녀가 한국의 여성들을 위해 특별히 하고 싶었던 한 가지가 남아있었다. 그녀는 그들을 지독한 가난에서 벗어나도록 돕고 싶었다. 사실 그들은 우후죽순으로 설립되는 일본 공장에서 일할 수 있었지만, 캠벨은 이러한 공장에서 일하게 되면 건강과 가정이 모두 망가질 것을 예견했다. 여성들이 스스로 숙달할 수 있는 단순하고 독립적인 산업이 있어야 한다는 생각에, 이를 위하여 그녀는 마지막 2년의 귀중한 시간에 양계업과 양봉업을 가르칠 준비를 하며 보냈다. 꿀은 특히 한국에서 큰 수요가 있으며, 모든 한국 결혼식에서 여성에게 꿀과 물을 제공한다. 캠벨은 이러한 산업을 통해 한국 여성들이 경제적 상황을 개선할 수 있다고 확신했다. 같은 목적으로 한국 남성들을 위해서도 낙농업을 도입하려 했다.

1920년에 그녀는 자신이 귀화한 조국에 몇 년 더 봉사할 수 있기를 희망하며 다시 배를 타고 한국으로 향했다. 그러나 삶의 모래시계는 점점 줄어들고 있었고, 그녀는 선교지에 도착한 지 얼마 안 되어 추수감사절 이튿날 서울에서 숨을 거두었다.

그녀는 한국에 많은 사랑을 주었고, 많은 사랑을 받았다. 그녀는 죽어서도 사랑하는 한국 소녀 중 한 명인 '그녀로 인해 기독교인이 된' 한국인 소녀 곁에 묻혔다.

2) *Mrs. J. P. Campbell*

모든 개척자가 숲을 베어내고, 곰과 싸우며, 광야에 길을 내는 것은 아니다. 캠벨은 개척 선교사였다. 그녀의 엄청난 임무는 중국과 한국인 모두가 가지고 있는 외국인에 대한 편견과 증오를 베어내고, 그들의 이교에 대항하여 싸우며, 선교지 사람들의 마음속에 사랑과 신뢰의 길을 내어, 예수 그리스도의 종교가 그들 가운데 들어가게 하는 일이었다.

캠벨은 젊었을 때, 남편과 두 아이를 잃었다. 그러나 슬픔에 연약하게 굴복하는 대신, 그녀는 빈손으로 할 수 있는 일을 찾기로 했다. 그녀는 1887년 4월에 선교사로 상하이에 갔다.

당신이 오는 것을 분개하는 사람들의 낯선 땅으로 들어가는 것을 생각해보라. 생경한 언어를 배우고, 생소한 음식을 먹으며, 낯선 집에 살아가고, 익숙했던 모든 일상적인 것들을 빼앗기는 것을 상상해보라! 이 모든 것은 오늘날 선교사들이 예상하는 것이지만, 게다가 캠벨은 더 심각한 문제에 직면했다. 중국 정부가 선교사들에 대하여 반대하였고, 중국인들은 외국인들을 두려워하며 증오했다. 그리고 선교사들의 생명이 위험에 처하는 경우도 여러 번 있었다.

캠벨은 중국의 쑤저우 지방을 책임지게 되었고, 우리가 '비전' 이라고 부르는 멋진 자질을 지닌 여성이 되었다. 그녀는 중국 사역의 미래를 내다보는 사람이었다. 그녀는 불모지를 발견하고 선교활동을 시작했다. 그녀는 중국의 젊은이들이 영어를 배우고 싶어 하기 시작했다는 것을 알고, 그들을 위해서 영어 수업을 시작했다. 그녀는 동역자들의 상태에 대해서는 세심하게 돌보았지만, 그녀가 돌보는 이들의 필요를 만났을 때 그녀는 종종 자신이 살과 피로 만들어졌다는 사실을 잊은 듯했다.

그녀의 중국에서의 성공이 너무나 컸기 때문에, 1897년 여선교부는 새롭게 사역을 시작하는 한국에 그녀를 보내도록 결정했다. 한국은 완전히 새로운 선교지였다. 여선교부에서 선교사를 보낸 적이 없었고, 그 누구도 그곳의 사람들과 그들의 언어, 그들이 우호적일지 비우호적일지에 대해 그녀에게 충분히 알려줄 수 없었다. 이 모든 것을 그녀 스스로 알아내야 했다. 그녀는 신실한 기독교인이었던 중국인 소녀 도라 유를 데리고 갔다. 그들은 서울에 위치한 비가 새는 지붕, 장마철에는 진흙이 큰 덩어리로 떨어져 내리는 흙벽, 머리 위에 맨 서까래가 있어 선교사들이 머리를 자주 부딪치게 되는, 매우 가난한 작은 집에 살았다. 그들의 가구는 두 개의 캔버스 천으로 된 요람, 상자들을 패브릭으로 싸서 만든 책상, 옷장, 사이드보드 탁자였다.

요리는 '화로'라고 불리는 숯불 난로에서 해야 했는데, 화로는 불이 든 철제 솥에 지나지 않았다. 숯불에서 나오는 연기와 가스는 매우 독성이 강했고, 캠벨은 눈치채지 못하는 사이에 질식할 뻔했다. 당시 한국에서 조리용 난로(오븐)를 구할 수 없었기 때문에 캠벨은 큰 석유통을 화로 위에 끼워서 아주 만족스러운 오븐을 만들었다. 그녀는 그녀의 기름통 오븐에서 요리된 것보다 더 좋은 음식을 맛본 적이 없다고 말했다.

캠벨과 도라 유는 첫해를 매우 바쁘게 보냈다. 그들은 느리지만 확실하게 사람들과 친분을 쌓았고, 한국어를 열심히 공부했으며, 기독교에 대해 가장 잘 가르치는 방법을 배우기 위해 모든 기회를 이용했다. 많은 경우 그들은 밤 12시나 1시에 침대에서 일어나 방문객들을 맞이하기 위해 옷을 입어야 했다. 그 시절에는 상류층 여성들이 낮에는 집에 머물러야 하고, 밤이 되면 가마를 타고 친구들을 방문할 수 있었다. 그들은 외국인 여성들에 대해 매우 궁금해했고, 그들이 왔을 때 이들의 옷과 머리핀과 시계를 만져보기를 원했으며, 그들이 볼 때(한국인들에게는 침대가 없다) 웃기는 작은 침대에 누워보길 원했으며, 외국인 여성들이 먹는 괴상한 음식을 맛보고자 했다.

한국에서 개척한 첫해 동안 사람들의 습관과 관습을 보여주는 많은 일이 있었다. 물 공급은 매우 열악했고, 도시의 수천 명의 사람이 사용하는 모든 것은 얕은 우물과 더러운 샘에서 옮겨야 했다. 일반적인 물장수들은 긴 장대를 어깨에 메고 양 끝에 작은 통을 매달았다. 물은 먼 거리로 운반했고, 각 개인이나 가족들에게 몇 개의 동전(엽전)을 받고 팔았다. 물론 그 물은 깨끗하지 않았고, 많은 질병과 죽음이 그것으로 야기되었다. 캠벨이 가장 먼저 한 일 중 하나는 선교부 부지에 깊은 우물을 파는 것이었다. 그 우물은 물이 맑고 시원할 뿐 아니라, 가뭄에도 물이 넉넉했기 때문에 사람들이 크게 관심을 가졌다. 온 동네 사람들이 맑은 물의 선물에 기뻐했다. 사람들은 도시를 가로질러 항아리와 박과 솥과 주전자 및 온갖 종류의 괴상한 그릇을 가지고 와서 물을 길러 왔다. 사람들이 드나들 때마다 대문을 열고 닫아야 하는 문지기 노인에게는 매우 짜증스러운 일이었지만, 물은 어디에서 발견하든 목마른 사람들의 것이니, 당연히 선교사는 맑은 물이 없어 죽어가는 사람들을 위하여 대문을 늘 열어두었다.

캠벨은 캐롤라이나 학당이라고 불리는 여학교를 열었다. 처음에는

3명의 학생만 있었는데(미주 213번 참조), 모두 하층민이었지만 곧 21명으로 불어났다. 상위 계층 사람들은 그들의 딸들이 길거리에 보이는 것을 수치스럽게 생각했고, 미국 여성들이 낮에 머리를 가리지 않고 집 밖으로 다녔다는 이야기를 들었기 때문에, 그들의 딸들이 그 선생들처럼 이상해질까 염려하여 자신들의 딸들을 새로운 학교에 보내지 않으려고 했다. 그러나 세월이 흐르면서 그들은 새로운 방식을 받아들이기 시작했고, 너무 많은 학생이 찾아와서 건물이 비좁고 붐비게 되었다. 그후에 캠벨은 도시가 내려다보이는 아름다운 부지를 샀으며, 그 위에 화려한 교실 건물과 기숙사가 지어졌다. 이 학교는 오늘날 400여 명의 학생이 등록하기까지 성장을 계속 해왔다. 또 재학생의 다수는 도시의 가장 좋은 가문 출신이다.

해야 할 사역이 너무나 많았다. 그리고 캠벨은 언제나 무력한 사람들에게 도움이 되고, 어머니가 없는 사람들에게 어머니가 될 준비가 되어 있었다. 그리하여 20년이 지나도록 그녀의 손은 친절한 일들에 바빴고, 그녀의 마음은 애정 어린 긍휼이 넘쳐났다. 캠벨을 알고 사랑했던 한국인들은 그녀를 기리며 아름다운 시간을 가졌다. 그들은 한국인들에 대한 그녀의 사랑과 그녀가 20년 동안 그들을 위해 무엇을 했는지에 대한 연설을 했고, 그들은 그녀에게 많은 아름답고 값진 선물들을 수여했는데, 그중 하나는 감사의 문구를 새겨넣은 금 훈장(브로치)이었다.

1920년, 캠벨은 건강이 좋지 않아 휴가차 미국으로 돌아왔지만, 잠시 휴식을 취한 후 태평양을 건너 사랑하는 한국으로 다시 돌아갔다. 한국으로 돌아간 지 몇 달 만에 그녀는 하나님의 부르심을 받았다. 한국의 모든 사람은 캠벨을 알고 사랑했던 사람들이다. 그리고 그들 중 수백 명의 사람은, 주님의 부르심에 순종하여 어둡고 힘든 곳으로 나아간 이 용감한 여성으로 인하여 더 나아지고 행복해졌다.

3) *Entering Korea*

여성 선교부 산하에 한국으로 파송된 첫 선교사는, 슬픔을 많이 알고 있기에 고통받는 사람들의 아픔을 가장 깊이 공감하는 사람이라는 점이 특이하며 의미심장하다. 캠벨은 미국 최초로 신학박사 학위를 수여 받은 미국 감리교 목사이자, 당시 선교지로 여겨지던 시절의 텍사스 선교사의 손녀였다. 캠벨 부인, 또는 조세핀 필은 1853년 4월 1일에 출생했다. 텍사스주 웨이코에서 유년시절의 대부분을 보낸 뒤(미주 5번 참조), 그녀는 파나마지협을 통해 대륙횡단 철도가 완공되기 전의 로스앤젤레스로 가서 살았다. 이곳에서 그녀는 대부분의 교육을 받았고, 1878년 감리교 목사이며 노스조지아 출신인 알론조 캠벨과 결혼했다. 그는 당시 로스앤젤레스에서 처음 세워진 남감리회 교회의 목사였다. 그들의 가정은 행복했다. 그러나 5년의 행복한 결혼생활 후에 남편이자 아이들의 아버지가 병에 걸렸고, 가족들이 조지아로 돌아온 지 얼마 되지 않아 숨을 거두었다. 어머니와 두 아이(사내 아기, 어린 소녀)는 애틀랜타로 떠났고, 그곳에서 캠벨은 훗날 중국 선교사가 된 두 여성, 헤이굿과 안나 뮤즈를 만났다.

알론조 캠벨이 세상을 떠난 지 얼마 지나지 않아 아들도 세상을 떠났다(미주 28번 참조). 캠벨은 그 어린 소녀를 데리고 로스앤젤레스로 돌아왔다. 그곳에서 그녀는 가르치는 것을 더 철저히 준비할 수 있도록 주립사범학교에 입학했다. 2년 만에 어린 소녀는 아빠와 남동생의 길을 따라갔고, 엄마는 홀로 남겨졌다. 비통함 속에서 반응할 수도 있는 일이었지만, 캠벨은 오히려 온 인류의 슬픔과 기쁨을 더 깊이 이해하고 공감하게 되었다. 그녀는 이러한 경험을 통과하여 하나님과 더욱 친밀한 관계로 나아가기를 결심했다. 그래서 그녀의 마음은 고통 가운데 있었지만, 하나님께서 그 영혼에 말씀하실 수 있었다. 슬픔을 곱씹기보다는, 슬픔과 고난의 한복판에서 세상이 이길 수 없는 기쁨을 구하였고, 그녀의 빈손을 주님의 일로 채워주시도록 기도했다. 그녀가 그렇게 기도하는 동안에, 주님은 그녀의 마음속에 선교사가 되고자 하는 열망을 심어 주셨다.

1년 이내에 그녀는 중국 상하이에 있게 되었고, 그곳에서 그녀는 희망이 없는 여성들에게 전도자가 되었다. 그녀는 맡은 일에 유난히 성공적이었다. 알렌 박사는 다음과 같이 썼다. "캠벨은 매력적인 여성이고, 어느 곳에서나 어떤 사역에서든 받아들일 수 있습니다." 동료 선교사도 이렇게 말했다. "캠벨은 첫날부터 훌륭했습니다. …… 그녀는 항상 그녀 특유의 열정적인 공감력을 발휘해 아프고 고통받는 사람들의 마음속으로 들어갔습니다. 나는 그녀만큼 천국에 대해 친숙하게 말하는 사람을 본 적이 없습니다."

그녀는 중국 선교의 개척에 있어 매우 성공적인 사역자였기 때문에, 여성 선교부가 한국에서 사역을 시작하고자 했을 때, 그들은 캠벨 선교사에게 의뢰했다. 그녀의 여동생은 그녀가 기쁨에 빛나며 갔다고 말했다. 캠벨 선교사는 도움이 절실한 사람들을 도울 수 있는 훌륭한 기회로 여겼다.

캠벨 선교사는 1897년 10월 6일 수양딸인 도라 유와 함께 한국에 도착했다. 도라 유는 성인 여성들에 대한 비전과 순수한 열정으로 헌신하는 사람이었다.

그들은 약 30만 명의 인구가 거주하는 수도 서울에서 그들의 사역을 시작했다. 그들의 집은 물이 새는 기와지붕과 진흙 벽이 있는 전통 한옥이었다. 장마철이 되면 진흙 덩어리가 뚝뚝 떨어지곤 했다. 낡은 서까래에 머리를 부딪친 적도 한두 번이 아니었다. 두 개의 요람과 몇 개의 상자와 숯 화로는 캠벨에 의해 곧 가구로 바뀌었는데, 캠벨 선교사가 있는 곳에는 언제나 세련되고 검소한 분위기가 있었다. 작은 무쇠 냄비를 닮은 화로가 요리용 화덕 역할을 했다. 이 선교사는 큰 석탄통을 화로 위에 얹는 기발함으로, 맛있는 요리가 나오는 오븐을 만들었다. 한번은 숯에서 나오는 가스가 너무 독해서 캠벨 선교사는 질식할 뻔했기 때문이다.

한국 상류층 여성들은 낮에 거리로 나간 적이 없었기에, 선교사들이 머문 첫해에는 야간 방문자들이 많았다. 그들은 가마를 타고 목적지로 이동했다. 낯선 외국인들이 소유한 모든 것들을 보고자 하는 인파들이 문전성시를 이루었다. 특히 호기심 많은 사람은 부드러운 베개와 높은 침대(한국인들은 나무 베개와 바닥에 이불을 깔고 잔다)를 신기해했다.

한국 여성들의 처지에 대해서는 안타까운 점이 많았다. 관습은 그들의 아버지, 남편과 시어머니에게 종과 같은 존재가 되는 짐을 지웠다. 여성들은 항상 교육을 받지 못했고, 그들의 종교는 그들에게 영혼이 있다는 것을 가르치지 않았으며, 결과적으로 그들에게는 영원에 대한 소망이 없었다. 심지어 그들에게는 이름도 없어서, 그들은 단순히 '맏딸', '둘째딸', '김씨 가문의 딸' 등으로만 알려져 있었다. 관례상 남성의 경우 흰색 옷을 입어야 했기 때문에, 여성들은 밤중에 많은 빨래를 해야 했다. 종종 그들이 세탁할 때 사용하는, 나무 막대기로 두드리는 소리가 밤늦게까지 들렸다. 수천 명의 가난한 사람들이 겉옷 하나만을 가지고 있다는 것을 고려한다면, 세탁이 얼마나 자주 이뤄져야 했는지 알 수 있다.

도라 유는 처음부터 한자를 읽을 수 있었기 때문에 캠벨 선교사의 작업에 큰 자산이 되었다. 서울에 도착한 지 6개월이 조금 넘어서 캠벨 선교사는 자력으로 자금을 조달한 작은 시약소를 열었다. 한국에서의 첫해 말에 그녀는 자신의 사역이 미감리회의 사역과 겹친다는 것을 깨달았다. 그래서 침례교선교회(엘라딩선교회)가 도시의 북쪽에서 이주해갔을 때 그 부지를 구매했다. 이 부지의 구입은 여성 선교부 25주년 기념행사에 봉헌된 토버만 부인의 결혼 다이아몬드로 가능했다.

1898년 10월, 3명의 학생으로 개교하면서 본격적인 학교 사역이 시작되었다(미주 213번 참조). 곧 다른 어린이들도 합류하였는데, 그들 중 다수는 부모가 하인으로 있는 집에 머물기 원하지 않았기에 학교 입학 신청을 했다. 나중에는 교육의 장점을 보게 된 상위 계급의 사람들이 딸들을 입학시키고자 했다. 이 학교는 건축 헌금을 보낸 남북 캐롤라이나 어린이들을 기리기 위해 '캐롤라이나 학당' 으로 불렀다.

신약성경의 일부와 교리서를 제외하고는 이용할 수 있는 서양 서적이 없다는 것을 알게 되었을 때 캠벨 선교사가 당면했던 불리한 조건들을 상상해 볼 수 있다.

몇 년 후 학교는 학생들로 넘쳐났고, 새로운 건물이 필요했다. 건축가가 없었기에, 캠벨 선교사와 한국인 목수가 8개의 방이 있는 2층 벽돌 건물 짓는 일을 맡았다. 궁궐의 탑들(서십자각으로 추정)이 바로 학교 건물 앞에 있었고, 미신들은 황제가 제국에 닥친 불행이 서양인들이 하늘의 신들을 모욕했기 때문이라고 믿게 했다. 그러나 격조 높은 궁궐의 시종들은 2층의 창문에서 내려다볼 수 있게 해달라고 고집을 부렸다. 그들은 분명히 궁궐의 안쪽을 자세히 들여다보고 싶어 했다.

1899년 월슨 감독은 이 지역에서 7명의 여성에게 세례를 주었는데, 이것은 여성 사역의 첫 번째 결실이었으며 교회의 중심이었다. 캐롤라이나 학당이 운하의 근처에 있었기 때문에, 1907년 캠벨 선교사는 지금 학교가 자리하고 있는 빛나는 언덕의 부지를 확보했다. 미래를 바라보는 그녀의 큰 비전은 이 학교의 운영에서 계속 드러났다. 1927년 초에 캠벨 홀이라는 이름이 건물에 붙여졌다. 이 건물은 1925년 특별기도 주간 행사와 함께 지어졌다. 같은 해에 정부는 학교를 정식 승인했다.

4) *Pioneering in Korea*

"캠벨은 매력적인 여성이며, 어디에서나 어떤 선교에서나 받아들여질 만한 사람입니다." 캠벨이 외국 선교사가 된 직후 알렌 박사는 이렇게 표현했다.

캠벨의 매력에는 많은 요소가 있다. 그중에는 가족적인 유산이 있었다. 그녀의 외할아버지는 마틴 루터 목사였는데, 그는 텍사스가 미국에 합병되기 전에 텍사스로 온 선교사였다. 그는 또한 미국 감리교 목사로서는 최초로 신학박사 학위를 받았다. 캠벨의 매력에는 그녀의 독특한 인격적 특징이 있었다. 그녀는 음악적이었고, 깊은 신앙을 가졌으며, 친절했다. 그녀는 관계를 열어가는 데 있어 좋은 능력이 있었다. 그리고 참으로 사람들의 필요와 그들의 개인적인 흥미, 그리고 그들의 가능성에 관해 관심을 가졌다. 캠벨을 몹시 슬프게 했던 경험들은 그녀가 다른 이들의 기쁨과 슬픔을 깊이 이해할 수 있게 했다. 5년간의 행복한 가정생활이 지나고, 몇 년 사이에 그녀는 남편과 두 아이를 잃었다.

캠벨, 혹은 조세핀 필은 1853년 텍사스에서 태어났다. 그녀가 아직 어렸을 때 가족들은 캘리포니아의 로스앤젤레스로 이사했고, 그곳에서 그녀는 대부분의 교육을 받았고 1878년 조지아 출신의 알론조 캠벨 목사와 결혼했다. 캠벨이 몇 년 뒤 중국 선교사가 된 로라 헤이굿을 만나 흠모하게 된 것은 조지아를 방문하던 중이었다. 그녀의 가족을 잃은 후, 캠벨은 하나님께서 그녀의 빈손을 그분의 일로 채워주시길 기도했다. 1년 안에 그녀 역시 중국 선교사가 되었다.

"캠벨은 첫날부터 훌륭했습니다." 한 친구가 말했다. "그녀는 항상 자신의 특징이었던 섬세한 공감력으로, 아프고 고통받는 사람들의 마음을 열었습니다."

몇 년 동안 캠벨은 중국에서 클럽튼 학교의 음악 교사, 복음 전도자, 그녀가 개설한 쑤저우 매일 학교의 감독자, 쑤저우 여성병원의 보조자, 쑤저우 여선교부 본부의 감독자 등 다양한 직책을 역임했다. 캠벨은 공식적인 사역을 수행하면서 동시에 요한복음을 쑤저우 방언으로 번역했다.

1897년 캠벨은 한국 여성들을 위한 사역을 개척하라는 해외 여선교부의 요청을 받았다. 캠벨은 그녀의 수양딸이자 성인 여성들에 대한 비전을 품고 헌신하고자 하는 도라 유와 함께, 열정과 기쁨으로 이 새로운 사역을 맞이했다. 그녀와 도라는 1897년 10월 9일 서울에 도착했고, 한국 선교부 대표자로 한국에 와있었던 리드 박사의 집으로 갔다.

곧 캠벨과 도라는 물이 새는 기와지붕과 진흙 벽이 있는 그들의 집으로 이사했다. 캠벨의 손길 아래 두 개의 간이침대, 몇 개의 물품 상자, 그리고 숯 화로가 집으로 변모했다.

도라는 한국인의 글씨를 읽을 수 있었기 때문에 처음부터 큰 도움을 주었다. 서울에 도착한 지 7개월 만에 캠벨은 자신의 자금을 조달하여 작은 시약소를 열었다. 다시 결혼 다이아몬드는 해외 여선교부의 사업에 큰 역할을 했다. 캠벨이 서울에 있는 토지를 사고자 했을 때, 캘리포니아 로스앤젤레스에 사는 호머 토버만 여사가 결혼 다이아몬드를 선물하여, 구매가 가능했다.

1898년 10월에 캠벨은 8세 소녀 다섯 명과 함께 학교를 열었다(미주 213번 참조). 첫 번째로 등록한 어린이는 리드 박사 사택 관리인의 딸이었다. 곧 다른 학생들이 생겼고, 그들 중 많은 어린이는 부모가 하인이었던 가정을 벗어나고자 했다. 그러나 오래지 않아 상류층에 속한 부모들이 여자 교육의 유익성을 보고 딸들을 보내기 시작했다. 처음에 캠벨은 교리문답과 신약성서의 일부를 제외하고는 서양 교재가 전혀 없는 어려움 속에서 일했다. 그러한 어려움에도 불구하고, 학교는 곧 정원이 넘쳐났다. 이 학교의 이름은 학교 건물을 짓는 데 기여한 남과 북 캐롤라이나 연회의 선교사 자녀들을 기리기 위해 선택되었다.

1907년 1월 캠벨은 캐롤라이나 학당을 위한 언덕 부지를 확보했다. 이는 오늘날에도 여전히 훌륭한 위치다. 미래에 대한 캠벨의 비전은 이 학당의 일 뿐만 아니라 여선교부의 다른 사역에서도 계속 나타난다. 캐롤라이나 학당이 잘 발전하게 되자, 캠벨은 다른 이들의 손에 모든 일을 맡기고 새로운 사역을 시작했다.

1925년 특별 기도주간을 통해 캐롤라이나 학당의 새로운 건물이 가능하게 되었을 때, 그 건물은 조세핀 캠벨 홀이라고 이름 지어졌다.

캠벨은 한국 여선교부의 감독자로서, 수년간 한국의 모든 여성 선교

업무를 담당했다. 캐롤라이나 학당에서의 사역 외에도, 그녀는 송도에 있는 호수돈 여학교와 원산에 있는 루씨 여학교의 건물 건립을 도왔다. 캠벨은 휴가 기간에도 한국을 가슴에 품고 있었다.

"그녀는 단 한시도 한국을 잊을 수 없었어요." 한 번은 그녀의 자매가 이렇게 말했다. "그녀는 돌아갈 때까지 한국을 위해 강연을 하러 다니고 선교 자금을 모았기 때문에, 우리와 함께 있었던 시간은 한 달 정도뿐이었습니다."

캠벨이 두 번째[네 번째] 휴가를 갔을 때 한국 여성들이 극심한 빈곤에서 벗어날 수 있도록, 도울 방법을 찾기를 바라며 다른 산업 분야를 공부하는 데 많은 시간을 보냈다. 그녀는 과학적인 양계업과 양봉 분야를 소개할 수 있기를 바랐지만, 1920년 귀국한 지 불과 4개월 만에 급작스러운 마지막을 맞이했다. 그녀는 서울에 묻혔지만, 그 견해와 현명한 계획은 한국 선교사업에서 계속하여 열매를 맺어나갔다.

5) Rosella Hogan Cram, *A Pioneer for Christ in the Hermit Kingdom*

1897년 남감리회는 한국에 첫 선교사를 파송했다. 십자가의 전령들이 은둔의 나라로 들어가는 길이 열렸다. 남감리회 여선교부는 남감리회 선교부와 함께 일하기를 원했고, 그들을 대표해서 그 일을 조직할 여성을 찾았다. 캠벨은 이 일을 맡아달라는 요청을 받았다. 그녀의 뛰어난 문화적 소양과 우아함은 특히 이 선구적인 일에 적합했다. 그녀는 불굴의 의지와 지칠 줄 모르는 열정, 두려워하지 않는 마음을 가졌다.

캠벨은 어린 시절을 남부에서 보냈고, 감리교 순회 설교자와 결혼했는데 몇 년 뒤 남편이 결핵을 앓게 되었다. 그녀는 그의 지친 심장이 고동을 멈출 때까지 그에게 봉사했고, 그는 영원한 빛의 나라로 들어갔다. 그녀의 아름다운 두 자녀 역시 하늘나라로 옮겨졌다. 혈육이 끊어지고 슬픔으로 가슴이 숙연해지는 아픔의 시기에, 중국 선교로의 부르심이 왔다.

그녀는 이 끈질긴 호소에 응답하여, 중국에서 여러 해 동안 유능한 봉사를 하였다.

남감리회 해외 여선교부에서 한국에서 선교를 시작할 경험과 믿음, 비전이 있는 여성을 찾기 시작했을 때, 그들은 캠벨 부인을 찾아냈다. 그녀는 교회에 희망이 있음을 알고 있었다. 그녀는 즉시 모일 수 있는 아이들로 기숙학교를 시작했다. 그 당시 우리는 성도가 없었고, 이 아이들은 비기독교 가정에서 데려왔기 때문에, 우리의 한국 사역 초기 우리 성도들이 없을 때도, 이 어린 마음들을 얻고 그들의 삶을 헌신할 수 있도록 훈련시켰다. 그녀는 그들에게 교육적으로 가치 있는 것들을 가르쳤을 뿐만 아니라, 그들을 어머니로서 돌보며 아픈 아이 옆에서 많은 날을 간호하기도 하였다. 그리고 캠벨은 언제나 그들을 하나님 은혜의 생생한 경험으로 인도하기 위해 분투하였다. 서울에 있는 캐롤라이나 학당은 그것을 조직하고 설립한 그녀를 기념하는 기념물로 오늘날까지 세워져 있다.

처음으로 기독교의 영향을 받은 여학생 중에는 낮은 계층 출신뿐 아니라 상류층 출신들도 있었다. 우리의 처음 매일학교 교사들은 캐롤라이나 학당에서 온 소녀들이었다. 캠벨의 가르침과 훈련의 영향력을 우리가 다 말할 수는 없겠지만, 여기저기의 한국 가정에서 그녀를 통해 그리스도께로 인도된 젊은 여성들을 만날 수 있다. 한 명은 매서인의 아내이고, 다른 한 명은 교사의 아내이며, 다른 한 명은 교회 간사의 아내이고, 또 다른 한 명은 훈련된 간호사다. 우리는 이 명부를 끊임없이 나열할 수 있다.

캠벨은 학교를 통해 한국의 가정 속으로 들어가게 된 이후, 집집마다 방문하는 전도부인의 필요성을 느꼈다. 그래서 그녀는 주변의 몇몇 여성을 모아 가르친 뒤, 보내어 전도하게 하였다. 캠벨은 종종 전도부인들과 함께 가정을 방문했다. 때때로 그녀는 아픈 사람들을 찾아가 그들을 보살폈다. 혐오스러운 피부병을 앓고 있던 한 어린 소녀가 치료를 위해 병원으로 이송된 것을 기억한다. 그녀는 종종 힘없고 절망적인 사람들을 실제적이고 물질적인 방법으로 도왔다. 너무나 많은 지친 영혼에게 소망과 구원을 준, 작은 한국의 집에서 일어난 그녀의 모든 사역은 오직 기록을 담당하는 천사만이 알고 있을 것이다.

캠벨은 방금 언급한 사역들을 기획했을 뿐 아니라, 수년간 한국 여선교부의 담당자로서 다른 선교지역의 사역들도 감독하고 계획했다.

충성된 사역의 인정

얼마 전 서울에서 캠벨 선교사의 한국 선교 20주년 기념행사가 있었다. 한국인들은 교회에 모여서 축하 행사를 진행했다. 연설도 하고 축가도 불렀다. 그리고 캠벨 선교사에게 동양적인 디자인의 금색 메달 형태의 '장신구(브로치)'가 수여되었다. 그것은 20년 동안 주님을 위해 신실하게 섬긴 것과 20년 동안 지칠 줄 몰랐던 사역을 기념하는 것이다. 그녀는 주님을 위해 자신의 생명을 귀하게 여기지 않고 희생한, 사랑과 승리한 삶을 산 영혼이었다. 그녀는 부끄러움이 없는 일꾼이다. 그래서 그녀는 주님의 추수를 위하여 매일매일 분투하며 나아간다. 그가 올 때, 그녀는 기쁨으로 단을 거두지 않겠는가?

3. 캠벨의 부고 전보

1) ***Nov. 18. 1920***

지난 금요일 우리는 캠벨의 사망 소식을 접했습니다. 크게 고통스러우셨기에, 그녀에게는 은혜롭고 다행스러운 일입니다.

제가 이 글을 덧붙이는 건, 당신께 그녀의 마지막 날들에 대해 말씀드리기 위해서입니다. 그녀는 자신이 고통에서 벗어나게 해달라고 기도하면서 왜 그렇게 고통을 받아야 하는지 의아해했습니다. 주님께서 친히 오셔서 그녀에게 응답하신 것처럼 보였을 때, 그녀는 그분이 보시기에 완벽하게 고난을 기꺼이 받아들였습니다. 그녀는 우리에게 기회가 있을 때 마지막이 올 때까지 우리가 할 수 있는 한 최선을 다해 섬기는 것의 중요성에 대해서 우리에게 충고해주셨지요. 그녀는 마지막까지 구원받지 못한 이들을 위해 계속 기도했고, 마지막에는 두려움이나 떨림이 없는 평화로운 순간에 돌아가셨습니다. 그들은 그녀가 마치 잠든 것처럼 보인다고 했어요.

돌아가시기 전날인 목요일, 당신의 편지와 그녀의 자매가 보낸 편지 한 통, 그리고 그녀의 자매가 보낸 추수감사절 과일 케이크도 도착했어요. 각성제를 맞아서 안정되어 있었고, 쉴즈는 당신의 편지가 매우 즐거웠다고 말하더군요. 우리는 그 모든 것들이 제시간에 와서 너무 기뻤고, 당신도 이걸 들으면 기뻐하리라 생각했어요. 그녀는 쉴즈에게 케이크를 잘라 친구들에게 보내게 했지요. 그녀는 쉴즈에게 서두르지 않으면 너무 늦을 거라고 말했고, 그녀는 마지막이 다가오고 있음을 깨달았습니다.

화요일 오후 2시 30분에 종교교회에서 장례를 치렀습니다. 하디 박사님은 그녀의 친구들을 향한 캠벨의 존엄과 하나님을 향한 믿음을 가장 아름답게 연설했습니다. 게일 박사님은 그녀의 삶에 대하여 아름답게 연설했지요. 수구문교회 목사가 성경 말씀을 풀이하고, 윤치호 씨도 지금처럼 한국 여성의 교육 사업에 대한 인식이 대중적이지 않았을 때, 여성 교육 사업에의 끈기와 믿음을 가졌던 캠벨의 기억을 나누며 경의를 표했습니다. 모리스 부인은 "저 뵈는 본향집[239장]"을 처음부터 끝까지 흐느끼며 불렀습니다. 이렇게 깊은 감동을 주는 노래는 처음 들어보았어요.

꽃들은 아름다웠고, 엄청나게 많은 국화가 있었습니다. 그 꽃들은 무덤을 완전히 덮었습니다. 그녀는 한국에서 사역을 시작했던 루비 켄드릭과 한국에 오기 전 중국에서 만나 사랑했던 윤치호의 부인[마슈전]의 사이에 안치되었습니다. 그곳은 그녀를 찾기에 놀랍도록 적합한, 눈에 띄는 장소입니다. 교회는 한국인들과 외국인들로 붐볐습니다. 꽤 많은 사람이 장지에 갔습니다. 그 도시(서울)의 모든 자동차는 그 목적을 위해 임대되었죠. 그녀는 이전에 유언장을 작성했고, 하디 박사가 유지를 받들었습니다. 저는 그녀가 물건을 어떻게 처분하는지 전혀 듣지 못했습니다. 그녀가 돌아온 것은 슬픈 일로 보였지만, 우리가 그렇게 사랑하는 사람들 사이에서 눈을 감는 것이, 우리 중 누구에게라도 좋은 길이었을 것입니다. 그렇지 않을까요?

2) Esther Lucas Shields, ***My Dear Miss Howell*** (1920. 12. 5)

친애하는 하웰에게

캠벨은 9월 6일부터 소천하신 11월 12일까지 저와 함께 집에 있었습니다. 선교부 회원 중 일부가 편지를 썼겠지만, 저 또한 매우 만족스러운 편지를 쓰지는 못합니다. 제가 캠벨과 거의 동시에 한국에 왔다는 걸 아실지 모르겠습니다. 그녀가 1897년 10월 초에 서울에 도착했고 저는 1897년 10월 14일에 이곳에 도착했기에 우리는 그동안 서로를 알고 지내왔고, 그녀가 안식년 휴가를 마치고 돌아왔을 때 한국에서 함께 살며 사역할 수 있기를 계획하고 바라왔습니다. 그녀가 이곳에 오래 있을 수는 없었지만, 또 그녀의 빈방이 소중한 그녀의 부재를 강조하고 있지만, 그녀는 여기에서 집과 같은 편안함을 느꼈고, 우리는 가능하다면 그저 함께 일할 계획을 갖고 있었지요. 그녀는 제게 언니 같았고, 너무나 현명하고 강했습니다. 그리고 우리는 함께 보낸 시간 속에서 많은 즐거움을 느꼈답니다. 저는 잠시였지만 그녀가 이 조용하고 작은 한국 집에서 치료받는 걸 큰 영광으로 느꼈고, 하루는 그녀에게 그렇게 할 힘이 있다면 이 방을 서울에서 가장 예쁜 곳으로 만들 수 있을 거라고 말한 적도 있을 정도로 그녀도 이곳을 좋아했어요.

그녀가 이곳에 있다는 것을 알게 된 한국 친구들은 크게 기뻐했고 처음에 돌아왔을 때는 많은 친구를 만났지만, 너무 약해져서 오는 사람들을 자주 만날 수는 없었어요. 그녀는 그들과 다른 사람들을 위한 할 일들을 끊임없이 제안했고, 그들을 위해 기도했습니다. 얼마 지나지 않아서, 제 기억으로는 돌아가시기 하루 전날에 한 한국인 간호사와 이야기를 나누며 그녀를 매우 진지하게 바라보고 있을 때, "오, 저는 한국인들을 너무나 사랑합니다. 그들을 위해서라면 어떤 일이든 하겠어요. 필요하다면 생명도 내어주겠습니다!"라고 말했습니다.

스타이츠 박사, 허스트 박사와 다른 사람들, 로스 박사, 리드 박사, 그리고 하디 박사 모두 그녀를 진료했습니다. 어윈과 히치 부인, 그리고 다른 사람들이 간호하는 것을 도와주었습니다. 우리 졸업생 중 한 한국인 간호사는 캠벨의 마지막 4주 동안 능숙하고 위로가 되는 간병인이었습니다. 우리가 우리의 소중한 친구를 회복시키거나 건강을 되찾게 할 수 없다는 것은 제게 큰 실망이었습니다. 그러나 그녀의 쇠약한 모습과 지쳐있는 모습이 지속하는 동안에, 그녀에게 남아있어 달라고 부탁하기는 어려워 보였습니다. 그녀가 다시 한국으로 돌아온 것은 그녀에게도 만족스러운 일이었을 것이라 확신합니다. 그리고 마지막 날들을 지나는 동안의 이곳 친구들과의 친밀한 관계들은 그들에게 영원한 축복이 될 것입니다. 그러나 그녀의 언니와 친척들, 친구들이 느낄 상실감도 알고 있습니다. 그녀가 그들에게 준 사랑이 너무나 강했고, 그녀의 우정이 너무나 진실했기 때문이겠지요.

그녀는 얼마나 훌륭한 여인이었으며 주님을 위한 헌신적인 전도자였습니까? 그녀가 본향으로 들어간 날 아침, 우리는 함께 시편 45편과 46편을 읽었습니다. 그리고 그날의 화창한 오후에 소천하셨어요.

진심을 담아, 에스더 루카스 쉴즈

3) Rosella Hogan Cram, ***Dear Miss Bennett*** (1920. 11. 14)

친애하는 베넷에게

11월 12일 금요일, 캠벨은 '생명의 문'에 들어섰습니다. 그녀에 대한 소식을 다른 사람들에게 들으셨겠지만, 저도 말씀드리고 싶어요. 그녀가 한국에 왔을 때, 건강이 좋지 않았습니다. 그들은 그 항해가 그녀에게 도움이 되기를 바랐던 것 같지만, 그녀의 건강은 계속해서 악화하였습니다. 증상으로 보아 그 당시 그녀의 신장에 문제가 있었던 것 같습니다. 우리 연회 기간에 저는 서울에 가 있었고, 그녀와 하루를 함께 있었어요. 그녀는 그 당시에 꽤 많이 좋아졌고, 의사들은 아마도 그녀가 회복되어 수년간 봉사할 수 있으리라고 생각했습니다. 이후에 그녀의 건강은 다시 악화했고, 하디 박사는 그녀의 모든 면역체계가 무너지고 있다고 말했어요. 그녀는 용감하게 싸웠습니다. 그녀가 그토록 사랑했던, 그토록 진정으로 헌신했던 사람들이 있는 한국에서 그녀의 삶을 내려놓게 되어 기쁩니다. 그녀는 면류관을 받았습니다. 한국인들은 소중한 친구를 애도할 것입니다. 그리고 우리 선교사들도 조금 더 외로워하겠지요. 그녀는 우리의 정신적 지주였어요.

당신이 어떻게 생각할지 모르겠지만, 그녀가 본향으로 그리 급히 갔어도 한국으로 돌아와서 다행이라 생각해요. 이 땅에 묻힌 그녀의 육신은 한국에 큰 의미가 있을 겁니다. 후원받은 재정의 가치보다 더 큰 것들이 너무나 많습니다.

사랑으로,

로젤라 호건 크램

주

1 anon., "Mrs. J. P. Campbell," *AHUMC Collection*(Nashville, Tenn.: Woman's Department of the Board of Missions, M. E. Church, South, n.d.), 1.

2 이 책에서는 결혼 전 캠벨의 이름을 '조세핀'으로 표기한다. 결혼 후 남편의 이름은 구분을 위하여 '알론조'로 표기한다.

3 강준만, 『미국사 산책 4: 프런티어의 재발견』(서울: 인물과사상사, 2010), 128-129.

4 캠벨의 출생년도에 대하여 양주삼은 "강부인의 략력"에서 1852년 4월이라고 언급하고, 김인영은 "녀자 교육의 개척자를 일흠"에서 1852년으로 표기하고 있지만, 남감리회 여선교사들의 전기를 다룬 *Missionary Cameos*와 『배화 육십년사』, 감리교 역사기록 보관소(The General Commission on Archives and History of the United Methodist Church, 이하 AHUMC) 소장 자료인 "Pioneering in Korea," "Entering Korea," 양화진 캠벨의 묘비에는 1853년으로 기록되어 있다. 특히 *Missionary Cameos*와 "*Entering Korea*," 양화진 캠벨의 묘비는 캠벨의 생일이 4월 1일임을 밝히고 있다. 출생연도 기록에 차이가 있는 이유는 한미간 나이 계산법의 차이로 인해 발생 된 오류인 듯하며, 이 책에서는 본국의 자료에 따라 1853년 4월 1일로 기록하고자 한다. 양주삼, "강부인의 략력", 『조선남감리교회 30주년 기념보』(서울: 조선남감리교회 전도국, 1929), 74.; 김인영, "녀자 교육의 개척자를 일흠", 「신학세계」(서울: 감리교회, 1921), 115.; Mrs. I. G. John, *Missionary Cameos*(Nashville, Tenn.: Publishing House M. E. Church, South, 1899), 36-37.; 김세한, 『배화 육십년사』(서울: 배화여자중고등학교, 1958), 73.; Juanita Brown, "Pioneering in Korea," *Winsome Call: Twelve Sessions for New Women's Missionary Societies*(이하 *Twelve Sessions for New Women's Missionary Societies* 부분은 생략표기)(Nashville, Tenn.: Department of Education and Promotion, Women's Section, Board of Missions, Methodist Episcopal Church South, 1940), 33.; anon., "Entering Korea," *AHUMC Collection*(Nashville, Tenn.: Department of Education and Promotion, Women's Section, Board of Missions, Methodist Episcopal Church South, n.d.), 1.

5 캠벨의 출생지에 대하여 "Planting the Gospel in Korea"와 "Entering Korea"에서는 텍사스 웨이코라고 기록하고 있으나, *Missionary Cameos*에서는 "텍사스 샤펠힐의 옛집에서 출생"하였다고 기록하고 있다. *A History of Early Methodism in Texas*와 1854년 텍사스주 연회록에서 캠벨의 아버지인 브라이언트 필이 이 시기에 샤펠힐대학의 사무관으로 일하고 있음을 확인할 수 있다. 샤펠힐이 작은 지역임을 고려하면, 캠벨 스스로가 그보다 인지도가 높은 주변의 웨이코로 대체하여 설명했을 가능성이 있다. A. E. Prince, "Planting the Gospel in Korea: Story of Josephine Peel Campbell(이하 Story of Josephine Peel Campbell 부분은 생략표기)" *AHUMC Collection*(Nashville, Tenn.: Department of Education and Promotion, Women's Section, Board of Missions, Methodist Episcopal Church South, n.d.), 1.; anon., "Entering Korea," *AHUMC Collection*, 1.; Macum Phelan, *A history of early Methodism in Texas, 1817-1866*(Nashville: Richmond Cokesbury Press, 1924), 359.; *Minutes of the Annual Conference of the Meth-*

odist Episcopal Church, South(이하 MECS)(1854), 564.

6 The Martyrs, or a History of Persecution

7 John O. Gross, *Martin Ruter: pioneer in Methodist education*(Nashville: Division of Educational Institutions, Board of Education, the Methodist Church, 1956), 18-33.; Ernest Ashton Smith, *Martin Ruter*(New York: Methodist Book Concern, 1915), 40-97.; "Ruter, Martin," *The Encyclopedia of World Methodism Vol. 2*(Nashville: United Methodist Pub. House, 1974), 2058.

8 John O. Gross, *Martin Ruter: pioneer in Methodist education*, 34-45.; Ernest Ashton Smith, *Martin Ruter*, 98-127.; "Ruter, Martin," *The Encyclopedia of World Methodism Vol. 2*, 2058.; Homer S. Thrall, *History of Methodism in Texas*(Houston: E.H. Cushing, Publisher), 42-49.

9 *Minutes of the Annual Conference of the MECS*(1846, 639.; 1847, 149.; 1848, 150.; 1849, 250.; 1850, 299-300.; 1851, 368-369.; 1854, 564.; 1855, 639.; 1856, 715.; 1857, 793.; 1859, 174.; 1860, 275.; 1861, 349-350.; 1862, 413.; 1863, 472.; 1864, 527.; 1865, 584.); Sam Houston, *The personal correspondence of Sam Houston*(Denton, Tex. : University of North Texas Press, 1996), 254.

10 "Planting the Gospel in Korea"에서는 아홉 살 되던 해, "Pioneering in Korea"에서는 어린 시절 로스앤젤레스로 이주했다고 기록하고 있으나, *Missionary Cameos*에서는 15세에 로스앤젤레스로 와서 캘리포니아 고등학교에서 2년의 교육을 받은 것을 제외하면 대부분의 교육을 텍사스의 갤버스턴과 샤펠힐에서 받았다고 기록하고 있다. 아버지 필의 기록도 1865년까지 텍사스 연회 소속으로 되어있다. Frederick A. Virkus, Albert N. Marquis, *The Abridged Compendium of American Genealogy: First Families of America Vol. 1*(Montana: Literary Licensing, LLC, 1925), 89.; A. E. Prince, "Planting the Gospel in Korea," *AHUMC Collection*, 1.; anon., "Entering Korea," *AHUMC Collection*, 1.; Mrs. I. G. John, *Missionary Cameos*, 37.

11 anon., "Entering Korea," *AHUMC Collection*, 1.; Julius Grodinsky, *Transcontinental railway strategy, 1869-1893*(Philadelphia: University of Pennsylvania Press, 1962), 389.

12 필이 광산 산업에 관여하였던 기록이 있으며, 1871년 로스앤젤레스 산타모니카 해변에 처음 30가구가 묵을 수 있는 숙박시설을 지은 것 역시 필이었다. 이후 해변에 각종 휴양시설이 들어서면서, 산타모니카는 로스앤젤레스의 휴양지로 자리 잡았다. Albert Williams, *Mineral Resources of the United States*(Washington: Government Printing Office, 1883), 590.; Luther A. Ingersoll, *Ingersoll's century history, Santa Monica Bay cities, prefaced with a brief history of the state of California, a condensed history of Los Angeles County, 1542-1908*(Los Angeles: L. A. Ingersoll, 1908), 141.; Paula A. Scott, *Santa Monica: A History on the Edge*(Charleston: Arcadia Publishing), 33-34.; *The Tombstone epitaph*, Jun. 10, 1882, 2.

13 *Los Angeles daily herald*, Dec. 05, 1875, 2.; *Daily Los Angeles herald*, Apr. 07, 1878, 3.; *Daily Los Angeles herald*, Sep. 18, 1881, 3.; *The Tombstone epitaph*, Jun. 10, 1882, 2.; *The Tombstone epitaph*, Oct. 03, 1897, 2.; anon., *Colorado, New Mexico, Utah, Nevada, Wyoming and Arizona Gazetteer and Business Directory*(Chicago: R. L. POLK & CO. and A. C. DANSER, 1884), 609.; Ron W. Fisher, *The Tombstone business directory, 1880-1884*(Tombstone, Ariz.: Ron W. Fischer Enterprises, 2002), 126.

14 동기나 암살자는 알려지지 않았다. 로스앤젤레스 일간지에 따르면, 마틴은 조용하며 온순하였고 단 한 명의 적도 만들지 않는 성격이었다고 한다. *Daily Los Angeles herald*, Mar. 28, 1882, 3.

15 Walter Nobel Burns, *Tombstone: an Iliad of the Southwest*(Grosset & Dunlap, 1929), 115.; Gary L. Roberts, *Doc Holliday: The Life and Legend*(John Wiley & Sons, 2011), 129.; Casey Tefertiller, *Wyatt Earp: the life behind the legend*(J. Wiley, 1997), 48, 241-242.

16 J. P. Campbell, "Letter to Mrs. Mcgavok," *AHUMC Collection*, Jul. 24, 1886, 3.

17 A. E. Prince, "Planting the Gospel in Korea," *AHUMC Collection*, 1.; anon., "Entering Korea," *AHUMC Collection*, 1.; "Alonzo M. Campbell," *Minutes of the Annual Conference of the MECS*(1885), 96.; *Minutes of the Annual Conference of the MECS*(1872), 675, 679.

18 이 교회는 현재 로스앤젤레스 퍼스트 감리교회(Los Angeles First Methodist Church)이며, 당시 연회록에는 로스앤젤레스 감리교회로 기록되어 있지만 지역사회에서는 트리니티 감리교회로도 불렸고, 이후 연회록에도 트리니티 감리교회로 기록되었다. *Minutes of the Annual Conference of the MECS*(1873-78).; *Los Angeles daily herald*, May 23, 1876, 2.

19 *Minutes of the Annual Conference of the MECS*(1873), 903-904.; *Minutes of the Annual Conference of the MECS*(1874), 122-123.; *Minutes of the Annual Conference of the MECS*(1875), 272.; *Minutes of the Annual Conference of the MECS*(1876), 34-35.; *Minutes of the Annual Conference of the MECS*(1877), 36.; *Minutes of the Annual Conference of the MECS*(1878), 39-40.; "Alonzo M. Campbell," *Minutes of the Annual Conference of the MECS*(1885), 96.; M. Luther Zweizig, *The Chi-Phi Quarterly: Official Organ of the Chi-Phi Fraternity in the United States*(n.p.: Times Printing House, 1883) 16.; Harold Lawrence, *Methodist Preachers in Georgia, 1783-1900*(Tignall, GA: Boyd Pub. Co., 1984), 85.; Pioneers of Los Angeles County, *Annual publication of the Historical Society of Southern California and of the Pioneers of Los Angeles County* (Geo. Rice & Sons, 1902) 131.

20 "Alonzo M. Campbell," *Minutes of the Annual Conference of the MECS*(1885), 96.

21 *Los Angeles daily herald*, Sep. 05, 1874, 3.

22 *Los Angeles daily herald*, Aug. 04, 1874, 3.; *Los Angeles daily herald*, Aug. 25, 1874, 3.; *Los Angeles daily herald*, Mar. 22, 1876, 3.; *Los Angeles daily herald*, May 23, 1876, 2.

23 "Alonzo M. Campbell," *Minutes of the Annual Conference of the MECS*(1885), 96.

24 J. P. Campbell, "Answers to Questions in the Missionary Manual," *AHUMC Collection*, Jan. 1887, 2.

25 *The weekly Arizona miner*, Jan. 25, 1878, 3.

26 시편 90:12, 새번역.

27 당시 미국을 달리던 열차의 최고 속도는 시속 35km, 최저속도는 15km였다. Bill Yenne, *Southern Pacific*(New York: Bonanza Books, 1985), 45.; 서사범, "레일을 중심으로 한 철도의 기원 및 발전과정 Ⅰ",「한국철도학회지」제2권, 제3호(1999), 16.

28 "Entering Korea"에 따르면 세상을 떠난 순서가 아버지(알론조) 다음으로 아들이라고 기록되어 있다. 그러나 프린스의 글과, 1885년 연회록의 부고에 따르면 아들이 먼저 세상을 떠나고 그 후에 아버지가 죽음을 맞이했다고 한다. A. E. Prince, "Planting the Gospel in Korea," *AHUMC Collection*, 1.; "Alonzo M. Campbell," *Minutes of the Annual Conference of the MECS*(1885), 96-97.; anon., "Entering Korea," *AHUMC Collection*, 1.; Mrs. I. G. John, *Missionary Cameos*, 36-37.

29 *Savannah morning news*, Aug. 08, 1885, 1.

30 J. P. Campbell, "Letter to Miss Rankin," *AHUMC Collection*, Jul. 14, 1886, 1-3.; A. E. Prince, "Planting the Gospel in Korea," *AHUMC Collection*, 1.

31 anon., "Entering Korea," *AHUMC Collection*, 1-2.

32 Juanita Brown, "Pioneering in Korea," *Winsome Call*, 33.

33 박완서,『한 말씀만 하소서』(서울: 도서출판 세계사, 2004), 42, 75.

34 폴 틸리히,『존재의 용기』(서울: 예영커뮤니케이션, 2021), 214-226.

35 Mrs. I. G. John, *Missionary Cameos*, 37.

36 로치 랭킨은 1878년 미국 남감리회 여선교부에서 파송한 최초의 선교사였다. Noreen Dunn Tatum, *A Crown of Service: A story of Woman's work in the Methodist Episcopal*

Church, from 1878-1940(이하 A story of……from 1878-1940 생략표기)(Board of Missions, Woman's Division of Christ Service, 1960), 80.; "Rankin, Lochie," *The Encyclopedia of World Methodism Vol. 2*, 1986.

37 J. P. Campbell, "Letter to Miss Rankin," *AHUMC Collection*, Jul. 14, 1886, 1.

38 Price Brown, "Letters to Miss Mary" *AHUMC Collection*, Jul. 17, 1886, 1-2.

39 트리니티 감리교회는 아버지 그린 헤이굿(Green B. Haygood)이 개척하고, 로라 헤이굿의 오빠이자 에모리대학의 총장과 감리교 감독을 지냈던 아티쿠스 헤이굿(Atticus Haygood)이 목회하였던 곳이다. 로라 헤이굿은 이후 편지에서 캠벨을 '트리니티 동지'라고 표현했다. 또 애틀랜타에서 캠벨은 헤이굿과 함께 훗날 중국 선교사가 된 안나 뮤즈도 만난 바 있다. Anna Muse Brown, Oswald Eugene Brown, *Life and Letters of Laura Askew Haygood*(Publishing house of MECS, 1904), 203. ; "Trinity United Methodist Church History," www.atlantatrinity.org; A. E. Prince, "Planting the Gospel in Korea," *AHUMC Collection*, 1.

40 "Haygood, Laura, A.," *The Encyclopedia of World Methodism Vol. 1*, 1100-1101.; Anna Muse Brown, Oswald Eugene Brown, *Life and Letters of Laura Askew Haygood*, 69.

41 Anna Muse Brown, Oswald Eugene Brown, *Life and Letters of Laura Askew Haygood*, 187-194.

42 Anna Muse Brown, Oswald Eugene Brown, *Life and Letters of Laura Askew Haygood*, 199.

43 Anna Muse Brown, Oswald Eugene Brown, *Life and Letters of Laura Askew Haygood*, 203.

44 이수환, 『논어로 세상보기』(서울: 세계로미디어, 2006), 76.

45 Methodist Episcopal Church, South, *Missionary Manual*(n.p.: Methodist Episcopal Church, South, 1900), 1.

46 Methodist Episcopal Church, South, *Missionary Manual*, 1.

47 뒷부분은 다음과 같다. "그 목적은 또한 모든 땅에서 자립적이고 자가 전파적인 교회의 설립과 발전을 포함한다. 모든 형태의 선교는 이러한 최고의 목적에 최대한 기여할 수 있는 방법으로 수행될 것이다." Methodist Episcopal Church, South, *Foreign missionary manual of the Department of Woman's Work, Board of Missions, Methodist Episcopal Church, South*(이하 MECS)(Nashville, Tenn.: Methodist Episcopal Church, South, 1925), 7.

48 Methodist Episcopal Church, South, *Missionary Manual*, 2.

49 "Question to Candidates," *AHUMC Collection.*

50 J. P. Campbell, "Answers to Questions in the Missionary Manual," *AHUMC Collection*, Jan. 1887, 1-2.; Methodist Episcopal Church, South, *Foreign missionary manual of the Department of Woman's Work, Board of Missions, MECS*, 8-9.

51 Methodist Episcopal Church, South, *Missionary Manual*, 2.; J. P. Campbell, "Answers to Questions in the Missionary Manual," *AHUMC Collection*, Jan. 1887, 1-2.

52 J. P. Campbell, "Answers to Questions in the Missionary Manual," *AHUMC Collection*, Jan. 1887, 1-2.; J. P. Campbell, "Letter to Miss Rankin," *AHUMC Collection*, Jul. 14, 1886, 2-3.; J. P. Campbell, "Letter to Mrs. Mcgavok," *AHUMC Collection*, Jan. 5, 1887, 3-4.

53 J. P. Campbell, "Letter to Mrs. Mcgavok," *AHUMC Collection*, Jan. 5, 1887, 1-2.

54 J. P. Campbell, "Letter to Miss Rankin," *AHUMC Collection*, Jul. 14, 1886, 1-4.; J. P. Campbell, "Letter to Mrs. Mcgavok," *AHUMC Collection*, Jan. 5, 1887, 1-4.

55 Mrs. I. G. John, *Missionary Cameos*, 37.

56 J. P. Campbell, "Letter to Mrs. Mcgavok," *AHUMC Collection*, Jul. 24, 1886, 2-3.; J. P. Campbell, "Letter to Mrs. Mcgavok," *AHUMC Collection*, Jan. 5, 1887, 1-2.

57 Albert G. Pickerell, May Dornin, *The University of California: A Pictorial History*(Berkeley:

University of California Press, 1968), 229.; Los Angeles California State Normal School, *The Los Angeles State Normal School: a quarter centennial history, 1882-1907*(Los Angeles: n.p., 1908), 7-11.

58 지도교수는 엠마 호크스, 교장은 아이라 모어였으며 이들의 이름은 UCLA 역사기록에서도 확인할 수 있다. Keith W. Anderson, *The Los Angeles State Normal School: UCLA's Forgotten Past, 1881-1919*(Los Angeles: n.p.,2015), 140.; Emma L. Hawks, Ira More, "Letter to Woman's Board of Missions," *AHUMC Collection*, Jan. 20, 1887, 1.

59 J. P. Campbell, "Letter to Mrs. Mcgavok," *AHUMC Collection*, Jul. 24, 1886, 4.

60 신성곤·윤혜영, 『한국인을 위한 중국사』(서울: 도서출판 서해문집, 2004), 278.; 요시자와 세이이치로, 『중국 근현대사 1』, 정지호 역(서울: 삼천리, 2012), 72-73, 123-125.

61 조훈, 『중국 기독교사』(서울: 그리심, 2004), 11, 92.; 진순신, 『진순신 이야기 중국사』, 제7권, 137.

62 조훈, 『중국 기독교사』, 93.; 신성곤·윤혜영, 『한국인을 위한 중국사』, 322.; 요시자와 세이이치로, 『중국 근현대사 1』, 90-91.

63 anon., "Mrs. J. P. Campbell," *AHUMC Collection*, 1.

64 조훈, 『중국 기독교사』, 94, 111.

65 James Cannon, *History of Southern Methodist missions*(Nashville, Tenn.: Cokesbury Press, 1926), 94-105.; Edward Leigh Pell, *Adventures in faith in foreign lands*(Nashville, Tenn.: The Centenary commission of the Methodist Episcopal church, South, 1919), 70-72.; "Allen, Young J." *The Encyclopedia of World Methodism Vol. 1*, 91-92.; 조훈, 『중국 기독교사』, 67-68.

66 James Cannon, *History of Southern Methodist missions* 74-75.; Sara Estelle Haskin, *Women and Missions*(Nashville: Pub. House of the M. E. Church, South, 1920), 17-21.; Mrs. I. G. John, *Missionary Cameos*, 37.; 이화100년사편찬위원회, 『이화 100년사』(서울: 이화여자대학교출판문화원, 1994), 41.; 이배용, 이현진, 『스크랜튼: 한국 근대 여성교육의 등불을 밝히다』(이화여자대학교출판문화원, 2008), 16.

67 쥘 베른, 『80일간의 세계 일주』(경기도 파주: 열림원, 2022), 316-318.; 고정휴, "태평양의 발견: 그 바닷길의 개통과 조선사절단의 세계일주 기록 검토", 「한국사학보」, 제73호(2018), 137-143.; Mrs. I. G. John, *Missionary Cameos*, 37-38.

68 Anna Muse Brown, Oswald Eugene Brown, *Life and Letters of Laura Askew Haygood*, 122-123, 203.

69 다섯 항구는 광저우(광주), 푸저우(복주), 샤먼(하문), 닝보(영파), 상하이(상해)였다. 요시자와 세이이치로, 『중국 근현대사 1』, 72.; 주숙하, 『중화문화 스케치』(서울: 숭실대학교 출판부, 2009), 184.; George Babcock Cressey, *China's geographic foundations*(New York London: McGraw-Hill book company, 1934), 147.

70 성공회대 동아시아연구소, 『냉전 아시아의 문화풍경 1』(서울: 현실문화연구, 2008), 463.; George Babcock Cressey, *China's geographic foundations*, 301.

71 George Babcock Cressey, *China's geographic foundations*, 283, 295.

72 Melville O. Williams Jr., "From mission to annual conference: the work of the Methodist Episcopal Church, South(이하 MECS), in China 1848-1886," *Methodist History*, Vol. 31(Apr. 1993), 151.

73 Melville O. Williams Jr., "From mission to annual conference: the work of the MECS, in China 1848-1886," *Methodist History*, Vol. 31(Apr. 1993), 150.

74 Melville O. Williams Jr., "From mission to annual conference: the work of the MECS, in China 1848-1886," *Methodist History*, Vol. 31(Apr. 1993), 150-151.; George Babcock Cressey, *China's geographic foundations*, 295.

75 Methodist Episcopal Church, South, *Foreign missionary manual of the Department of Woman's Work, Board of Missions, MECS*, 18.; Afred Washington Wasson, *Church growth in Korea*(New York: International Missionary Council, 1934), 13.

76 *Annual Report of the Womans Foreign Missionary Society of Methodist Episcopal Church, South*(이하 WFMS)(1888), 12.

77 A. E. Prince, "Planting the Gospel in Korea," *AHUMC Collection*, 2.

78 *WFMS*(1889), 18.; *WFMS*(1891), 11.

79 *WFMS*(1888), 19-20.

80 Anna Muse Brown, Oswald Eugene Brown, *Life and Letters of Laura Askew Haygood*, 206.

81 *WFMS*(1888), 20.; *WFMS*(1889), 17.

82 이영, 『선교 매트릭스』(서울: 좋은땅, 2021), 142.

83 "Mrs. B. L. Peel," *Daily Los Angeles herald*, Sep. 18, 1881, 3.

84 Juanita Brown, "Pioneering in Korea," *Winsome Call*, 33.

85 *WFMS*(1889), 9.; anon., "Mrs. J. P. Campbell," *AHUMC Collection*, 4.

86 *WFMS*(1889), 17.

87 1925년 미국 남감리회 여선교부에서 발간한 『해외 선교사 규정』에 따르면 분야는 이후에 더 세분화하여 문학 분야와 상업 분야가 추가되었다. Noreen Dunn Tatum, *A Crown of Service*, 94.; Mrs. J. B. Cobb, *Story of the years in China*(Nashville: Woman's Missionary Council of the Methodist Episcopal Church, South, 1900), 19.; Methodist Episcopal Church, South, *Foreign missionary manual of the Department of Woman's Work, Board of Missions, MECS*, 8-10.

88 Methodist Episcopal Church, South, *Foreign missionary manual of the Department of Woman's Work, Board of Missions, MECS*, 8.

89 Mrs. J. B. Cobb, *Story of the years in China*, 10.

90 Dana L. Robert, *Christian Mission: How Christianity Became a World Religion*(Chichester, U.K.: Wiley-Blackwell, 2009), 139.

91 *WFMS*(1889), 17-18.

92 *WFMS*(1889), 9.

93 *WFMS*(1889), 20.

94 Mabel Katherine Howell, *Women and the Kingdom: Fifty years of Kingdom Building by the Women of the Methodist Episcopal Church, South, 1878-1928*(이하 Fifty years……1878-1928 생략표기)(Nashville: Cokesbury Press, 1928), 97.

95 Mrs. J. B. Cobb, *Story of the years in China*, 27.; Silas H. Wu, *Dora Yu and Christian Revival in 20th-century China*(Massachusetts: Pishon River Publications, 2002), 48-49.; Noreen Dunn Tatum, *A Crown of Service*, 101.

96 Anna Muse Brown, Oswald Eugene Brown, *Life and Letters of Laura Askew Haygood*, 221.

97 Silas H. Wu, *Dora Yu and Christian Revival in 20th-century China*, 74.

98 A. E. Prince, "Planting the Gospel in Korea," *AHUMC Collection*, 2.; Juanita Brown, "Pioneering in Korea," *Winsome Call*, 33.

99 *WFMS*(1891), 21.

100 Anne Walter Fearn, *My days of strength: an American Woman Doctor's Forty years in China*(이하 an American …… China 생략표기)(New York and London: Harper & Brothers Publishers, 1939), 23.

101 한중인문학교류연구소, 『중국 문화 알기』(서울: 시사중국어사, 2020), 165.

102 *WFMS*(1890), 20-21.

103 Mrs. J. B. Cobb, *Story of the years in China*, 28.

104 한국에서 캠벨은 '간호사' 자격이 있었다고 전해진 바 있다. 캠벨의 생애를 소개한 김인영의 글 "녀자 교육의 개척자를 일흠"에서는 캠벨이 '시카고 간호부 양성소'를 졸업하였다고 기록하고 있으나, 이와 유사하게 김세한은 『배화 육십년사』에서 "시카고에 가서 사범학교를 졸업"하였다고 기록하고 있다. 이 시기의 이전 기록에서 캠벨의 의료 교육과 관련된 흔적은 찾을 수 없고 간호부 양성소 수료 사항 역시 확인할 수 없다. 남감리회 선교사로 파송될 당시에도 캠벨은 캘리포니아 주립 사범학교 로스앤젤레스 분교에서 수학한 교육 선교사 신분이었다. 그러나 이후 안식년 휴가 기간에 관련 교육을 받았을 가능성을 배제할 수는 없다. *WFMS*(1893), 19.; Noreen Dunn Tatum, *A Crown of Service*, 101.; 김인영, "녀자 교육의 개척자를 일흠", 『신학세계』, 115.; 김세한, 『배화 육십년사』, 73.

105 *WFMS*(1890), 64.

106 *WFMS*(1891), 20.

107 1893년 보고서의 진료 수가 줄어든 이유는 파크 박사의 휴가로 휴업했기 때문이다. *WFMS*(1891), 27.; *WFMS*(1892), 19.; *WFMS*(1893), 20.

108 Noreen Dunn Tatum, *A Crown of Service*, 101-102.; Silas H. Wu, *Dora Yu and Christian Revival in 20th-century China*, 49-50.

109 *WFMS*(1893), 20.

110 *WFMS*(1893), 10.

111 *WFMS*(1894), 23.

112 *WFMS*(1892), 14-15.

113 *WFMS*(1892), 16.; Melville O. Williams Jr., "From mission to annual conference: the work of the MECS, in China 1848-1886," *Methodist History*, Vol. 31(Apr. 1993), 149.

114 Anne Walter Fearn, *My days of strength*, 28-29.

115 Anne Walter Fearn, *My days of strength*, 27, 29.; *WFMS*(1890), 20.

116 이덕주·서영석·김흥수, 『한국 감리교회 역사』(서울: 도서출판 kmc, 2017), 46.; 이배용·이현진, 『스크랜튼: 한국 근대 여성교육의 등불을 밝히다』(이화여자대학교출판문화원, 2008), 41-42.

117 신성곤·윤혜영, 『한국인을 위한 중국사』, 323-324.; Anna Muse Brown, Oswald Eugene Brown, *Life and Letters of Laura Askew Haygood*, 263.; *WFMS*(1892), 15.

118 Anna Muse Brown, Oswald Eugene Brown, *Life and Letters of Laura Askew Haygood*, 264.

119 *WFMS*(1893), 19.

120 anon., "Mrs. J. P. Campbell," *AHUMC Collection*, 1.

121 anon., "Mrs. J. P. Campbell," *AHUMC Collection*, 1.; Anne Walter Fearn, *My days of strength*, 26.

122 *WFMS*(1891), 19.

123 *WFMS*(1890), 22.

124 Anne Walter Fearn, *My days of strength*, 56.

125 馬光霞, 『中西並重:監理會在華事業研究』(台灣文藝, 2016), 196, 345.; 김세한, 『배화 육십년사』, 125.

126 장승희, "공자사상에서 '사랑'의 의미 고찰 -'인(仁)'의 개념사와 철학적 인간학-", 『윤리교육연구』, 2014, No. 34, 197.; 최정준, "유학의 기본 사상유교의 근본원리는 사랑, 인(仁)", 한국 문화원연합회 https://ncms.nculture.org

127 나중에 이 학교는 매리램버드학교로 교명을 변경했고, 이후 클럽튼학교와 병합하여 로라 헤이굿학교가 되었다. Noreen Dunn Tatum, *A Crown of Service*, 84-85.

128 외국인 교사는 1892년까지 캠벨뿐이었고, 1893년부터는 마르다 파일이 함께 했다.

129 "Girl's Boarding Schools, Soochow," *Woman's Missionary Advocate*(이하 WMA), Feb. 1893, 234.

130 Melville O. Williams Jr., "From mission to annual conference: the work of the MECS, in China 1848-1886," *Methodist History*, Vol. 31(Apr. 1993), 156.; 김세한, 『배화 육십년사』, 85.

131 Noreen Dunn Tatum, *A Crown of Service*, 83-84.; *WMA*, Apr. 1893, 296.; *WMA*, Jan. 1894, 208.

132 anon., "Mrs. J. P. Campbell," *AHUMC Collection*, 1.

133 *WFMS*(1895), 23.

134 *WMA*, Apr. 1894, 296.

135 *WMA*, Oct. 1893, 104.

136 루링(盧玲), 『중국여성: 전족 한 쌍에 눈물 두 덩이』(서울: 시그마북스, 2008), 45-46, 57.; Margaret E. Burton, *The Education of Women in China*(New York: Fleming H. Revell Company, 1911), 18-19.; 송유진, "중국 가족에서의 여성의 지위", 「한국사회학회 사회학대회 논문집」, 2004, 206.

137 *WFMS*(1890), 20-21.

138 *WFMS*(1890), 21.

139 *WFMS*(1891), 20-21.; *WFMS*(1893), 20.

140 *WFMS*(1893), 20-21.

141 *WFMS*(1895), 23.

142 Mrs. J. B. Cobb, *Story of the years in China*, 28.

143 Methodist Episcopal Church, South, *Soochow Hospital: owned by the China Mission Conference of the Methodist Episcopal Church, South, U.S.A.*(n.p.: n.p., 1910), 28.

144 Anne Walter Fearn, *My days of strength*, 30.

145 Silas H. Wu, *Dora Yu and Christian Revival in 20th-century China*, 52.

146 *WFMS*(1898), 31.; H. C. White, "Woman in the Field of Missions," *Missionary Voice*, May 1918, 142.

147 김세한, 『배화 육십년사』, 73.; 양주삼, 『조선남감리교회 30주년기념보』, 57.; Silas H. Wu, *Dora Yu and Christian Revival in 20th-century China*, 42-44.; 이혜원, "남감리회 조선 초기 선교에 있어서 중국인 여성 사역자들의 역할 - 1897~1905년 마슈전과 위츠두를 중심으로", 「한국 기독교 신학논총」, 2020, 제115집, 160-161.

148 *WFMS*(1898), 35-37.

149 김세한, 『배화 육십년사』, 73.; Mrs. J. B. Cobb, *The Story of the years in Korea*(Nashville: Woman's Missionary Council of the Methodist Episcopal Church, South, 1920), 13.

150 Silas H. Wu, *Dora Yu and Christian Revival in 20th-century China*, 26, 36, 55-56.

151 Silas H. Wu, *Dora Yu and Christian Revival in 20th-century China*, 58.

152 Silas H. Wu, *Dora Yu and Christian Revival in 20th-century China*, 62.

153 *The herald*, Oct. 02, 1895, 6.

154 *WFMS*(1896), 118, 125.; *WFMS*(1897), 89.

155 *The Abbeville press and banner*, Jul. 08, 1896, 5.

156 *WFMS*(1897), 89.

157 *WFMS*(1896), 113.

158 *WFMS*(1896), 110-111.

159 잠언 16:9, 새번역

160 *WFMS*(1897), 10.

161 이듬해에는 4,427 달러, 1899년에는 3,912달러, 1900년에는 4,050달러가 후원되었다. *WFMS*(1897), 123.; *WFMS*(1898), 83. ; *WFMS*(1899), 135.; *WFMS*(1900), 146.

162 Mrs. J. B. Cobb, *The Story of the years in Korea*, 8-9.

163 A. E. Prince, "Planting the Gospel in Korea," *AHUMC Collection*, 3.

164 anon., "Entering Korea," *AHUMC Collection*, 2.

165 *WMA*, Nov. 1897, 141.

166 강준만, 『미국사 산책 4: 프런티어의 재발견』, 22.; 한국기독교역사학회, 『한국 기독교의 역사』, 제1권(서울: 한국기독교역사연구소), 135-136.

167 *The Annual Report of the Missionary Society of the Methodist Episcopal Church*(1885), 237.; 이만열, 『아펜젤러: 한국에 온 첫 선교사』(서울: 연세대 출판부, 1985), 270.

168 "논설", 『독립신문』, 1896.8.20. 1.

169 임종권, "한국 기독교 선교와 근대 학교 설립과정", 『한국기독교문화연구』, 2021, No. 15, 43-50.; A. W. Wasson, *Church growth in Korea*, 33.

170 강준만, 『한국 근대사 산책 2』(서울: 인물과사상사, 2007), 234-235.; 이덕주·서영석·김홍수, 『한국 감리교회 역사』, 69-70.; A. W. Wasson, *Church growth in Korea*, 10-11.; Federal Council of Korea, *Korea: handbook of missions 1920*(Yokohama: The Fukuin Printing Co. Ltd, 1920), 15.

171 Federal Council of Korea, *Korea: handbook of missions 1920*, 15.

172 C. F. Reid, "Superintendent's Report," *Minutes of Annual Meeting of the Korea Mission of the Methodist Episcopal Church, South*(이하 MAMK)(1897), 3.

173 이덕주, 『서울연회사 Ⅰ(1884~1845)』(서울: 기독교대한감리회 서울연회, 2007), 186-188, 197-203.; Federal Council of Korea, *Korea: handbook of missions 1920*, 15-16.

174 양주삼, 『조선남감리교회 30주년기념보』, 영인본 15-18.; 백낙준, *The history of Protestant missions in Korea, 1832-1910*(서울: 연세대 출판부, 1980), 195-198.

175 김태웅, 『뿌리 깊은 한국사 샘이 깊은 이야기 6』(서울: 가람기획, 2013), 176-180.; Charles D. Stokes, 장지철·김홍수 역, 『미국 감리교회의 한국선교 역사, 1885-1930』(서울: 한국기독교역사연구소, 2010), 123-124.; 국사편찬위원회, 『한국사 41권: 열강의 이권침탈과 독립협회』(과천: 국사편찬위원회. 1999), 1-2.

176 김태웅, 『뿌리 깊은 한국사 샘이 깊은 이야기 6』, 200.; 강준만, 『한국 근대사 산책 3』(서울: 인물과사상사, 2007), 103.; 국사편찬위원회, 『한국사 42권: 대한제국』(과천: 국사편찬위원회. 1999), 1-2.

177 류대영, 『한 권으로 읽는 한국 기독교의 역사』(서울: 한국기독교역사연구소, 2018), 106-107.; 한국기독교역사학회, 『한국 기독교의 역사』, 제1권, 214.

178 류대영, 『한 권으로 읽는 한국 기독교의 역사』, 108-110.; 한국기독교역사학회, 『한국 기독교의 역사』, 제1권, 214-219.

179 류대영, 『한 권으로 읽는 한국 기독교의 역사』, 131.

180 Charles D. Stokes, 『미국 감리교회의 한국선교 역사, 1885-1930』, 129.

181 윤치호 일기, 1897. 10. 8., 국사편찬위원회 한국사 데이터베이스 https://db.history.go.kr.

182 윤치호 일기, 1895. 1. 2., 국사편찬위원회 한국사 데이터베이스 https://db.history.go.kr.; 이덕주, 『종교교회사』(서울: 도서출판 종교교회, 2005), 85.; *The Korean Repository*, vol. 4(Oct. 1897), 400.

183 J. P. Campbell, "Commucation from Mrs. Campbell," *MAMK*(1897), 15.; *WMA*, Feb. 1898, 237.; J. P. Campbell, "In Memoriam," *MAMK*(1901), 33.

184 "남송현", 서울 역사편찬원 www.history.seoul.go.kr

185 anon., "Entering Korea," *AHUMC Collection*, 2.; anon., "Mrs. J. P. Campbell," *AHUMC*

Collection, 2.

186 김세한, 『배화 육십년사』, 82.; J. P. Campbell, "Commucation from Mrs. Campbell," *MAMK*(1897), 16.; Silas H. Wu, *Dora Yu and Christian Revival in 20th-century China*, 78.

187 anon., "Mrs. J. P. Campbell," *AHUMC Collection*, 3.

188 이사야 12:13, 개역개정.

189 양주삼, 『조선남감리교회 30주년기념보』, 영인본 18.; 이덕주, 『종교교회사』, 212-220.

190 *WMA*, Nov. 1898, 138-139.

191 홍민기, "고양읍교회의 설립과 성격에 관한 연구", 『한국기독교와 역사』, 2021, No. 55, 52-54.; "信仰實話", 「기독신보」(1933.10.11.), 4.; "信仰實話", 「기독신보」(1933.10.18.), 4.; 권영기, "한국 기독교의 영적 유산 읽기: 『숨은 보배』", 「활천」, 2021, Vol. 812, No. 7, 143-144.

192 윤치호 일기, 1897.06.20., 국사편찬위원회 한국사 데이터베이스 https://db.history.go.kr.; 이덕주, 『서울연회사 Ⅰ(1884~1845)』, 234.

193 J. P. Campbell, "Commucation from Mrs. Campbell," *MAMK*(1897), 16.

194 Mrs. C. F. Reid, "Mrs. C. F. Reid," *MAMK*(1898), 23-24.; J. P. Campbell, "In Memoriam," *MAMK*(1901), 33-34.

195 J. P. Campbell, "Commucation from Mrs. Campbell," *MAMK*(1897), 16.

196 Sara Estelle Haskin, *Women and Missions*, 76-77.

197 *WFMS*(1900), 35.

198 김기전, "네로 보고 지금으로 본 서울 中心勢力의 流動", 「개벽」, 1924, 제48호, 56-57.

199 서울특별시사편찬위원회, 『동명연혁고(종로구편)』(서울: 서울특별시사편찬위원회, 1980), 172-173.; "자하동(紫霞洞)", 서울 지명사전 history.seoul.go.kr; 부이, "배화여학교와 기타 부속학교의 유래", 『조선남감리교회 30주년기념보』, 89.

200 *WMA*, Nov. 1898, 139.

201 소혜왕후, 구인환 역, 『내훈』(서울: 신원문화사, 2006), 57-63.

202 Margaret E. Burton, *The education of women in China*(New York: Fleming H. Revell, 1911), 28-29.; Anne Walter Fearn, *My days of strength*, 34.; 강숙자, "유교 사상에 나타난 여성에 대한 이해", 『동양정치사상사』, 2004, 제3권, 제2호, 9-10.

203 D. A. Bunker, *Bible Society Record*, 1911, Oct. Vol. 56, 169.

204 J. R. Moose, 『1900, 조선에 살다』(서울: 푸른역사, 2008), 158-160.

205 I. B. Bishop, 『조선과 그 이웃 나라들』(서울: 집문당, 2019), 352-355.

206 J. P. Campbell, "The Four Class of Korean Women," *The Korea Mission Field*(이하 KMF), Jan., 1915, 4-5.

207 J. L. Gerdine, "한국의 또 다른 개척자들", 『은자의 나라 문에서』(서울: 한국기독교역사연구소, 2006), 67.; J. L. Gerdine, "남감리교 선교 개척자에 관한 史話", 「신학세계」, 1934, 19권, 5호, 41.

208 양미강, "초기 전도부인의 신앙과 활동에 관한 연구", 『한국 기독교와 역사』, 1992, 제2호, 98, 103.

209 J. P. Campbell, "Woman's Work," *MAMK*(1898), 21.

210 이 학교는 '광희문배화여학교', '광희배명학교', '경성배명학교'의 이름을 거쳐 현재의 '배명고등학교'가 되었다. "배명고등학교", 한국민족문화대백과사전 https://encykorea.aks.ac.kr

211 J. P. Campbell, "Woman's Work," *MAMK*(1898), 22.

212 *WFMS*(1900), 35-36.

213 J. P. Campbell, "Condensed Report of the Woman's Work of 1898 and 1899,"

MAMK(1900), 34-35.

214 배화학당의 처음 인원에 대하여, 『배화 육십년사』에서는 여학생 2명과 남학생 3명으로 기록하고 있으며, 『조선남감리회 30주년기념보』에서는 8세 여학생 5명으로, *Women and Missions*, *A Crown of Service*와 "Planting the Gospel in Korea," "Mrs. J. P. Campbell," "Entering Korea"에서는 여학생 3명으로, *Women and the Kingdom*에서는 여학생 8명으로, "Pioneering in Korea"에서는 8세 여학생 5명으로 기록하고 있다. 이는 초기 기숙학교에 남학생과 여학생이 혼재하면서 오는 계수로 추정된다. 이 책에서는 설립자 본인의 기록, 즉 1899년도 캠벨 선교사의 남감리회 보고자료에서 학생 6명으로 보고한 것을 채택하여 6명으로 기록하였다. 김세한, 『배화 육십년사』, 78-79.; 양주삼, 『조선남감리교회 30주년기념보』 영인본, 113.; Sara Estelle Haskin, *Women and Missions*, 77.; Noreen Dunn Tatum, *A Crown of Service*, 111.; A. E. Prince, "Planting the Gospel in Korea," *AHUMC Collection*, 3.; anon., "Entering Korea," *AHUMC Collection*, 3.; Juanita Brown, "Pioneering in Korea," *Winsome Call*, 34.; anon., "Mrs. J. P. Campbell," *AHUMC Collection*, 3.; Mabel Katherine Howell, *Women and the Kingdom*, 137.

215 김세한, 『배화 육십년사』, 92.; 이덕주, 『종교교회사』 91.

216 *WFMS*(1898), 96.

217 *WMA*, Jan. 1902, 215.; *WMA*, Sep. 1904, 94.

218 Sara Estelle Haskin, *Women and Missions*, 77-78.

219 김세한, 『배화 육십년사』, 78-79.

220 김세한, 『배화 육십년사』, 80.

221 *WMA*, Jun. 1899, 370.

222 김세한, 『배화 육십년사』, 82-83.

223 Sara Estelle Haskin, *Women and Missions*, 77.

224 *WMA*, Oct. 1907, 153.

225 김세한, 『배화 육십년사』, 87.

226 *WFMS*(1900), 36.

227 *WMA*, Apr. 1900, 307.

228 anon., "Mrs. J. P. Campbell," *AHUMC Collection*, 2.

229 A. W. Wasson, *Church growth in Korea*, 25.

230 *WMA*, Apr. 1900, 307.

231 *WMA*, Apr. 1900, 308.

232 J. L. Gerdine, "한국의 또 다른 개척자들", 『은자의 나라 문에서』, 67.; J. L. Gerdine, "남감리교 선교 개척자에 관한 史話", 『신학세계』, 1934, 19권, 5호, 41.

233 *WMA*, Apr. 1900, 308.

234 J. P. Campbell, "General Report of Work in Korea Under the Woman's Foreign Mission Board, Together with Report of Carolina Institute for the Year Ending Sept. 30th, 1901," *MAMK*(1901), 19-20.

235 J. P. Campbell, "Report of Work Under Woman's Board," *MAMK*(1902), 39.

236 Silas H. Wu, *Dora Yu and Christian Revival in 20th-century China*, 90.

237 J. P. Campbell, "Sixth Annual Report of Work in the Korean Field under the Woman's Board of Foreign Missions M. E. Church, South, Sep. 30, 1903," *MAMK*(1904), 42.

238 Mary H. Knowles, "Miss Knowles' Report," *MAMK*(1904), 45.; *WMA*, Jan. 1905, 253.

239 *WMA*, Apr. 1902, 299.

240 *WMA*, Oct. 1907, 153-154.

241 김세한, 『배화 육십년사』, 75.

242 Sara Estelle Haskin, *Women and Missions*, 78.

243 Sara Estelle Haskin, *Women and Missions*, 78.

244 J. P. Campbell, "Woman's Work," *MAMK*(1898), 22.

245 J. P. Campbell, "Sixth Annual Report of Work on the Korean Field under the Woman's Board of Foreign Missions M. E. Church, South, Sept. 30, 1903," *MAMK*(1903), 43.; 이덕주, 『종교교회사』, 101.

246 A. W. Wasson, *Church growth in Korea*, 25-26.

247 이덕주, 『종교교회사』, 94.

248 *WMA*, Nov. 1900, 142.

249 자교교회 80년사 편찬위원회, 『자교교회 80년사』(서울: 자교교회, 1982), 34-35.; 양주삼, 『조선남감리교회 30주년기념보』, 영인본 20.

250 R. A. Hardie, "Condensed Report of the Seoul Circuit and Work in Kang-Won Do, 1900," *MAMK*(1901), 11.

251 J. L. Gerdine, "한국의 또 다른 개척자들", 『은자의 나라 문에서』, 66-67.; J. L. Gerdine, "남감리교 선교 개척자에 관한 史話", 「신학세계」, 1934, 19권, 5호, 41.

252 J. P. Campbell, "Report of Work Under Woman's Board," *MAMK*(1902), 37.

253 J. P. Campbell, "Sixth Annual Report of Work on the Korean Field under the Woman's Board of Foreign Missions M. E. Church, South, Sept. 30, 1903," *MAMK*(1903), 41.

254 J. R. Moose, "Report of the Seoul Circuit Korea Mission Methodist Episcopal Church, South" *MAMK*(1901), 18.

255 Silas H. Wu, *Dora Yu and Christian Revival in 20th-century China*, 83-88.

256 Yui Ling Tsu, "Report of Work Among Women at Chat Kol, Seoul," *MAMK*(1901), 28-29.

257 Silas H. Wu, *Dora Yu and Christian Revival in 20th-century China*, 91-93.

258 J. P. Campbell, "Sixth Annual Report of Work on the Korean Field under the Woman's Board of Foreign Missions M. E. Church, South, Sept. 30, 1903," *MAMK*(1903), 42.

259 Silas H. Wu, *Dora Yu and Christian Revival in 20th-century China*, 91.

260 J. P. Campbell, "Sixth Annual Report of Work on the Korean Field under the Woman's Board of Foreign Missions M. E. Church, South, Sept. 30, 1903," *MAMK*(1903), 41-42.

261 Silas H. Wu, *Dora Yu and Christian Revival in 20th-century China*, 97-98.

262 김영준과 관련하여 '기독교인 도륙비지' 사건을 빼놓을 수 없는데, 김영준과 이용익이 황제의 칙서를 날조해 기독교인들을 도륙하라는 밀서를 각지에 배포했던 것으로 알려진 사건이다. 이는 언더우드 선교사가 우연히 밀서를 손에 넣고, 이 소식을 라틴어로 전보를 쳐 은밀히 서울에 알리는 기지를 발휘하여 도륙 거사가 사전에 방지될 수 있었던 사건이다. 그러나 이혜원에 따르면, 정황상 김영준과 이용익이 벌인 일로 보이지 않으며, 이는 의화단의 영향을 받은 동학이 한국의 모든 외국인과 기독교인들을 도륙하고자 전국적으로 벌인 운동으로 보인다. 이혜원, "의화단 운동이 한국 개신교 선교 현장에 미친 영향", 『한국 기독교와 역사』, 2010, 제33호, 240, 244-245.; 윤치호 일기, 1901. 4. 24., 국사편찬위원회 한국사 데이터베이스 https://db.history.go.kr.; Silas H. Wu, *Dora Yu and Christian Revival in 20th-century China*, 101-103.

263 J. P. Campbell, "Sixth Annual Report of Work on the Korean Field under the Woman's Board of Foreign Missions M. E. Church, South, Sept. 30, 1903," *MAMK*(1903), 42.

264 그는 '모든 도시 또는 마을에 하나의 교회'를 목표로 30년 동안 활동하면서 적어도 400개의 교회를 세운 인물이다. 마오쩌둥의 기독교 탄압 시기를 거치면서도, 기독교가 성장해온 데에는 워치만 니와 같은 지도자들이 있었기 때문이다. Mark A. Noll, Carolyn Nystrom, *Clouds of Witnesses*(Downers Grove IL: Inter Varsity Press, 2011), 187-197.

265 Dana L. Robert, *Christian Mission: How Christianity Became a World Religion*, 139.; Witness Lee, *The history of the Church and the local churches*(California: Living Stream Ministry, 1993) 38.

266 Mrs. J. B. Cobb, *The Story of the years in Korea*, 8-9.

267 양주삼, 『조선남감리교회 30주년기념보』, 영인본 82.

268 Sara Estelle Haskin, *Women and Missions*, 82-83.

269 Mrs. J. B. Cobb, *The Story of the years in Korea*, 11.

270 *WFMS*(1899), 9, 103.; 양주삼, 『조선남감리교회 30주년기념보』, 영인본 9, 21.

271 Los Angeles Annual Conference M. E. Church South, *Official Minutes and Year Book 1903*(Los Angeles Cal.: Commercial Printing House, 1903), 49.

272 노울즈와 캐롤은 원산에서, 하보는 송도에서 서울 본부로 옮겨왔다.

273 *WMA*, Oct. 1904. 132.

274 *WMA*, Oct. 1904. 132-133.; Josephine Hounshell, "Carolina Institute," *MAMK*(1904), 51.

275 J. P. Campbell, "Report of Work Under Woman's Board," *MAMK*(1902), 35.

276 Juanita Brown, "Pioneering in Korea," *Winsome Call*, 35.

277 *The Birmingham age-herald*, Nov. 02, 1904, 6.

278 *The Birmingham age-herald*, Nov. 08, 1904, 6.

279 *The Breckenridge news*, Jul. 12, 1905, 3.

280 The Methodist Episcopal Church, South, *Nineteenth Annual Report of the Woman's Home Mission Society of The Methodist Episcopal Church, South, Annual Meeting, Held at Montgomery, Ala., April 14-19, 1905*(Nashville: Publishing House of the Methodist Episcopal Church, South, 1905), 107.

281 The Methodist Episcopal Church, South, *Twentieth Annual Report of the Woman's Home Mission Society of The Methodist Episcopal Church, South, Annual Meeting, Held at Asheville, N.C., April 26-May 2, 1906*(Nashville: Publishing House of the Methodist Episcopal Church, South, 1906), 118.

282 Sara Estelle Haskin, *Women and Missions*, 79.

283 *WMA*, Nov. 1905. 168.

284 A. W. Wasson, *Church growth in Korea*, 31.

285 A. W. Wasson, *Church Growth in Korea,* 31-32.; R. A. Hardie, "R. A. Hardie's Report," *MAMK*(1904), 25.

286 A. W. Wasson, *Church Growth in Korea,* 32.; Sara Estelle Haskin, *Women and Missions*, 90-91.; 이덕주, 『영의 사람 로버트 하디』(서울: 신앙과지성사, 2021), 347.

287 A. W. Wasson, *Church Growth in Korea,* 32-33.

288 *WMA*, Jan. 1905, 254.

289 *WMA*, Feb. 1905, 296.

290 *WMA*, Oct. 1904, 133.

291 Josephine Hounshell, "Carolina Institute," *MAMK*(1904), 44.

292 Cobb, Story of Years in Korea; C. G. Hounshell, "Pai Chai Haktang," 남감리회보고, 1904.

293 'Mrs' 의 서양식 표기로 인한 차이로 보인다.

294 *WMA*, Feb. 1905. 295-296.

295 *WMA*, May 1907, 528.

296 J. P. Campbell, "Mrs. J. P. Campbell's Report," *MAMK*(1907), 41.

297 김세한, 『배화 육십년사』, 95-96.; 김태웅, 『뿌리 깊은 한국사 샘이 깊은 이야기 6』, 266-269.; 강준만, 『한국 근대사 산책 4』(서울: 인물과사상사, 2007), 219.

298 *WMA*, Oct. 1907, 155-156.
299 Sara Estelle Haskin, *Women and Missions*, 79-80.
300 Noreen Dunn Tatum, *A Crown of Service*, 112.
301 J. P. Campbell, "Report of Mrs. J. P. Campbell," *MAMK*(1909), 62-63.
302 Mrs. J. B. Cobb, *The Story of the years in Korea*, 11-12.
303 Juanita Brown, "Pioneering in Korea," *Winsome Call*, 35.
304 A. E. Prince, "Planting the Gospel in Korea," *AHUMC Collection*, 4.
305 "女學漸進", 『황성신문』, 1906.7.10., 2.
306 김세한, 『배화 육십년사』, 91, 103.
307 J. P. Campbell, "Report of Mrs. J. P. Campbell," *MAMK*(1909), 61.
308 이종원, "신여성", 한국민족문화대백과사전 https://encykorea.aks.ac.kr
309 "열심교육", 『대한매일신보』, 1907.12.29., 3.
310 J. P. Campbell, "Mrs. J. P. Campbell's Report," *MAMK*(1907), 43.
311 Mrs. W. G. Cram, "A Pioneer for Christ in the Hermit Kingdom," *Missionary Voice*, Apr. 1918, 113.
312 *WMA*, Oct. 1910, 161.
313 *WMA*, Oct. 1910, 160-161.
314 J. P. Campbell, "Carolina Institute," *KMF*, Jun. 1910, 148.
315 류대영, 『초기 미국선교사 연구』(서울: 한국기독교역사연구소, 2001), 93.
316 anon., "Woman's Missionary Council in Kansas City," *Missionary Voice*, May 1920, 147.
317 "배재, 배화의 만세창자 취조, 또 나머지를 수색중", 「매일신보」, 1920.3.8., 3.; "배화여학교의 만세 호창 여학생, 어제 판결 언도", 「매일신보」, 1920.4.6., 3.
318 *WMA*, May 1907, 528.; *WMA*, Sep. 1909, 153.; J. P. Campbell, "Report of Mrs. J. P. Campbell," *MAMK*(1909), 62.
319 *WMA*, May 1907, 528.
320 김세한, 『종교교회 70년사』(서울: 에펠출판사, 1970), 29.
321 양주삼, 『조선남감리교회 30주년기념보』, 165.
322 김세한, 『종교교회 70년사』, 28.
323 J. P. Campbell, "Report of Mrs. J. P. Campbell," *MAMK*(1909), 61.
324 김세한, 『종교교회 70년사』, 29-30.
325 김세한, 『종교교회 70년사』, 28.
326 J. P. Campbell, "Report of Mrs. J. P. Campbell," *MAMK*(1909), 61-62.
327 J. P. Campbell, "Mrs. J. P. Campbell's Report," *MAMK*(1907), 44.
328 J. P. Campbell, "Mrs. J. P. Campbell's Report," *MAMK*(1907), 44-45.
329 C. G. Hounshell, "Seoul Circuit," *KMF*, Dec. 1908, 189.
330 C. G. Hounshell, "Seoul Circuit," *KMF*, Dec. 1908, 189.
331 이덕주, 『종교교회사』, 125-126.; C. G. Hounshell, "Seoul Circuit," *KMF*, Dec. 1908, 189.; anon., "Chong Kyo Church, Seoul," *KMF*, Dec. 1910, 297.
332 anon., "Chong Kyo Church, Seoul," *KMF*, Dec. 1910, 297.
333 1909년 종교교회의 동쪽으로는 수표교 교회가 세워졌다.
334 이덕주 교수는 『종교교회사』에서 종교교회와 자교교회의 분립에 대하여 분명히 드러나 있지는 않으나 지역과 신분, 성별에 의해 분리된 것으로 추정했다. 북부계층에 살고 있었던 교인들, 신분계층으로는 중·하류, 성별로는 여성들이 주로 자교교회 쪽으로 옮겨간 것으로 보는데, 이는 종교교회가 윤치호를 비롯하여 남궁억, 유경상 등 지식인들이 주도해나갔다면 자교교회는 상당 기간 여선교부의 지원을 받았기 때문이다. 물론 두 교회가

갈등이나 분쟁이 생겨 분리된 것이 아니기 때문에 단순히 지리적으로 자골선교부를 중심으로 교인을 남부와 북부로 나누어 따로 예배를 드리도록 했을 가능성도 있다. 이덕주, 『종교교회사』 128.; 윤춘병, 『한국감리교 교회성장사』(서울: 감리교신학대학교 출판부, 1997), 220.; 김세한, 『종교교회 70년사』, 21-22.; 자교교회 80년사 편찬위원회, 『자교교회 80년사』, 48-50.; 성백걸, 『배화 백년사』(서울: 학교법인 배화학원, 1999), 74-75.

335 석교교회 100주년 편찬위원회, 『돌다리』(서울: 석교교회, 2010), 14.

336 Womans Missionary Council(이하 WMC), 1913, 64-65.

337 J. P. Campbell, "Report of Work Under Woman's Board," *MAMK*(1902), 39.

338 이덕주, 『종교교회사』, 108.

339 *WMA*, Oct. 1907, 154-155.

340 Mrs. J. B. Cobb, *The Story of the years in Korea*, 12.

341 Mrs. J. B. Cobb, *The Story of the years in Korea*, 13.

342 안수강, "유경상(劉敬相) 목사의 '正義觀' 분석 - 그의 '正義의 力'(1922)을 중심으로", 『한국 기독교 신학논총』, 2020, 제115집, 92.; 이덕주, 『종교교회사』, 123.; 옥성득, 『한반도 대부흥』(서울: 홍성사, 2009), 131.; 성갑식, 『한국의 신학사상』(대한기독교서회, 1983), 96-97.; 유동식, 박영신, 김은기, 도날드클락, 민경배, 박정신, 『기독교와 한국 역사』(연세대학교 출판부, 1997), 202-203.

343 석교교회 100주년 편찬위원회, 『돌다리』(서울: 석교교회, 2010), 1.; 안수강, "유경상(劉敬相) 목사의 '正義觀' 분석 - 그의 '正義의 力'(1922)을 중심으로", 『한국 기독교 신학논총』, 2020, 제115집, 92-93. ; 이덕주, 『신석구 연구』(기독교대한감리회 홍보출판국, 2000), 125, 143.

344 박명철, "100년의 징검다리, 100년의 디딤돌", 「기독교 사상」, 2008년 7월, 595호, 165.

345 안수강, "유경상(劉敬相) 목사의 '正義觀' 분석 - 그의 '正義의 力'(1922)을 중심으로", 「한국 기독교 신학논총」, 2020, 제115집, 92-93.

346 Mrs. J. B. Cobb, *The Story of the years in Korea*, 13.

347 *WMC*, 1911, 20.

348 *The Richmond Virginian*, Feb. 17, 1911, 2.; *The Richmond Virginian*, Mar. 16, 1911, 6.; *The Sentinel record*, May 5, 1911, 2.; *The times dispatch*, Mar. 17, 1911, 5.

349 *WMC*, 1913, 64.

350 *WMC*, 1915, 195.

351 Mrs. J. B. Cobb, *The Story of the years in Korea*, 12.

352 Mrs. J. B. Cobb, *The Story of the years in Korea*, 12.

353 이덕주, 『서울연회사 I (1884~1845)』, 267-275.

354 J. P. Campbell, "Work Done Among the Women of the Water Gate and Water Mark Churches," *WMC*, 1914, 258.

355 "청계천의 문화", 서울 시설공단 www.sisul.or.kr

356 박태원, 『천변풍경』(서울: 문학과지성사, 2005), 47-48.

357 J. P. Campbell, "Work Done Among the Women of the Water Gate and Water Mark Churches," *WMC*, 1914, 258.

358 J. P. Campbell, "Seoul - Woman's work, water mark and water gate churches," *WMC*, 1915, 203.

359 J. P. Campbell, "Work Among Korean Women," *Missionary Voice*, Feb. 1915, 78.

360 J. P. Campbell, "Mrs. Josephine Campbell," *WMC*, 1917, 244-245.

361 A. E. Prince, "Planting the Gospel in Korea," *AHUMC Collection*, 5.

362 Mrs. W. G. Cram, "A Pioneer for Christ in the Hermit Kingdom," *Missionary Voice*, Apr. 1918, 113-114.

363 J. P. Campbell, "Water Gate and Water Mark Churches and Severance Hospital," *WMC*, 1918, 218-219.

364 J. P. Campbell, "Water Gate and Water Mark Churches and Severance Hospital," *WMC*, 1918, 219.

365 J. P. Campbell, "Water Gate and Water Mark Churches and Severance Hospital," *WMC*, 1918, 218-219.

366 Mabel Katherine Howell, *Women and the Kingdom*, 219.

367 J. L. Gerdine, "한국의 또 다른 개척자들", 『은자의 나라 문에서』, 67.; J. L. Gerdine, "남감리교 선교 개척자에 관한 史話", 「신학세계」, 1934, 19권, 5호, 41.

368 J. P. Campbell, "Water Gate and Water Mark Churches and Severance Hospital," *WMC*, 1918, 219.

369 Rosella Hogan Cram, "Dear Miss Bennett," Nov. 14, 1920, 1.

370 윤치호 일기, 1917. 10. 6., 국사편찬위원회 한국사 데이터베이스 https://db.history.go.kr.

371 J. W. Hitch, "A Faithful Missionary Decorated," *KMF*, Dec. 1917, 309.

372 J. W. Hitch, "A Faithful Missionary Decorated," *KMF*, Dec. 1917, 309.

373 Mrs. W. G. Cram, "A Pioneer for Christ in the Hermit Kingdom," *Missionary Voice*, Apr. 1918, 114.

374 선한용, 『어거스틴의 고백록』(서울: 대한기독교서회, 2003), 19.; 이재현, 『뒤집어 읽는 심리학』(서울: 기독교문서선교회, 2021), 32.

375 *WMC*, 1915, 195.

376 A. E. Prince, "Planting the Gospel in Korea," *AHUMC Collection*, 5.; Juanita Brown, "Pioneering in Korea," *Winsome Call*, 35.

377 A. E. Prince, "Planting the Gospel in Korea," *AHUMC Collection*, 5.

378 *WMC*, 1920, 40.; 양주삼, "강부인의 략력", 『조선남감리교회 30주년기념보』, 288.

379 Esther Lucas Shields, "Mr Dear Miss Howell," Dec. 5, 1920, 1.

380 anon., "Nov. 18, 1920," Nov. 18, 1920, 1.

381 김인영은 "녀자 교육의 개척자를 일흠"에서 장례식이 거행된 일자가 14일이었다고 기록하였으나, 윤치호의 일기와 "Nov. 18, 1920" 부고 내용에 따르면, 11월 12일 금요일에 소천하여 16일 화요일에 장례식이 거행되었다고 한다. A. E. Prince, "Planting the Gospel in Korea," *AHUMC Collection*, 5. ; Juanita Brown, "Pioneering in Korea," *Winsome Call*, 35.; 양주삼, "강부인의 략력", 『조선남감리교회 30주년기념보』 288.; anon., "Nov. 18, 1920," Nov. 18, 1920, 1.; 김인영, "녀자 교육의 개척자를 일흠", 「신학세계」, 115.; 윤치호 일기, 1920. 11. 16., 국사편찬위원회 한국사 데이터베이스 https://db.history.go.kr.

382 윤치호 일기, 1920. 11. 16., 국사편찬위원회 한국사 데이터베이스 https://db.history.go.kr.

383 김인영, "녀자 교육의 개척자를 일흠", 「신학세계」, 115.

384 anon., "Nov. 18, 1920," Nov. 18, 1920, 1.

385 현재는 마슈전의 자리가 이장되고, 그 자리에 헐버트의 묘가 있다.

386 Esther Lucas Shields, "Mr Dear Miss Howell," Dec. 5, 1920, 1.

"조선은 우리 집이올시다"

한국을 사랑한 파란 눈의 어머니, 캠벨

지은이 권지영

펴낸이 최병천

펴낸날 2023년 6월 8일(초판1쇄)

펴낸곳 신앙과지성사

출판등록 제9-136 (88. 1. 13)

주소 | 서울시 서대문구 연희로 177 옥산빌딩 2층

전화 | 335-6579 · 323-9867 · (F) 323-9866

E-mail | miral87@hanmail.net

홈페이지 | http://www.miral.co.kr

ISBN 978-89-6907-313-6 03230

값 15,000원